Günther Debon

Chinesische Geisteswelt

Zeugnisse aus drei Jahrtausenden

RICHTER
EDITION SELTENER BÜCHER

Die zum Teil geminderte Druckqualität ist auf den Erhaltungszustand der Originalvorlage zurückzuführen.

Neue Bindequote der Auflage von 2009
nach dem Exemplar des Verlagsarchives.
ISBN 978-3-89636-120-2

Vertrieb: Volker Hennig, Verlagsbuchhandlung
Goseberg 24, 37603 Holzminden
www.hennig-verlagsbuchhandlung.de
info@hennig-verlagsbuchhandlung.de

Lektorat: Andreas Bäslack, Leipzig
Einbandgestaltung: Jens Röblitz, Leipzig
Gesamtherstellung: Westermann Druck Zwickau GmbH

CHINESISCHE GEISTESWELT

VON KONFUZIUS BIS MAO TSÊ-TUNG

Dem Senior
der deutschen Sinologen

Prof. Dr. Erich Haenisch

Mitglied der Friedensklasse
des Pour le mérite
ehrfurchtsvoll
gewidmet

INHALT

INHALT

VORWORT

Die chinesische Kultur nimmt unter den Hochkulturen der Menschheit einen eigentümlichen Rang damit ein, dass sie in ungebrochener, kontinuierlicher Entwicklung durch drei Jahrtausende hindurch gewachsen ist und wächst. Sie ist nicht die älteste unter allen Kulturen, aber die mit der ältesten und längsten Dauer. Fraglos verdankt sie diese Stetigkeit zum guten Teil ihrer Literatur. Seit mehr als dreitausend Jahren konnte man in China schreiben, und man liest noch heute die Texte, die vor 2000 Jahren verfasst wurden. Zunächst benutzte man die Schrift, von der Dokumente seit rd. 1300 v. Chr. zahlreich vorliegen, nur für kultische Zwecke, seit etwa 500 v. Chr. auch für weltliche Aufzeichnungen, und seither ist in wachsendem Strom über alles, was des Mitteilens und Aufzeichnens wert erschien, geschrieben worden. Seit der Zeit um Christi Geburt gab es auch Papier, Tusche und Schreibpinsel, und seit dem 10. Jahrhundert n. Chr. den Buchdruck, so dass die Fülle dieser Literatur überwältigt. Vielleicht ist die Schrift eine der grössten Kulturleistungen Chinas überhaupt. Die chinesischen Schriftzeichen waren von Ursprung an Bildzeichen, die die Sache und nicht die Sprache darstellen, ebenso wie die arabischen Zahlen, die jeder nach seiner Mundart ausspricht. Es gibt nur rund 175 einfache Bildzeichen, alle anderen, die etwa 40000 Zeichen, von denen heute praktisch etwa 6000 in Gebrauch sind, stellen Kombinationen aus den ursprünglichen Bildern dar. So bezeichnet z.B. ein Viereck den Mund, setzt man vier Querstriche darüber, bedeutet das Sprechen, und setzt man zwei Beine, das Zeichen Mensch, hierneben, so meint das den Menschen, der zu seinem Wort steht, "Treu und Glauben", den Grundpfeiler der konfuzianischen wie aller Ethik. Diese oft sehr 'sprechenden' Zeichen kann man sich einprägen; wie sie ausgesprochen werden, muss man ausserdem lernen. So war diese Schrift, die die Sache und das Wort trennt, dazu fähig, alle Dialektgrenzen, geschichtlichen

Entwicklungen und Lautwandlungen zu durchbrechen und zu überdauern. Alles dieses gab es auch in China, und Gedichte von Li T'ai-po z.B., die sich seinerzeit reimten, reimen sich z.T. nicht mehr, wenn man sie im heutigen Hochchinesisch laut liest. Japan übernahm seit etwa 600 n. Chr. die chinesischen Zeichen in Bausch und Bogen, sprach sie in seiner eignen Sprache aus, und Leibniz hatte den garnicht so unvernünftigen Gedanken, die chinesische Schrift als Verständigungsformel für die ganze Welt, zumindest für die der Philosophen einzuführen. Welche bindende und kontinuierende Kraft dieser Schrift innewohnt, wird vielleicht deutlich, wenn wir uns einen Chinesen vorstellen, der nach Europa kommt, dort in wenigen Stunden von Land zu Land reisen kann, um zu erfahren, dass ein O in Deutschland zwar mit einem o geschrieben wird, in Belgien aber mit au oder eau, in Dänemark mit aa, von den Variationen in England garnicht zu reden. In China aber ist jeder imstande, der ein wenig mehr als das ABC lernt, einen Text der vorchristlichen, der T'ang- oder Sung-Zeit, wenn auch nicht immer eindeutig zu verstehen, während bei uns niemand ausser einem Kenner selbst an einem vor dreihundert Jahren gedruckten Roman wie dem Grimmelshausen im Originaltext einen Genuss hätte.

Mit der chinesischen Schrift lässt sich schlechterdings alles aufzeichnen, was die Menschen bewegt. Das Altertum mit seinen heilig gesprochenen klassischen Texten wirkte zu allen Zeiten bis heute an jeder Gegenwart mit; K'ung-tse und Meng-tse, Chuang-tse und Li T'ai-po waren niemals für einen Chinesen etwas Fremdes, das erst Renaissancen wieder erwecken mussten. Was kluge Männer und Frauen gedacht hatten, ging nicht verloren, man kannte und musste es kennen, ob man ihnen zustimmte oder nicht. Auch waren Bücher stets billig und oft riesige Bibliotheken leicht zugänglich. Wir besitzen noch garkeinen sicheren Überblick über den Umfang und die Bedeutung dieses unerschöpflichen Meeres des chinesischen Schrifttums.

Dass es sich dabei um Dinge hoher Bedeutung handele, war den ersten einsichtigen Europäern klar, die den chinesischen Boden betraten. Im 17. Jahrhundert waren es ausgewählte Patres wie Matteo Ricci oder u.a. Schall von Bell aus Köln. Sie erlernten das klassische Chinesisch so weit, dass sie selbst Bücher in anspruchsvollem Stil zu schreiben vermochten, und zugleich gingen sie daran, zunächst die Klassiker ins Lateinische zu übertragen. Die Saat dieser doppelseitigen Mission ging im 18. Jahrhundert in ungeahnter Weise auf. Nicht nur Lack und Porzellan, Seide und Tee bürgerten sich bei uns ein; dass an der Revolutionierung des europäischen Denkens, zusammengefasst unter dem Begriff des Rationalismus, China einen wesentlichen Anteil hatte, wurde Voltaire nicht müde, zu bezeugen. Dass das spielerische Bild, das man sich daneben von dem chinesischen Leben entwarf, mit Fächern und Pagoden, Pavillons und Zöpfen, alles, was man mit Chinoiserie bezeichnet, dem wirklichen China und seiner Würde garnicht entsprach, durchschaute niemand klarer als Goethe, der ausser den Klassikern auch einige Romane, Dramen und Gedichte in sehr unzureichenden Übersetzungen las und gelegentlich nachdichtete. Er glaubte und forderte: "... wenn wir Deutschen nicht aus dem engen Kreise unserer eigenen Umgebung herausblicken, so kommen wir gar zu leicht in pedantischen Dünkel. Ich sehe mich daher gern bei fremden Nationen um und rate jedem, es auch seinerseits zu tun. Nationalliteratur will jetzt nicht mehr viel sagen; die Epoche der Weltliteratur ist an der Zeit, und jeder muss jetzt dazu wirken, diese Epoche zu beschleunigen." Freilich erwies sich Goethes Wort mehr als eine Rechtfertigung der vorangegangenen Epoche denn als ein Programm für die Zukunft. Nun erst entstanden in der westlichen Welt nicht allein die Nationalliteraturen, sondern ein Nationalismus in den krassesten Formen, der vorzüglich mit seinen Kanonen auch der chinesischen Kultur schwere Wunden schlug. Und man weiss nicht recht, ob selbst Nietzsche, der stärkste Pessimist inmitten

des allgemeinen Fortschrittsoptimismus, wenn er von Kant als dem 'Chinesen in Königsberg' sprach, damit mehr als eine widerwillige Anerkennung auch für China ausdrücken wollte.
Erst unmittelbar, bevor Europa begann, sich selbst zu zerfleischen, wandelt sich das Chinabild. Wir müssen es einem Dichter wie Klabund danken, dass er, wie unphilologisch auch immer, ein chinesisches Gedicht als ein Gedicht und nicht als ein exotisches Schnörkelwerk proklamierte, sehr im Gegensatz zu den heutigen Nachdichtern, die sich darum bemühen, durch Schnörkel, die garnicht im Text stehen, eine neue Chinoiserie herauszuputzen. Richard Wilhelms Übersetzungen der konfuzianischen und taoistischen Klassiker, Franz Kuhns Übertragungen chinesischer Romane und Novellen, Lin Yü-t'ang's (Lin Yutang) Wiedergaben geistreich ausgewählter Essays, wie frei und geglättet sie manchmal sein mögen, sie gehören, wenn man den steten Neuauflagen trauen darf, fast zum Bildungsgut des deutschen Volkes und haben, ebenso wie Suzuki's Schriften über den Meditations – bzw. Zen – Buddhismus, den chinesischen Gedanken in weiten Kreisen Sympathie und aufrichtige Liebe erworben. Was die europäische Aesthetik des 20. Jahrhunderts, die Ganzheitsphilosophie, die Therapie des Autogenen Trainings u.a. diesen Schriften, was allein die Geschichtsschreibung den chinesischen Quellen verdankt, sei nur gestreift.
Hier ist die Aufgabe gestellt, in einem Konzert, das aus dem Geist des Morgenlandes zusammengestellt wird, die Stimme Chinas zur Geltung zu bringen. Dabei kann es sich unmöglich darum handeln, die Kapitel zu wiederholen, die in den genannten, leicht zugänglichen Büchern bereits ein sympathisches Bild der chinesischen Geisteswelt im Umriss zeichneten, nur darum, dieses Bild zu ergänzen. Freilich gibt es Namen, die in keinem Lesebuch chinesischer Denker fehlen dürfen. Unsere Aufgabe aber stellt sich einfach und schlicht. Dieses Buch gibt Beispiele dafür, wie kluge Geister im China aller

Jahrhunderte empfunden, gedacht und argumentiert haben. Es bietet weder eine Anthologie der besten Prosa, noch eine der Philosophie; denn ein Gedanke kann auch in einem Gedicht stehen, und ein Argument in einer Anekdote. Auch musste es darauf ankommen, solche Stücke auszuwählen, die bei treuer und vollständiger Übersetzung einen Gedanken unmittelbar und ohne die Notwendigkeit langer Kommentare aussprechen. Auf systematische Vollständigkeit oder auch nur auf die Durchführung einiger Hauptthemen musste eben so verzichtet werden wie auf den Versuch, eine geschichtliche Entwicklung des chinesischen Geistes zu veranschaulichen. Man konnte das sogar tun, weil auch ohnedies auffallen wird, wie Namen, Gedanken und Argumente von den ältesten bis in die neuesten Zeiten weiterleben, benutzt und umstritten werden. Indes bemüht sich unser Lesebuch mit Entschiedenheit darum, Vorurteile zu beseitigen und Missbräuche zu berichtigen.

Man kann es heute nur noch dem Mut der Unkenntnis verzeihen, wenn jemand von einer Erstarrung, einem schablonen- oder schnörkelhaften, blumigen oder wie immer genannten Formalismus der chinesischen Geisteswelt spricht. Zuerst entdeckte Europa die chinesischen Klassiker der letzten vorchristlichen Jahrhunderte, dann die Dichter der T'ang-Zeit, dann die Kunst und Dichtung der Sung-Zeit, und immer war das Urteil schnell bei der Hand, dass danach der Verfall endgültig begonnen hätte. Lange erhielt z.B. die Ming-Zeit das Prädikat der völligen 'Erstarrung', während wir sie heute als eine der glücklichsten und fruchtbarsten Epochen der chinesischen Geschichte anzusehen lernen, die nicht nur Maler und Romane, sondern auch glänzende Denker hervorbrachte, die wir nur zu wenig kennen, deren Bedeutung indes der eine Wang Yang-ming allein ahnen lässt. So haben wir uns hier die Aufgabe gestellt, möglichst aus jedem Jahrhundert eine Stimme auszuwählen, nicht bloss, um einem Vorurteil entgegenzutreten, sondern um zu zeigen, was Kontinuität einer Kultur, nicht allein in

China bedeutet. Vergegenwärtigen wir uns, dass Westeuropa erst am Ende des 18. Jahrhunderts wieder den Stand der Zivilisation erreichte, der im Rom des 2. Jahrhunderts selbstverständlich war, und welche grauenhaften Zeiten der Zerstörungen und Völkerwanderungen dazwischen lagen – und liegen. Wir sprechen heute zwar gern davon, aber was Kontinuität wirklich ist, das lehrt uns China.

Zum anderen gilt es, dem Missbrauch der chinesischen Texte zu steuern, sie weder als platt und trivial, noch als verschnörkelt oder ungewöhnlich tiefsinnig misszuverstehen, sie darum 'verbessern' oder mehr oder weniger eigenwillig auslegen zu wollen. Freilich kann man jedes moralische Gebot und jedes Dichterwort trivialisieren. "Der Mann muss hinaus ins feindliche Leben", sagt heute jedermann auf der Strasse, ohne daran zu denken, dass er damit einen grossen Dichter zitiert, und ohne zu überlegen, dass man an dieses Wort ernste psychologische, – sogar höchst aktuelle – gesellschaftskritische oder ethische Betrachtungen anknüpfen kann. Und naturgemäss 'verflachen' Übersetzungen, die sich darauf beschränken, einen Gedanken klar und deutlich wiederzugeben. "Als ein Knabe eine kleine Rose stehen sah", das wäre zwar eine korrekte Übersetzung, aber gibt nichts von dem Klang und den Assoziationen wieder, die uns die Worte bedeuten: "Sah ein Knab' ein Röslein stehn". Ähnlich müssen wir uns viele Übertragungen aus dem Chinesischen vorstellen, ohne als gewissenhafte Übersetzer etwas anderes tun zu können oder zu dürfen. Aber es fällt wirklich schwer, nicht eine Satire zu schreiben über das Kapitel 'Aus dem Chinesischen'. Kein Unsinn kann ungereimt, keine Plattheit abgeschmackt genug sein, um heute nicht als 'chinesisch' gläubig angeboten und angenommen zu werden. Dass dabei schon äusserlich unsere Buchumschläge eine völlige Empfindungslosigkeit gegenüber der Eigenart und dem Empfinden der Ostasiaten beweisen, lässt jeder Tag erkennen; wenn z.B. auf einer Blütenlese chinesischer Dichtung der Fujiyama oder auf einem chinesischen Roman eine Japanerin in der Tracht leichter Mädchen prangt, so sind das Dinge, die hier nur wenige Kenner überhaupt bemerken, uns in Ostasien – und nicht nur dort – aber einfach als taktlose Leute erscheinen lassen, bei denen man ein Verständnis für die Gedankenwelt der anderen kaum erwarten darf. Nun gibt es freilich eine Fülle ernsthafter Probleme, die jeden Übersetzer wie 'zitternd über Eis' gehen lassen, und die den uneingeweihten Leser zu narren scheinen, der verschiedene Übersetzungen miteinander vergleicht, bei denen er kaum glauben mag, dass allen die gleichen Texte zugrunde liegen. Ein Musterbeispiel bietet ein Satz aus den Gesprächen des Konfuzius (Lun-yü 14, 3.), der seit dreihundert Jahren immer wieder missverständlich übersetzt wurde. R. Wilhelm übertrug ihn wie viele vor ihm: "Ein Gebildeter, der es liebt, (zu Hause) zu bleiben, ist nicht wert, für einen Gebildeten zu gelten." Im Text steht das Zeichen Shih, das seit zweitausend Jahren den Gebildeten oder auch einfach den Gelehrten bezeichnet, dem wir nun am ehesten zubilligen, nicht ins feindliche Leben hinaus zu müssen, sondern in stiller Klause werken zu dürfen. Erst ein eindringendes Sachverständnis durch soziologische und historische Untersuchungen klärte das Missverständnis auf. Zur Zeit des K'ung-tse gab es noch so gut wie gar keinen schriftkundigen 'Gebildeten', die führende Schicht stellten die Ritter, die Shih. Erst im zweiten Jahrhundert v. Chr. wurde die Führungsschicht der Ritter durch die der schriftgelehrten Beamten ersetzt, die man damals Ju-shih, wenn man will, die 'Ritter der Schriften', und später einfach mit dem alten Ausdruck Shih benannte. Das Wort bezeichnet also seit zweitausend Jahren einen anderen Sachverhalt; es erging ihm ähnlich, nur umgekehrt, wie unserem Worte Graf. In der Merowingerzeit war der Graf eine Amtsbezeichnung für den Verwalter eines Kreises, und oft genug wurden Freigelassene mit dem Grafenamt betraut. Dann wurde das Amt erblich, und die Erben bildeten eine Aristokratie, bis sich das Wort Graf zu einem Adelsprädikat verwandelte, das sich von dem Amte völlig löste. Wenn also K'ung-tse meint, dass ein Ritter, der daheim bleibt, nicht eben als Ritter zu gelten habe, dann begreifen wir das ohne Kommentar, und wir verstehen ihn, seine Zeit und seine 'taoistischen' Gegner. Es gehört heute geradezu einiger Mut dazu, die chinesischen Denker als vernünftige Leute zu nehmen, die durchaus etwas zu sagen haben und die dies auch deutlich aussprechen können, und zuzugeben, dass es im allgemeinen wohl an uns liegt, wenn wir sie noch nicht ganz verstehen. Eine Grundregel lässt sich empfehlen: wie die chinesische Schrift noch heute sehr bildhaft ist, so drückt sich auch die chinesische Sprache vor allem anschaulich, und erst in zweiter Linie in abgezogenen Allgemeinbegriffen aus. Man suche daher in jedem chinesischen Satz zunächst die Anschauung, das ursprüngliche Bild auf, an das der Sprechende dachte, wie sehr auch diese Bilder wie überall zu stehenden Redensarten abgeblasst, übertragen oder verändert sein mögen. Z.B. wird der Begriff 'Kultur' (wei), der bei Lao-tse und Hsün-tse eine bedeutende Rolle spielt, im Chinesischen mit einer Kombination der Zeichen Mensch und Tun geschrieben, bezeichnet also im ursprünglichen Sinne und ganz neutral ein 'Menschenwerk'. Ohne Mühe versteht man, dass in diesem Begriff auch die negativen Eigenschaften der 'Unnatur', des 'Künstlichen' und des 'Falschen' eingeschlossen sind; heute bedeutet das Wort wei meist einfach 'falsch' oder 'geheuchelt'. Welche Bedeutung und Bewertung der einzelne Chinese dem Worte gibt, was es in verschiedenen Jahrhunderten galt, das muss man erst von Fall zu Fall ermitteln. Aber ist es bei uns anders? Wissen wir stets, ob unser Gegenüber mit dem Worte Kultur ein höchstes Gut oder aber Unnatur und Degeneration meint, ob er die Spenglersche Unterscheidung von Kultur und Zivilisation voraussetzt, ob er das Wort als Besitz begreift oder die darin enthaltene Aufgabe mitdenkt?

So ist denn Sinologie, die "mit philologischer Methode

betriebene Erforschung Chinas, seiner Geschichte und Kultur aus den chinesischen Quellen" (H. Franke) noch eine sehr junge Wissenschaft und sowohl der Öffentlichkeit gegenüber wie an den Universitäten in einer fatalen Lage. Bei den griechischen, lateinischen, romanischen u.a. Sprachen ist seit Jahrhunderten jedes Wort verzettelt, in einen Thesaurus eingebracht, die wörtliche Übersetzung der Texte kann als Selbstverständlichkeit vorausgesetzt werden und gilt im allgemeinen nicht mehr als Aufgabe der Wissenschaft. Für das Chinesische gibt es aber noch keinen Thesaurus, nicht einmal ausreichende Wörterbücher, geschweige denn Speziallexika. So hat noch jeder Übersetzer Fehler gemacht und wird sie vermutlich auch in nächster Zukunft nicht vermeiden können. Umso mehr aber ist die vollständige, wort- und sachgetreue Übersetzung eines chinesischen Textes mit einer ausreichenden Erläuterung das Höchste und Beste, was heute ein Sinologe zu leisten vermag. Dies alles berührt nicht allein die inneren Fragen eines Spezialfaches, denn die Öffentlichkeit hat ein Recht darauf, zu erfahren, was dieses Fach leistet, sie hat den Anspruch darauf, von Fachleuten zu hören, was die chinesische Geisteswelt ist, und was man davon ermittelt. Nun ist dieses Buch nicht für Sinologen geschrieben; denen sagt es wenig Neues. Vor allem sollen die Texte durch sich selbst sprechen, und wir wünschen nur, die Dankbarkeit der Öffentlichkeit gegenüber den Fachleuten, als Herausgeber gegenüber den Weggenossen auf den dornigen Pfaden der Sinologie, den dahingegangenen wie den lebenden, im Inland wie im Ausland, dadurch auszudrücken, dass wir neben den grossen und bekannteren Leistungen auch vorzügliche ihrer Arbeiten, die oft in Dissertationen und Fachzeitschriften sich verbergen, der Allgemeinheit mitteilen. Wir haben ihnen aufrichtig zu danken für die Erlaubnis zum Abdruck ihrer Schriften, und auch dafür, dass sie sich einverstanden erklärten, dieses Buch auf eine einheitliche Umschrift der chinesischen Namen und Zeichen einzurichten. Durch ihre

Übersetzungen hindurch aber hören wir die älteren und neueren, klugen und weisen, witzigen und ernsten Geister Chinas, und vielleicht bemerken und beherzigen wir das gleiche, was Goethe, der nur ein weniges von ihnen wusste, erkannte und am 31. Januar 1827 aussprach: "Die Menschen denken, handeln und empfinden fast ebenso wie wir, und man fühlt sich sehr bald als ihresgleichen, nur dass bei ihnen alles klarer, reinlicher und sittlicher zugeht . . . Aber eben durch diese strenge Mässigung in allem hat sich denn auch das chinesische Reich seit Jahrtausenden erhalten und wird dadurch auch ferner bestehen."

Köln, im März 1957.

DAS BUCH DER LIEDER (SHIH-CHING)

In den lichten Liedern des Volkes, den Festgesängen fürstlicher Häuser und Opferhymnen des Königs erschloss Konfuzius um 500 v. Chr. einen Born der sittlichen Erhebung und Besinnung auf ein goldenes Altertum, der fortan nicht mehr versiegen sollte. Mit einigen Ausnahmen entstammen die Lieder dem 12. bis 7. Jahrhundert und bilden somit eines der frühesten Zeugnisse chinesischen Geistes. Als Heimat weisen sie das Gebiet um den mittleren Huang-ho, den Gelben Strom, auf.
Ein einzigartiges Spiegelbild jener Kultur, die vermutlich aus einer Mischung der bodenständigen indochinesischen Bevölkerung mit einer von Westen kommenden turkmongolischen Oberschicht entstanden ist, eröffnet sich in diesen Arbeitsliedern, Strophen des Dienstes bei Hofe, Liedern der Werbung – des Jünglings um das Mädchen und umgekehrt – den Hochzeitshymnen, Liedern zum Preise der Freundschaft, der Jagd, des Ackerbaus, des Tadels am grausamen Granden, am unfähigen Herrscher. Eine Reihe von ihnen beklagt die Entbehrungen des Krieges sowie die Zustände zur Zeit der Verlegung der Hauptstadt nach dem Osten (771 v. Chr.), in der die Schwäche der Dynastie Chou gegenüber den Lehnsfürsten und Fremdvölkern zutage trat.
Die Form der Lieder ist schlicht. Die Verse bestehen zumeist aus vier Worten und verwenden den Reim, an welchem die Gedanken sich in oft spielerisch anmutender Weise aufreihen.
Als drittes in die 'Fünf kanonischen Bücher' (Wuching) des Konfuzianismus aufgenommen, schenkten die 305 Lieder der chinesischen Sprache einen Schatz geflügelter Worte. Schon der Meister selbst benutzte einzelne der Verse als Maxime für vorbildliches Handeln, und immer wieder mussten solche Zitate, oft in seltsamer Herauslösung aus ihrem Zusammenhang, als Leitspruch in Philosophie und Politik dienen. Es konnte nicht ausbleiben, dass mit der Bildung eines konfuzia-

nischen Gelehrten- und Beamtenstandes die naive Auffassung der Lieder einer gekünstelten Interpretation im staatsethischen Sinne weichen musste. So werden in den 'Vorreden' späterer Kommentatoren einfache Liebeslieder als Treuebekenntnis des Ministers zu seinem Herrscher ausgelegt. Als Beispiel dafür, wie weit man sich dabei versteigen konnte, möge das Lied "Sein blauer Kragen" (S. 22) stehen, das von den Exegeten als eine Verurteilung der Unordnung gedeutet wurde, in der sich die Schulen eines Lehnsstaates befanden! Den Weg zu einer weniger befangenen Interpretation legte erst der grosse Chu Hsi im 12. Jh.n.Chr. frei, der Begründer des Neukonfuzianismus. Aber noch in neuester Zeit konnten Arthur Waley (1937) und Bernhard Karlgren (1944/45) mit manch einer klassischen Auslegung dieser Texte brechen.

Empfang der fürstlichen Braut

Der Eichelhäher hat ein Nest.
Die Turteltaube setzt sich drein.
Dies Kind wird uns nun heimgeführt:
Hundert Wagen holen es ein.

Der Eichelhäher hat ein Nest.
Die Turteltaube wohnt darin.
Dies Kind wird uns nun heimgeführt:
Hundert Wagen bringen es hin.

Der Eichelhäher hat ein Nest.
Die Turteltaube füllt es an.
Dies Kind wird uns nun heimgeführt:
Hundert Wagen sind ihr Gespann.

Lied der Palastfrauen

Die kleinen Sterne funkeln;
Noch glänzt der Morgenstern.
Wir schreiten eilig im Dunkeln,
Beim Dämmern schon im Dienste des Herrn.
Verschieden ist unsere Pflicht.

Die kleinen Sterne funkeln,
Orion und die Plejaden.
Wir schreiten eilig im Dunkeln,
Mit Kissen und Decken beladen.
Die Lose, sie gleichen sich nicht.

Der Hase bleibt fein auf der Hut

Der Hase bleibt fein auf der Hut;
Doch der Fasan eilt in die Schlingen.
In meines Lebens erster Zeit
Gab es noch kein Vollbringen.
In meines Lebens späten Tagen
Trifft hundertfach mich nun Beschwer –
O schlief ich ein und rührte mich nicht mehr!

Der Hase bleibt fein auf der Hut;
Ins Garn muss der Fasan geraten.
In meines Lebens erster Zeit
Gab es noch keine Taten.
Nun in des Lebens späten Tagen
Trifft hundertfach mich Ungemach –
O schlief ich ein und würde nicht mehr wach!

Der Hase bleibt fein auf der Hut;
Doch in das Netz eilt der Fasan.
Hab in des Lebens erster Zeit
Noch keinen Dienst getan.
In meines Lebens späten Tagen
Trifft hundertfach mich nun Gefahr –
O schlief ich ein und nähme nichts mehr wahr!

Der geheime Schatz

Im Brachland ist ein totes Wild.
Weisses Ried umwehrt es.
Ein Mädchen hat den Frühling im Sinn.
Ein feiner Junker betört es.

Im Walde, da sind Busch und Klee.
Im Brachland ist ein totes Reh.
Weisse Gräser hüllen es ein.
Das Mädchen gleicht einem Edelstein.

„Sachte nur, – langsam ach!
So rühr das Tuch nicht an!
Mach, dass das Hündlein nicht bellt!"

Sein blauer Kragen

Blau, blau dein Kragen.
Bang, bang mein Fragen.
Darf ich zu dir nicht hin –
Warum liessest du kein Wort mir sagen?

Blau, blau deine Spangen.
Tief, tief mein Langen.
Darf ich zu dir nicht hin –
Warum kamst nicht du zu mir gegangen?

Ach, ich schweife, streife,
Stehe droben auf dem Wall beim Tor:
Denn ein Tag, an dem ich dich nicht sehe,
Kommt mir wie drei Monde vor.

(D.)

Im Berg ist der Tann

Im Berg ist der Tann.
Und Ulmen sind im Gewann.
Bei dir sind Kleider und Roben viel,
Die trägst du nicht, die ziehst du nicht an.
Bei dir sind Pferde, sind Wagen schnell,
Die treibst du nicht, die schirrst du nicht an.
Und wenn der Tod ein Ende setzt,
Freut sich ein andrer Mensch daran.

Im Berg sind Föhren.
Im Tal sind Vogelbeeren.
Bei dir sind Hallen und Höfe viel,
Die lässt du nicht netzen, die lässt du nicht kehren.
Bei dir sind Pauken und Glocken hell,
Die lässt du nicht rühren, die lässt du nicht hören.
Wenn dann der Tod ein Ende setzt,
Wird alles einem andern gehören.

Im Berg ist der Firnisbaum.
Kastanien sind im Tal.
Bei dir sind Wein und Speisen im Raum:
Warum füllst du nicht Becher und Schal',
Machst dir bei festlichem Saitenspiel
Nicht Tag um Tag zum dauernden Mahl? –
Wenn einst der Tod ein Ende setzt,
Dann geht ein andrer in deinen Saal.

(D.)

Du hast keine Kleider

Du hast keine Kleider, sagst du?
Ich teile mit dir meine Jacke.
Der König stellt Truppen ins Feld.
Speer und Lanze liegen bereit,
Dein Feind soll der meine sein.

Du hast keine Kleider, sagst du?
Ich teile mit dir mein Hemd.
Der König stellt Truppen ins Feld.
Speer und Hellebarde liegen bereit,
Wir ziehen gemeinsam hinaus.

Du hast keine Kleider, sagst du?
Ich teile mit dir meinen Rock.
Der König stellt Truppen ins Feld.
Harnisch und Waffen liegen bereit,
Ich gehe an deiner Seite.

Welches Gras verwelkt nicht?

Welches Gras verwelkt nicht?
Welcher Tag vergeht ohne Marschieren?
Wer wird nicht gezwungen,
An den vier Grenzen Dienst zu tun?

Welches Gras verdorrt nicht?
Welcher Mann wird nicht von seiner Frau gerissen?
Weh über uns Soldaten an den Grenzen,
Einsam wie Räuber leben wir.

Sind wir Nashörner, sind wir Tiger,
Dass wir in diesen Einöden herumziehen?
Weh über uns Soldaten an den Grenzen,
Wir dürfen nicht ruhen, nicht bei Nacht, nicht bei Tag.

Die Füchse streichen durch das dichte Gras
Dahin und dorthin wie es sie freut.
Wir stossen unsere schweren Karren
Auf endlosen Strassen vor uns her.

(Treichlinger)

Das Hengstgespann

Es jagt mein Hengstgespann einher,
Der Heerweg längt sich immer mehr.
Wie dächt' ich nicht an Wiederkehr?
Doch Königsdienst will kein Versäumen, –
Mir ist das Herz vor Kummer schwer.

Es jagt mein Hengstgespann einher,
Die Mohrenschimmel schnauben, schäumen.
Wie dächt' ich nicht an Wiederkehr?
Doch Königsdienst will kein Versäumen;
Nicht darf ich hingekauert träumen.

Wohl seh' ich schnellbeschwingte Tauben
Nun steigen, nun hinabbegehren
Und auf das Eichendickicht kehren.
Doch Königsdienst will kein Versäumen;
Ich darf den Vater nicht ernähren.

Wohl seh' ich schnellbeschwingte Tauben
Nun steigen, nun sich abbewegen
Und sich in Weidendickicht legen.
Doch Königsdienst will kein Versäumen;
Ich darf die Mutter nicht verpflegen.

Vier Mohrenschimmel spannt' ich an,
Sie rennen rastlos ihre Wege.
Wie dächt' ich nicht an Wiederkehr? –
Und darum macht' ich dieses Lied,
Zu deuten auf der Mutter Pflege.

König Wu's Opfer zu Ehren seines Vaters Wen

Einträchtig sind sie hergekommen
Und nahten ehrerbietig schon;
Der Fürsten Beisein soll ihm frommen;
Voll Andacht ist der Himmelssohn.

„Da ich den grossen Stier dir weihe,
Und sie beim Opfer nehmen Teil,
Verklärter Vater, o verleihe
Mir, deinem treuen Sohne, Heil!

An Geist und Weisheit warst du Mann,
Und warest Fürst in Krieg und Frieden;
Hast Ruh' dem hohen Himmel dann
Und deiner Nachkunft Glanz beschieden;

Warst meiner greisen Brau'n Berater
Und reichlich segnetest du mich.
So ehr' ich dich, erhab'ner Vater,
Und ehre, würd'ge Mutter dich.

(v. Strauss)

Des jungen Königs Opfergesang

Gebt Ihm die Ehr, gebt Ihm die Ehr!
Der Himmel leuchtet hell und hehr.
Sein heilger Auftrag fällt uns schwer.
Sagt aber nicht: „Er ist so hoch, so hoch dort droben!"
Er steigt, Er neigt sich zu uns her,
All unser Tun betrachtet Er.

Ich bin ein Kind, bin Knabe zwar,
Der Einsicht und Verehrung bar.
Doch täglich strebend, mehr und mehr,
Lern ich von Dem, Des Licht ist ewig offenbar.
Er hilft zu tragen mir die Last,
Zeigt mir den Weg zur Tugend klar.

K'UNG-TSE

K'ung-tse, europäisiert in Konfuzius, lebte um 500 v. Chr. – die genaueren Zahlen von 552-479 erfand die Legende – in einer Umwelt, in der sich grosse und kleinere Feudalfürstentümer gebildet hatten, die in heftigen Fehden miteinander lagen. Er entstammte einer alten, aber wenig bemittelten Adelsfamilie und hätte seiner Herkunft nach im Staats- oder Fürstendienst seine Stellung finden müssen. Er hat sich auch verschiedentlich darum bemüht, aber – trotz aller legendarischen Ausschmückung – ohne erheblichen oder bleibenden Erfolg. So begann er ein, oft unstätes, Leben als Erzieher für die jungen Leute, vorwiegend seiner Kreise, um sie im höfischen Ton, in den Umgangsformen und den damals üblichen Allgemeinkenntnissen für den Fürsten- und Staatsdienst zu unterweisen. Er blieb aber nicht bei den äusseren Formen allein, sondern suchte überall nach den inneren, ethischen Grundsätzen für alle Formen und Gebräuche des Kultes, der Politik und des Lebens. Seine Persönlichkeit muss stark gewirkt haben, und hinzukam, dass erst und gerade in seinem Jahrhundert die Schrift in den Dienst weltlicher Aufzeichnungen gestellt wurde. Noch zu seiner Zeit konnte ausser wenigen Priestern kaum jemand schreiben und lesen. So wurden, wohl noch im 5. Jahrhundert, zum ersten Male von einem Mann wie ihm die überlieferten Kern- und Sinnsprüche niedergeschrieben, die freilich garnichts anderes sein wollten als die Sentenzen eines 'Prinzenerziehers'. K'ung-tse selbst hat nie daran gedacht, eine Religion zu stiften, eine neue Moral oder gar Philosophie zu schaffen, geschweige, ein Buch darüber zu schreiben. Das Hauptwerk, Lun-yü, die 'Gespräche' von ihm, seinen Jüngern und einige andere Zitate, sind ganz unsystematisch zusammengestellt. Das Lun-yü hat etwa den Umfang des Lukas-Evangeliums und enthält in 20 Kapiteln rund 500, oft sehr kurze Sentenzen, die dann freilich seit 2000 Jahren zur Grundlage der chine-

sischen Staats- und Gesellschaftsmoral geworden sind. Ihre Sprache ist meist knapp und gedrängt, von einer oft sprichwortartigen Vereinfachung und Einprägsamkeit. Seit dem 17. Jh. wurde das Lun-yü in Europa übersetzt, in vielfältiger Weise ausgelegt, gelobt und angegriffen. Die beste Übertragung nach dem neuesten Stande, auch der ostasiatischen Forschung, stammt von A. Waley und wurde hier vornehmlich herangezogen. Sie unterscheidet sich von der in Deutschland mit Recht geschätzten Übersetzung Richard Wilhelms oft so sehr, dass der Nichtfachmann kaum glauben kann, dass es sich um die gleichen Texte handelt. Während R. Wilhelm sich um möglichste Verständlichkeit bemühte und manchmal einen konfuzianischen Begriff mit immer neuen deutschen umschrieb, sollen in dieser Auswahl nur zwei Zentralbegriffe herausgestellt werden, die auch stets – wenn auch nicht eben gefällig – mit dem gleichen Wort übertragen sind, die Begriffe des Tao und des Te. Auch der interessierte Laie meint noch meist, dass es sich bei diesen Worten um zwei spezifisch unkonfuzianische Begriffe des Lao-tse und seiner Jünger, der 'Taoisten' handele. Das Gegenteil ist so sehr der Fall, dass man erst spät der Schrift des 'Lao-tse', einer nach- und antikonfuzianischen Streitschrift, wie wir heute mit einiger Sicherheit wissen, den Titel 'Tao-te-ching' gab, das 'Buch vom Tao und Te'. Ursprünglich trug sie diesen Titel nicht, und die Anlehnung an die beiden von den Zentralbegriffen des Lun-yü bleibt nicht zu übersehen, auch wenn Lao-tse ihnen eine andere Wendung gab. Das Lun-yü spricht in 53 Sentenzen vom Tao – zweimal allerdings im ursprünglichen Sinne – und in 30 vom Te, von denen sich indes vier mit denen vom Tao decken. Diese sind hier sämtlich zusammengestellt, und man darf sie vielleicht eine magna charta nennen, die älteste und ausführlichste Urkunde zu einem, wenn nicht dem Zentralbegriff der chinesischen Kultur schlechthin. Man muss sie kennen, will man die vielfältigen späteren Erörterungen darüber ver-

stehen. Das Wort Tao, 'Weg', entlehnt der Umwelt ein Bild, um damit das unentrinnbare Grundgesetz allen Seins und Geschehens zu umschreiben. Das Sittengesetz ist für K'ung-tse absolut und allgemeingültig, ja theoretisch bleibt das Wort Tao oft ganz neutral als das Gesetz, dem der Himmel ebenso unterworfen ist wie jeder Einzelne. Praktisch meint es freilich meist den rechten, richtigen Weg, und man wird gut daran tun, dieses Beiwort bei den Übersetzungen mitzudenken, und nicht etwa Attribute des Textes wie 'seinen, Deinen' oder 'guten' Weg als eine Legitimation des Individuellen aufzufassen. Dem Individuum ist die Aufgabe gestellt, das absolute Gesetz, das Tao stets von neuem zu erfassen und zu verwirklichen, und, da dieses rational und vollständig für immer unmöglich bleibt, ein- und auszuüben. Aus dieser Übung, Erfahrung und Reife erwächst das Te. Das mannigfach, als Kraft, Wirken, Sittlichkeit u.a. umschriebene Wort lässt sich am treffendsten als Tugend übersetzen, solange man auch diesen Begriff zunächst neutral auffasst, etwa im ursprünglichen Renaissancebegriff der virtù, der von der Vorstellung der erwachsenen Männlichkeit, Tüchtigkeit und Reife ausging und ihn selbst auf ganz 'unmoralische' Gestalten anwendete. Auch der sehr chinesische Gedanke, dass diese Kraft manchmal am stärksten wirkt, wenn sie nicht handelt, indem sie verzichtet oder schweigt, tritt im Lun-yü deutlich hervor. Dass der Begriff des Te bei K'ung-tse, der seinem Herzen nach dem Rationalen und Pragmatischen zuneigte, seine irrationale, gelegentlich noch rein magische Bedeutung durchblicken lässt, weist uns auf das höchste Gut, das es für ihn gab, das Problem der Menschlichkeit. Menschlichkeit wird im Chinesischen geschrieben mit einer Kombination der beiden Zeichen Mensch und Zwei. Die Hauptfrage, die Konfuzius sich und uns stellte, und deren Beantwortung er zu ermöglichen trachtete, war allein die, wie man 'zur Welt', zum 'Nächsten' und zum Fernsten leben soll.

VOM TAO, DEM WEG

Meister Yu sagte: Wer im gewöhnlichen Leben seine Eltern und Brüder achtet, neigt selten zur Aufsässigkeit gegen die Oberen, und es ist nicht vorgekommen, dass so einer eine Umwälzung erstrebt. Der Edle arbeitet an der Grundlage; ist diese fest, dann wächst der Weg. Ist nicht die Achtung der Eltern und Brüder die Grundlage der Menschlichkeit? Lun-yü. 1.2

Der Meister sagte: Einem Reich von tausend Kampfwagen vermag nur der den Weg zu weisen, der sich streng an die Sache hält und zu seinem Wort steht, mässig im Gebrauch und wohlwollend gegenüber seinen Untertanen ist, und der sich bei den Lasten, die er dem Volke auflegt, nach den rechten Zeiten richtet. 1.5

Der Meister sagte: Solange der Vater lebt, sieht man nur sein Wollen; ist er dahingegangen, sieht man, was er geschaffen. Wer drei Jahre lang keinen anderen Weg als der Vater einschlägt, der kann wahrhaft ehrfurchtsvoll genannt werden. 1.11

Meister Yu sagte: In der Anwendung der Gebräuche kommt es auf Übereinstimmung an; dadurch war der Weg der alten Könige so schön. Von Kleinem hängt Grosses ab. Wenn etwas nicht zusammengeht, wird, wer um die Harmonie weiss, eine Übereinstimmung herstellen. Wenn die Dinge nicht durch ein Brauchtum geregelt sind, kann nichts mehr recht laufen. 1.12

Der Meister sagte: Ein Edler, der nicht isst, bevor er sitzt, der sich in seinem Hause nicht gehen lässt, der in den Geschäften sorgfältig und im Reden vorsichtig ist, der die sucht, die den Weg kennen, und sich danach richtet, von dem kann man sagen, dass er sich zu bilden wünscht. 1.14

"Beim Bogenschiessen kommt es nicht darauf an, durch das Fell (der Zielscheibe) hindurch zu schiessen; denn die Kräfte sind verschieden." Dieses (Sprichwort) enthält den Weg der Alten. 3.16

Der Grenzwächter von I bat, dem Meister vorgestellt

zu werden, und sagte: Noch kein Edelmann hat mich nicht empfangen. Darauf liessen ihn die Begleiter vor. Beim Weggehen sagte er: Warum seid Ihr über einen Fehlschlag mutlos? Schon lange gibt es auf Erden keinen Weg. Der Himmel will Euren Meister als Glocke benutzen. 3.24

Jeder wünscht sich Reichtum und Ehre; aber wenn man diese nur erlangen kann, indem man von seinem Wege abweicht, dann verzichte man darauf. Armut und Missachtung verabscheut jedermann, aber wenn man ihnen nur entgehen kann, indem man von seinem Wege abweicht, dann entzieht man sich ihnen nicht. Ein Edler, der die Menschlichkeit aufgibt, wie könnte der diesen Namen verdienen? Ein Edler gibt auch auf die Dauer einer Frühstückspause seine Menschlichkeit nicht auf; auch im Drang der Geschäfte hat er daran festzuhalten und im Wirbel der Ereignisse dabei zu bleiben. 4.5

Der Meister sagte: Wer in der Frühe von dem Weg gehört hat, darf am Abend sterben. 4.8

Der Meister sagte: Ein Ritter, der sich zum Weg entschloss, sich aber einfacher Kleidung und Nahrung schämt, ist nicht wert, im Rate mitzutun. 4.9

Der Meister sagte: Shen, mein Weg führt in einem geradeaus hindurch. Meister Tseng (= Shen) sagte: So ist es. Als der Meister gegangen war, fragten die Schüler, was er damit gemeint habe. Tseng sagte: Unseres Meisters Weg ist einfach, Treue und Rücksicht. 4.15

Der Meister sagte von Kung Yeh-ch'ang: Obgleich er im Gefängnis war, ist es nicht unrecht, ihn zu heiraten, denn er trug keine Schuld. Und er gab ihm seine Tochter zur Frau. Er sagte von Nan Jung: In einem Lande, das sich an den Weg hält, würde er nicht übersehen; in einem Lande, das sich nicht an den Weg hält, muss er danach trachten, Strafen und Verstümmelung zu entgehen. Und er gab ihm die Tochter seines älteren Bruders zur Frau. 5.1

Der Meister sagte: Der Weg geht nicht weiter, am besten ginge ich auf ein Floss und führe übers Meer.

Sicher wird Yu mit mir kommen. Als Tse-lu (= Yu) davon hörte, freute er sich. Der Meister sagte: Das ist Yu! Er liebt die kühne Tat, mehr als ich, aber er ist nicht aus dem Stoff, den ich brauchte. 5.6

Tse-kung sagte: Des Meisters Ansichten über Bildung und Formen kann man leicht hören, seine Worte über die Natur der Dinge und den Weg des Himmels fast nie. 5.12

Der Meister sagte von (dem Minister) Tse-ch'an: Von den Wegen eines Edlen hatte er vier, sein Betragen war höflich, im Dienste seiner Oberen war er aufrichtig, in der Behandlung des Volkes wohlwollend und in seinen Aufträgen gerecht. 5.15

Der Meister sagte: (Der Minister) Ning Wu-(tse) war klug, solange man sich an den Weg hielt, und töricht, als man sich nicht daran hielt. Seine Klugheit sollte man erreichen, seine Torheit nicht. 5.20

Jan Ch'iu sagte: Keinesfalls stimmte ich Eurem Wege nicht zu, aber meine Kraft reicht nicht aus dafür. Der Meister sagte: Wessen Kaft nicht reicht, bricht inmitten des Weges zusammen; Du aber ziehst Dir jetzt selbst eine Grenzlinie. 6.10

Der Meister sagte: Wer kann anders herausgehen als durch die Türe? Und was geschieht, wenn niemand den einen Weg geht? 6.15

Mit einer einzigen Wendung könnte (der Staat) Ch'i werden wie Lu; mit einer einzigen Wendung könnte Lu auf den Weg kommen! 6.22

Der Meister sagte: Entschliesse Dich zum Weg,
Erweise Dich in der Tugend,
Richte Dich nach der Menschlichkeit,
Erhole Dich am Schönen. 7.6

Als Meister Tseng krank war, kam Meng Ching-tse, ihn besuchen. Tseng sprach und sagte: Wenn ein Vogel zum Sterben kommt, so rührt uns sein Lied; wenn ein Mensch zum Sterben kommt, so gewinnen seine Worte Bedeutung. Drei Dinge sind es, die ein Edler, der seinen

Weg geht, am höchsten stellt: in jeder Haltung und Bewegung vermeidet er Heftigkeit und Anmassung, in jeder Miene, die er zeigt, flösst er Vertrauen ein, in jedem Wort, das er ausspricht, vermeidet er auch den Anschein des Gemeinen. Wie man die Zeremonialgefässe anordnet und was dergleichen Dinge mehr sind, dafür gibt es Leute, die sich eine Aufgabe daraus machen. 8.4

Meister Tseng sagte: Kann ein Ritter anders als stark und unerschrocken sein? Denn seine Last ist schwer, und sein Weg ist lang. Ist Menschlichkeit nicht eine Last, die man auf sich nimmt, trägt man nicht schwer daran? Erst mit dem Tode langt er an, und ist es nicht weit bis dahin? 8.7

Der Meister sagte: Sei unwandelbar zuverlässig, freue Dich, zu lernen, und sei bereit, für den guten Weg zu sterben! Gehe nicht in ein Land, das sich in Gefahr begibt, und bleibe nicht in einem, wo Unruhe herrscht! Hält man sich auf Erden an den Weg, dann lass' Dich sehen; hält man sich nicht an den Weg, dann bleibe verborgen! Hält sich Dein Land an den Weg, dann wäre es eine Schande, arm und unbekannt zu bleiben; hält sich Dein Land nicht an den Weg, dann wäre es eine Schande, reich und geehrt zu sein! 8.13

Der Meister sagte: Mit einem einfachen Gewand aus Hanf neben andern zu stehn, die Fuchs und Dachs tragen, ohne sich bedrückt zu fühlen, wäre das nicht etwas für Dich, Yu?

"Wer niemandem schadet, von keinem etwas will,
Wie könnte der Unrechtes tun!" (Shih-ching 67)

Als später Tse-lu (= Yu) diese Verse dauernd vor sich hin sang, sagte der Meister: Reicht der Weg, der darin enthalten ist, aus, um das Rechte zu tun? 9.26

Es gibt manchen, mit dem man gemeinsam lernen, aber nicht gemeinsam den Weg gehen kann. Es gibt manchen, mit dem man den Weg gehen, aber neben dem man seinen Platz nicht einnehmen kann. Es gibt manchen, neben dem man seinen Posten einnehmen, mit dem man aber nicht übereinstimmen kann. 9.29

Tse-chang fragte nach einem Weg des guten Menschen. Der Meister sagte: Wer nicht den (altbekannten) Pfaden folgt, betritt auch nicht das Innere des Hauses. 11.19

Chi Tse-jan fragte, ob man Chung Yu (den Jünger Tse-lu) und Jan Ch'iu (Jan Yu) als grosse Beamte bezeichnen könne. Der Meister sagte: Ich dachte, Ihr wolltet mir eine Frage stellen, die mich wirklich angeht, und nun ist es eine Frage über Yu und Ch'iu. Was ich einen grossen Beamten nenne, der dient seinem Fürsten, solange er den (rechten) Weg geht, ist das unmöglich, tritt er zurück. Nun, Yu und Ch'iu, die kann man als gewöhnliche Diener bezeichnen. Tse-jan sagte: Dann werden sie also tun, was man ihnen befiehlt? Der Meister sagte: Wenn sie ihren Vater oder Fürsten erschlagen sollen, dann werden sie freilich auch nicht gehorchen. 11.23

Chi K'ang-tse befragte den K'ung-tse über das Regieren und sagte: Angenommen, ich wollte die töten, die sich nicht an den Weg halten, um denen zu helfen, die sich daran halten, wie denkt Ihr darüber? K'ung-tse antwortete: Ihr seid dazu da, um zu regieren, nicht, um zu töten. Wenn Ihr das Gute wollt, wird das Volk gut sein. Des Edlen Tugend ist wie der Wind, des kleinen Mannes wie das Gras; weht der Wind über das Gras, muss es sich beugen. 12.19

Tse-kung fragte über Freunde. Der Meister sagte: Sprich aufrichtig zu ihnen und führe sie den guten Weg. Ist das unmöglich, zieh' Dich zurück und setze Dich nicht selbst einer Erniedrigung aus. 12.23

Der Meister sagte: Der Edle ist leicht zu bedienen, aber schwer zu erfreuen. Will man ihn erfreuen auf eine Weise, die nicht nach dem Weg ist, so hat er kein Vergnügen daran. In dem, was er von andern verlangt, richtet er sich nach deren Fähigkeiten. Der kleine Mann ist schwer zu bedienen, aber leicht zu erfreuen. Will man ihn erfreuen, auch auf eine Weise, die nicht nach dem Weg ist, so hat er sein Vergnügen daran. Verlangt er

etwas von anderen, so muss es stets das Beste sein. 13.25
Yüan Su fragte über die Scham. Der Meister sagte: Hält sich ein Land an den Weg, nehme man Besoldungen an. Hält sich ein Land nicht an den Weg, und jemand nimmt Besoldungen an, der schäme sich. 14.1
Der Meister sprach vom Herzog Ling von Wei, dass er sich nicht an den Weg halte. K'ang-tse sagte: Wie kommt es denn, dass er keinen Schaden nimmt? K'ung-tse sagte: Er hat einen Chung-shu Yü als Beamten für die Gesandten und Fremden, einen Priester T'o für den Ahnentempel, einen Wang-sun Chia als Kommandeur der Armee. Bei Männern wie diesen, was sollte er verlieren? 14.20
Der Weg des Edlen hat drei (Bahnen). Ich war nie im Stande, sie zu gehen. Wer die Menschlichkeit besitzt, ist niemals unglücklich, wer die Weisheit, nie im Zweifel, wer die Tapferkeit, ist ohne Furcht. Tse-kung sagte: Das, Meister, ist gerade Euer Weg! 14.30
Kung-po Liao hatte den Tse-lu bei (dem Grafen) Chi verleumdet. Tse-fu Ching-po berichtete davon und sagte: Unser Herr ist dadurch in Verwirrung gebracht worden, aber ich glaube, dass meine Macht gross genug ist, um den Kung-po Liao als Leichnam auf dem Markte ausstellen zu lassen. Der Meister sagte: Ob der Weg fortschreite, ist des Himmels Wille; ob der Weg untergehe, ist des Himmels Wille. Was ist Kung-po Liao gegen diesen Willen? 14.38
Der Meister sagte: Wahrhaft gerade war der Chronist Yü. Als das Land sich an den Weg hielt, war er pfeilgrad; als das Land ihn verliess, blieb er pfeilgrad. Wahrlich ein Edler ist (der Staatsmann) Ch'ü Po-yü. Solange das Land sich an den Weg hielt, war er im Amt; sobald es ihn verliess, vermochte er es, "seinen (Schatz) einzurollen und im Gewand zu verbergen". 15.6
Der Meister sagte: Wenn ich von anderen spreche, vermeide ich Tadel und Lob, und wenn jemand gelobt wurde, dann war er wahrhaft erprobt. Das Volk im allgemeinen aber ist das gleiche, mit dem die drei (ersten)

Dynastien den Weg aufgerichtet haben und gegangen sind. 15.24

Der Meister sagte: Ein Mensch kann seinen Weg erweitern, aber kein Weg kann einen Menschen vergrössern. 15.28

Der Meister sagte: Der Edle denkt bei seinen Plänen an den Weg und nicht an den Lohn. Auch der Ackersmann kann einmal hungern, auch der Lernende einmal belohnt werden. Der Edle sorgt sich um den Weg, nicht sorgt er sich um die Armut. 15.31

Der Meister sagte: Von denen einen Rat zu holen, die nicht den gleichen Weg gehen, ist nutzlos. 15.39

Der (blinde) Musikmeister Mien kam zu einem Besuch. Als er die Treppe erreichte, sagte der Meister: Hier sind Stufen, als er zur Matte kam: Hier ist die Matte. Als sich alle gesetzt hatten, teile der Meister mit, dieser sei hier, und jener dort. Nachdem der Musiker Mien gegangen war, fragte Tse-chang: Ist das der Weg, mit einem Musiker zu sprechen? Der Meister sagte: Ja sicherlich, es ist der Weg, einem Musiker zu helfen. 15.41

K'ung-tse sagte: Bleibt die Welt auf dem Wege, dann gehen Brauch und Musik, Kriegszüge und Bestrafungen vom Himmelssohn aus. Bleibt die Welt nicht auf dem Wege, gehen sie von den Lehnsfürsten aus. Gehen sie von den Lehnsfürsten aus, so vergehen selten zehn Generationen, ohne dass sie ihre Macht verloren haben; gehen sie von den Granden aus, verlieren sie ihre Macht in fünf Generationen. Reissen hochgekommene Diener die Befehlsgewalt im Staate an sich, verlieren sie ihre Macht in drei Generationen. Bleibt die Welt auf dem Wege, dann regieren nicht die Granden, bleibt die Welt auf dem Wege, dann nörgelt der gemeine Mann nicht. 16.2

K'ung-tse sagte: "Etwas Gutes so ansehen, als könne man nicht dazu gelangen, etwas Ungutes so ansehen, als stecke man den Finger in heisses Wasser", dieses Wort habe ich gehört, und ich kenne Menschen dieser Art. "In der Verborgenheit leben, um seine Gesinnungen zu erfüllen; gerecht handeln, um seinen Weg zu verbreiten", das Wort hörte ich, aber ich sah noch niemanden dieser Art.

Herzog Ching von Ch'i besass tausend Pferdegespanne, aber als er starb, kannte das Volk keine Tugend, die es an ihm preisen konnte. Po I und Shu Ch'i verhungerten am Fuss des Shou-yang-Berges, aber das Volk rühmt sie noch heute. Erklärt das nicht jenes Wort? 16.11-12

Als der Meister zur Stadt Wu kam, hörte er die Klänge von Saitenspiel und Gesang. Der Meister war heiter und sagte lächelnd: Um ein Huhn zu schlachten, braucht man kein Ochsenmesser! Tse-yu fragte darauf: Ich erinnere mich, dass ich Euch selbst sagen hörte: ein Edler, der den Weg erforscht, liebt die Menschen; ein kleiner Mann, der den Weg erforscht, füllt seinen Platz leichter aus. Der Meister sagte: Ihr Herren, was Yen sagt, ist ganz recht, und meine Worte waren ein Scherz. 17.4

Als Liu-hsia Hui als Rittermeister amtete, wurde er dreimal entlassen. Die anderen sagten: Warum gehst Du nicht fort? Er sagte: Wer auf geraden Wegen den Menschen dient, an welchen Ort könnte der gehen, wo er nicht dreimal entlassen wird? Wer auf krummen Wegen den Menschen dient, was braucht der das Land seiner Väter und Mütter verlassen? 18.2

Ch'ang-chü und Chieh-ni arbeiteten zusammen auf dem Acker. Als K'ung-tse vorbeifuhr, schickte er den Tse-lu, um sie nach der Furt zu fragen. Ch'ang-chü sagte: Wer ist es, den Du fährst? Tse-lu sagte: K'ung Ch'iu. – Der K'ung Ch'iu aus Lu ist es? – Jawohl. – Und er sagte: Der kennt die Furten.

Tse-lu fragte darauf den Chieh-ni. Chieh-ni sagte: Wer bist Du? – Ich bin Tse-lu. – Chieh-ni sagte: Und Du folgst dem K'ung Ch'iu von Lu? – So ist es. Chieh-ni sagte: Wenn die Flut kommt, wird alles auf Erden von ihr mitgerissen, und niemand kann etwas daran ändern. Wenn Du schon jemandem folgst, der sich von anderen zurückzieht, warum folgst Du dann nicht besser einem anderen, der sich vom ganzen Menschengeschlecht fernhält? Und er ackerte weiter.

Tse-lu ging und berichtete dem Meister davon. Der sagte traurig: Mit den Vögeln und Tieren kann man nicht hausen; kann ich nicht Mensch unter Menschen sein, was soll ich dann? Gibt es auf Erden nicht den Weg, muss ich dann nicht versuchen, dies zu ändern? 18.6

Als Tse-lu im Gefolge des Meisters zurückgeblieben war, traf er einen alten Mann. Der hatte einen Korb über seinen Stab gehängt. Tse-lu fragte: Habt Ihr den Meister gesehen? Der Alte sprach: Ihr, die Ihr "die vier Gliedmassen nicht plagt, und nicht die fünf Getreidesorten siebt", wer ist Euer Meister? Und damit pflanzte er seinen Stab in den Boden und begann zu jäten. Tse-lu blieb stehen mit (ehrerbietig) zusammengelegten Händen. Da lud er den Tse-lu ein zur Nacht, schlachtete ein Huhn, bereitete eine Schüssel Hirse zum Nachtmahl und stellte seine beiden Söhne vor. Tse-lu sagte: Es ist nicht recht, keinen Posten auszufüllen, auch darf man nicht den Unterschied von Alt und Jung verleugnen. Und ist es recht für den Diener eines Fürsten, sich seinen Pflichten zu entziehen, auch wenn dieser nur an sich selbst denkt und damit die allgemeinen Beziehungen verwirrt? Es ist die Aufgabe eines Edlen, auf seinem Posten Gerechtigkeit walten zu lassen, auch wenn er weiss, dass auf Erden der Weg nicht herrscht.

Am nächsten Tage machte sich Tse-lu auf den Weg und berichtete seine Erlebnisse. Der Meister sagte: Das ist einer, der sich zurückgezogen hat. Und er trug Tse-lu auf, ihn noch einmal aufzusuchen, aber als er dorthin kam, war der Alte fortgegangen. 18.7

Tse-chang sagte: Wer sich der Tugend verschreibt, aber nicht ganz, dem Wege vertraut, aber ohne Überzeugung, was kann der haben, was kann der tun? 19.2

Tse-hsia sagte: Auch die kleinen (speziellen) Wege haben etwas, was sich sehen lassen kann. Aber geht man auf ihnen zu weit, so bilden sie ein Hindernis. Darum verfolgt der Edle sie nicht. 19.4

Tse-hsia sagte: Die Handwerker bleiben in den Werkstätten, um ihre Dinge zu vollenden; der Edle lernt, um seinen Weg zu vervollkommnen. 19.7

Tse-yu sagte: Die Schüler des Tse-hsia sind rechte Kinder. Den Fussboden sprengen und kehren, einen Befehl ausführen und eine Frage beantworten, wie man eintritt und wie man hinausgeht, das können sie. Doch das ist geringfügig. Stellt man sie vor einen Grundsatz, wie sollten sie da nicht versagen?

Tse-hsia hörte davon und sagte: Leider ist Yen im Irrtum. Vom Wege des Edlen heisst es: "Übermittelt man jemandem etwas, bevor er dafür reif ist, so wird es ihn gleichgültig lassen, sobald er reif geworden ist." Schüler sind wie Pflanzen oder Bäume und müssen je nach ihrer Art verschieden behandelt werden. Auf dem Wege des Edlen darf es keine Vorspiegelungen geben. Den ersten und letzten Schritt zugleich zu tun, vermag nur ein Heiliger. 19.12

Als das Oberhaupt der Familie Meng den Yang Fu zum 'Rittermeister' (mit richterlicher Gewalt) ernannte, befragte dieser den Tseng-tse. Der sagte: Schon lange haben die Oberen ihren Weg verlassen, und das Volk geht in die Irre. Triffst Du nun auf ein Beispiel hierfür, dann bedaure dies und habe Mitleid, aber freue Dich niemals darüber! 19.19

Kung-sun Ch'ao von Wei fragte Tse-kung: Bei wem hat Chung-ni (= K'ung-tse) gelernt? Tse-kung sagte: Der Weg der (Könige) Wen und Wu ist niemals völlig zu Grunde gegangen. Unter den Menschen haben die Weisen seine grossen Dinge, und die Nicht-Weisen die kleinen stets gekannt. Und es gibt niemanden, der den Weg der Wen und Wu nicht haben könnte. Woraus hätte unser Meister nicht gelernt, aber wozu brauchte er einen bestimmten Lehrer? 19.22

Ch'en Tse-ch'iu sagte zu Tse-kung: Ihr zeigt zu grosse Bescheidenheit; Chung-ni (= K'ung-tse) ist nicht weiser als Ihr. Tse-kung sagte: Ein Edler wird nach einem Wort für klug gehalten, und nach einem Wort für unklug. Ihr solltet etwas vorsichtiger sein. Den Meister kann man ebenso wenig erreichen, wie man mit einer Leiter in den Himmel steigen kann. Hätte der Meister ein Land oder ein grosses Geschlecht gehabt, so würde es von ihm heissen (wie in den Hymnen für die Toten): "Er hob sie auf, und sie standen; er wies den Weg, und sie gingen. Er gab ihnen Frieden, und sie kamen; er regte sie an, und sie stimmten ihm zu. Sein Leben ist Ruhm, sein Tod ist Trauer." Wie könnte man ihn erreichen? 19.25

VOM TE, DER TUGEND

Tseng-tse sagte: Wenn die Achtung gegenüber den Toten bei ihrem Hinscheiden und lange darüber hinaus erhalten bleibt, dann hat die Tugend eines Volkes den höchsten Stand erreicht. 1.9

Der Meister sagte: Wer kraft seiner Tugend regiert, gleicht dem Polarstern. Er bleibt an seinem Platz, und alle Sterne huldigen ihm. 2.1

Der Meister sagte: Führe den Weg durch Vorschriften und halte Ordnung durch Strafen, dann wird das Volk Dir davonlaufen und keine Selbstachtung haben. Führe den Weg durch Tugend und halte Ordnung durch gute Gebräuche, dann hat es Selbstachtung und kommt freiwillig zu Dir. 2.3

Wo sich der Edle an die Tugend hält, hält sich der kleine Mann an seinen Boden. Wo sich die Edlen an Strafen halten, hält sich der kleine Mann an Freiheiten. 4.11

Der Meister sagte: Tugend wohnt nie allein, sie schafft naturgemäss Nachbarn. 4.25

Der Meister sagte: Wie höchst vortrefflich ist die Tugend der unwandelbaren Mitte! Sie erscheint nur selten im Volk und ist doch ewig die gleiche. 6.27

Der Meister sagte: Dass ich meine Tugend ungeübt, mein Lernen unvollendet liess, vom Guten hörte, aber es nicht befolgen, vom Unguten hörte, aber es nicht ändern konnte, das bekümmert mich. 7.3

Der Meister sagte: Der Himmel gab die Tugend, die in

mir ist; was habe ich mich zu fürchten vor einem (Minister) Huan T'ui? 7.22

Der Meister sagte: Von (dem Königssohn) T'ai Po kann man wahrlich sagen, dass er die höchste Stufe der Tugend erreichte. Dreimal verzichtete er auf die Herrschaft über das Reich, und das Volk fand nicht einmal Gelegenheit, ihn darum zu preisen. 8.1

(Kaiser) Shun hatte fünf Helfer, und das Reich war gut regiert. König Wu (der Gründer der Chou-Dynastie) sagte, er habe zehn tüchtige Menschen als Gehilfen. K'ung-tse sagte: Das Wort "Der rechte Stoff ist schwer zu finden" ist wohl wahr; die Zeit zwischen T'ang (= Yao) und Yü (= Shun) war deshalb so vollkommen. (Wu) hatte eine Frau darunter, und es waren nur neun Männer. Er hatte zwei Drittel des Erdkreises in seiner Hand, und diente damit nur den Yin (Dynastie). Die Tugend der Chou muss schlechthin vollkommen genannt werden. 8.20

Der Meister sagte: Ich habe niemand gesehen, der die Tugend so liebte wie eine schöne Frau. 9.17 und 15.12

Durch Tugend wirkten (die Jünger) Yen Hui, Min Tsech'ien, Jan Keng und Jan Yung. Gute Redner waren Tsai Yü und Tse-kung. Im Staatsdienst waren Jan Ch'iu und Tse-lu. Wohlunterrichtet und gebildet waren Tse-yu und Tse-hsia. 11.2

Tse-chang fragte: was heisst Tugend ansammeln und Zweifel entscheiden? Der Meister sagte: Wer Treu und Glauben obenan stellt und sich an die Gerechtigkeit hält, der sammelt Tugend. Etwas lieben, dass man wünscht, es lebe, und etwas hassen, dass man wünscht, es stürbe, und dann wiederum wünschen, dass etwas lebe und zugleich stürbe, das sind Zweifel. 12.10

Als Fan Ch'ih einst mit dem Meister unter den Bäumen am Regentanzaltar spazieren ging, sagte er: Darf ich fragen, was das heisst, Tugend ansammeln, Versäumnisse ausbessern, Zweifel entscheiden? Der Meister sagte: Das ist eine gute Frage. "Erst die Arbeit, dann der Lohn", bedeutet das nicht, Tugend sammeln? "Gegen das Böse in Dir selbst angehen, und nicht gegen das der andern", bedeutet das nicht, Versäumnisse ausbessern? "In der Wut des Morgens sich selbst vergessen, und dazu die Verwandten gefährden", ist das nicht ein Zweifelsfall? 12.21

Der Meister sagte: Die Leute im Süden haben ein Wort: "Wer nicht beständig ist, taugt nicht zum Schamanen oder Medizinmann". Das ist gut gesagt. Ohne Beständigkeit in der Tugend wird jemand nur schlechter. Man sagt nicht nur voraus und lässt es dabei. 13.22

Wer Tugend hat, kann auch sicher reden; aber wer reden kann, hat nicht sicher Tugend. Wer Menschlichkeit besitzt, hat sicher auch Mut; aber wer mutig ist, hat nicht sicher auch Menschlichkeit. 14.5

Nan-kung fragte K'ung-tse und sprach: I war ein gewaltiger Bogenschütze, und Ao konnte ein Schiff umwerfen, und doch nahmen beide kein gutes Ende. Yü und Chi bestellten ihre Äcker, und gewannen das ganze Reich. Der Meister antwortete nichts, aber als Nankung gegangen war, sagte er: Jemand wie dieser, das ist ein Edler, jemand wie er versteht, was Tugend ist. 14.6

Der Meister sagte: Das Pferd Chi war berühmt nicht wegen seiner Stärke, sondern wegen seiner Tugenden. 14.35

Jemand sagte: Was ist davon zu halten, dass man der Böswilligkeit mit der Tugend gegenübertreten solle? Der Meister sagte: Womit soll man dann der Tugend gegenübertreten? Begegne der Böswilligkeit mit Aufrichtigkeit, und der Tugend mit Tugend. 14.36

Der Meister sagte: Yu, die wissen, was Tugend ist, sind wenige. 15.3

Der Meister sagte: Geschickte Rede verwirrt die Tugend; durch kleine Ungeduld ist mancher grosse Plan gescheitert. 15.26

Das Oberhaupt der Familie Chi wollte (die Grafschaft) Chuan-yü angreifen. Jan Ch'iu und Tse-lu (vgl. oben 11.23) suchten K'ung-tse auf und sagten: Das Haupt der Familie Chi beabsichtigt, Schritte gegen Chuan-yü zu unternehmen. K'ung-tse sagte: Ch'iu, bist nicht Du für dieses Verbrechen verantwortlich? Chuan-yü war von den früheren Königen dazu eingesetzt, um die Opfer für den Tung-meng-Berg zu beaufsichtigen. Ausserdem liegt es mitten in unserem Lande und gehört zu den Dienern unseres Erd- und Hirseopfers. Womit wollt Ihr den Angriff rechtfertigen? Jan Ch'iu sagte: Unser Herr wünscht es; wir zwei, seine Diener, wünschen es beide nicht. K'ung-tse sagte: Es gibt ein Wort des Chou Jen: "Wer seine Kraft einsetzen kann, tritt in die Reihen; wer es nicht kann, der tritt zurück." Was braucht man Ratgeber, die jemand wanken sehen, ihm aber nicht die Hand hinhalten, die jemand fallen sehen, ihn aber nicht stützen?Auch sind Deine Worte falsch. Bricht ein Tiger oder Wildstier aus seinem Gehege, zerbricht ein Schmuckstück aus Schildpatt oder Jade im Kasten, wessen Fehler ist das? Jan Ch'iu sagte: Die heutige Lage ist so. Chuan-yü ist stark befestigt und liegt nahe bei Pi (dem Hauptschloss der Chi); nimmt man es jetzt nicht, wird es in den nächsten Generationen unsern Söhnen und Enkeln Nöte machen. K'ung-tse sagte: Ch'iu, ein Edler, der es abgelehnt hat, einem Wunsche zu willfahren, lehnt auch dessen Beschönigungen ab. Über das Oberhaupt eines Staates oder Geschlechts hörte ich einmal folgendes (Lied):

"Er sorgt sich nicht, dass seine Leute arm sind,
Er sorgt sich nur, dass keine Ungleichheit entsteht;
Er sorgt sich nicht, dass es nur wenig sind,
Er sorgt allein, dass Friede herrscht."

Und in der Tat, wenn alles gleich verteilt ist, ist niemand arm, wo Eintracht herrscht, gibt es keinen Menschenmangel. Wenn dann die Fernen sich nicht einfügen wollen, muss man sie durch Bildung und Tugend zum Kommen veranlassen. Und kommen sie, dann gebe man ihnen Frieden, und wo Friede ist, da gibt es keinen Aufstand. Jetzt, da Ihr, Yu und Ch'iu, Eurem Herrn als

Ratgeber dient, wollen sich die Fernen nicht einfügen, und er vermag es nicht, sie zum Kommen zu veranlassen. Das Land ist entzweit, wankend, zerrissen und gespalten, und er kann es nicht schützen. Und da plant er, Schild und Streitaxt im eignen Lande zu erheben. Ich fürchte, die Nöte der Enkel von Chi liegen nicht in Chuan-yü, sondern in ihren eignen Mauern und Toren. 16.1

Der 'Biedermann' (Pharisäer) ist der Verderber der Tugend. 17.13

Wer auf der Gasse verbreitet, was er auf der Landstrasse hörte, verliert die Tugend. 17.14

Chieh Yü, der Narr von Ch'u, ging an K'ung-tse vorbei und sang: O Phönix, o Phönix, wie ist Deine Tugend verwelkt! Das Vergangene soll man nicht tadeln, für die Zukunft kann man noch raten: Lass ab, lass ab; wer heute bei der Regierung mitwirkt, ist in Gefahr! K'ung-tse stieg ab und wollte mit ihm reden. Der aber beschleunigte seine Schritte und eilte fort, so dass sie nicht miteinander sprechen konnten. 18.5

Tse-hsia sagte: Wer in den grossen Tugenden die Grenze nicht überschreitet, kann in den kleinen einmal 'aus- und eingehen.' 19.11

(S.)

MO TI

Hier Egozentrik – dort Altruismus; hier Individualismus – dort Solidarität; hier Hedonismus – dort Utilitarismus: So wirken die Meister 'Yang und Mo' als ein Topos in der chinesischen Philosophie und Literatur fort, während ihren Lehren kein bleibender Erfolg beschieden war.

Historisch geht Mo Ti, ein Zeitgenosse des Sokrates, dem Yang Chu voran, der ein halbes Menschenalter vor Epikur gelebt haben mag. Und auch an seiner Bedeutung für die Mitwelt wie am Umfang des überlieferten Werkes gemessen, überragt Mo Ti seinen Antipoden, von dem nur noch einzelne Gedanken erhalten sind. In seiner aktiven Teilnahme am staatlichen Geschehen ist Mo Ti dem Konfuzius gleichgesinnt, es scheint sogar, dass er diesem die Anwartschaft auf den Thron des ungekrönten Kaisers von China zeitweise streitig zu machen imstande war, nicht zuletzt dadurch, dass er über eine wohlorganisierte, technisch ausgebildete Truppe von Anhängern verfügte, die, unter einem 'Oberhaupt', als eine Art Nothilfe fungierte.

Konfuzius wie Mo Ti stellen, selbst im Bewusstsein der Erfolglosigkeit, dem Souverän ihre Dienste zur Verfügung; ersterer, weil es 'rechtens' oder 'Pflicht' (I), letzterer, weil es der Allgemeinheit von Nutzen (Li) ist. Der konfuzianischen Tugend des gegenseitigen Wohlwollens, der 'Güte' (Jen) stellt Mo Ti das Postulat der 'Allgemeinen Liebe' (Chien-ai) entgegen, nach dem das fremde Haus als eigenes, das fremde Land als das eigene betrachtet werden soll. In Verbindung mit der Idee von einem strafenden und belohnenden Gott, der Ablehnung des Krieges und der strikten Beschränkung auf die Verteidigung wurden daher im Mohismus wiederholt Parallelen zum Christentum erblickt. In einen noch krasseren Gegensatz zum Konfuzianismus tritt Mo Ti hingegen durch seinen Kampf gegen Musik und Riten als einen dem Volkswohl schädlichen Luxus. In der Tat

verarmten ganze Familien durch einen übertriebenen Pomp bei den Begräbnisfeierlichkeiten, den Konfuzius freilich ebenfalls abgelehnt hätte.
Wenn es Mo Ti, dem Sozialaristokraten (Forke), nicht gelang, seiner Lehre auf die Dauer Geltung zu verschaffen, so wird das – neben dem Widerstand der konservativen Clans – letztlich seinen Grund darin haben, dass die dogmatische Strenge des Weltverbesserers (sie spiegelt sich in seinem trockenen, nur auf die Sache gerichteten Schreibstil) und seine, allen Reformatoren und Revolutionären eigene, Austerität dem Schönheitssinn des Chinesen nicht gerecht wurde, jenem Gefühl für die Form, dem Konfuzius so weit entgegengekommen war.

VERDAMMUNG DES ANGRIFFSKRIEGES

Da ist jemand, der in eines andern Obstgarten eindringt und ihm Pfirsiche und Pflaumen stiehlt. Wenn die Leute davon hören, so verurteilen sie ihn, und wenn die Obrigkeit seiner habhaft wird, so bestraft sie ihn. Warum? Weil er andere schädigt, um sich selbst zu nützen. Geht er so weit, dass er andern ihre Hunde, Schweine, Hühner und Ferkel wegnimmt, so ist seine Ungerechtigkeit noch grösser, als wenn er in Gärten eindringt, um Pfirsiche und Pflaumen zu stehlen. Weshalb? Weil er andern noch grösseren Schaden zufügt, ist sein Mangel an Güte noch ausgeprägter und die Bestrafung noch schärfer. Wenn er nun sogar in Hürden und Ställe einbricht und andern ihre Pferde und Kühe wegnimmt, dann offenbart er einen noch grösseren Mangel an Güte und Rechtlichkeit als bei der Wegnahme von Hunden, Schweinen, Hühnern und Ferkeln. Inwiefern? Er benachteiligt seine Mitmenschen, und wenn er sie noch mehr benachteiligt, so muss seine Herzlosigkeit noch schlimmer sein, und es gebührt ihm noch härtere Strafe. Lässt er sich nun gar dazu hinreissen, einen Unschuldigen zu töten, ihn seiner Kleidung und seines Pelzes zu berauben und sich seinen Speer und sein Schwert anzueignen, dann ist seine Ungerechtigkeit noch viel grösser, als wenn er in Hürden und Ställe einbricht und den Leuten ihre Pferde und Kühe wegtreibt. Wieso? Weil seine Schädigung anderer noch ernster ist. Dieser höhere Grad von Schadenzufügung zeigt eine noch höhere Stufe von Verworfenheit, und die Strafe muss dementsprechend härter sein. Alle Edlen im Reich wissen das und verurteilen solche Handlungen, die sie als Ungerechtigkeiten bezeichnen.

Wenn nun die Sache im grossen gemacht und ein Staat angegriffen wird, dann sprechen sie nicht mehr ihr Verdammungsurteil, sondern sind im Gegenteil voll des Lobes und nennen es Gerechtigkeit. Kann man da noch sagen, dass sie den Unterschied zwischen Gerechtigkeit und Ungerechtigkeit verstehen? Das Töten eines Menschen gilt als ungerecht, und es steht darauf eine Todesstrafe. Führen wir diese Erwägung weiter, dann ist die Tötung von zehn Menschen eine zehnfache Ungerechtigkeit und sollte mit zehn Todesstrafen geahndet werden; und die Tötung von hundert Menschen ist eine hundertfache Ungerechtigkeit und verdient hundert Todesstrafen. Die Edlen des Reiches verstehen das sehr wohl und nennen es Ungerechtigkeit. Kommen wir nun aber zu der Ungerechtigkeit im grossen, nämlich dem Angriff auf einen Staat, dann verurteilen sie diese nicht mehr, im Gegenteil, sie rühmen sie und nennen sie gerecht. Sie verstehen die Dinge nicht und wissen nicht, was Gerechtigkeit ist. Daher schreiben sie die Erzählung von den Kämpfen zum Gedächtnis für spätere Geschlechter nieder; denn wenn sie sich der Ungerechtigkeit bewusst wären, wie würden sie diese Ungerechtigkeiten noch aufzeichnen, um sie der Nachwelt zu überliefern?

Da haben wir einen Mann, welcher, wenn er etwas Schwarzes sieht, es schwarz nennt, sieht er dagegen viel Schwarz, so nennt er es weiss. Wir werden von einem solchen annehmen, dass er den Unterschied zwischen

Weiss und Schwarz nicht kennt. Ein anderer kostet etwas Bitteres und nennt es bitter, wenn das Bittere aber in grösseren Mengen vorhanden ist, so nennt er es süss. Von einem solchen Menschen wissen wir, dass ihm der Unterschied zwischen süss und bitter unbekannt ist. Wenn nun jemand ein geringes Unrecht kennt und es verurteilt, dagegen ein grosses Unrecht wie das Bekriegen eines Staates nicht erkennt und verurteilt, es vielmehr preist, können wir dann wohl von ihm behaupten, dass er sich des Unterschiedes zwischen Recht und Unrecht bewusst ist? So sehen wir denn, dass die Edlen des Reichs das Unterscheidungsvermögen für Recht und Unrecht verloren haben.

(Forke)

GEGENSEITIGE LIEBE

Indem der Heilige die Lenkung des Reiches zu seinem Geschäfte macht, kann er nicht umhin, zu untersuchen, wodurch der Aufruhr entstanden ist. Untersucht er aber, wodurch der Aufruhr entstanden ist, so erweist sich's, dass er aus dem Fehlen gegenseitiger Liebe entstanden ist. Wenn der Untertan oder der Sohn seinem Fürsten oder seinem Vater keine Pietät erweist, so heisst das Aufruhr. Der Sohn liebt sich selbst, aber er liebt nicht seinen Vater: daher benachteiligt er seinen Vater, um sich selbst zu nützen; der jüngere Bruder liebt sich selbst, aber er liebt nicht seinen älteren Bruder: daher benachteiligt er seinen älteren Bruder, um sich selbst zu nützen; der Untertan liebt sich selbst, aber er liebt nicht seinen Fürsten: daher benachteiligt er seinen Fürsten, um sich selbst zu nützen. Aber selbst wenn der Vater nicht gütig ist gegen seinen Sohn, der ältere Bruder nicht gütig gegen seinen jüngeren Bruder, der Fürst nicht gütig gegen seine Untertanen, so wird auch dieses im Reiche als Aufruhr bezeichnet. Der Vater liebt sich selbst, aber er liebt nicht seinen Sohn: daher benachteiligt er seinen Sohn, um sich selbst zu nützen; der ältere Bruder liebt sich selbst, aber er liebt nicht seinen jüngeren Bruder: daher benachteiligt er seinen jüngeren Bruder, um sich selbst zu nützen; der Fürst liebt sich selbst, aber er liebt nicht seine Untertanen: daher benachteiligt er seine Untertanen, um sich selbst zu nützen. Wie kommt das? Dies alles kommt daher, weil sie einander nicht lieben.

(Grube)

YANG CHU

Von ihm sind nur wenige Maximen in den Schriften anderer Philosophen, vorzüglich bei Lieh-tse – und auch dort von angezweifelter Authentizität – auf uns gekommen. Nach ihnen gipfelte die Lehre Yang Chu's in dem Begriff des 'Völligen Lebens', d.i. ein Leben, das nicht durch Ehrgeiz, Gewinnsucht und eine Tätigkeit zum Nutzen der Mitwelt gestört wird. "Die Alten opferten kein Haar", heisst es bei Yang Chu, "auch wenn sie damit das Wohl des ganzen Reiches gefördert hätten; und wäre ihnen dafür das ganze Reich dargebracht worden, sie hätten es nicht angenommen. Keiner von ihnen schädigte sich um ein Haar, keiner von ihnen förderte das Wohl des Reiches – und im Reiche herrschte Ordnung." Hier tritt eine nahe Verwandtschaft zum Taoismus zutage, in dem vielleicht ein grösseres Erbe des Yang Chu fortlebt, als die wenigen Bruchstücke, die mit seinem Namen verknüpft sind, es ahnen lassen.

FREUT EUCH DES LEBENS

Yang Chu sprach: Hundert Jahre sind die äusserste Grenze einer langen Lebensdauer. Dass einer hundert Jahre alt wird, kommt unter tausend Fällen nicht einmal vor. Aber gesetzt den Fall, es gäbe einen solchen: die Kindheit, die er auf den Armen verbracht, und das stumpfe Greisenalter füllen nahezu die Hälfte aus; die Zeit, die er nachts im Schlafe bewusstlos verbracht und tagsüber wachend vertrödelt, nimmt gleichfalls nahezu die Hälfte ein; und desgleichen geht auch unter Schmerzen und Krankheit, Kummer und Sorge, Verlust und Furcht nahezu die Hälfte hin. So mögen denn etwa zehn Jahre fröhlicher Zufriedenheit übrigbleiben; aber auch in ihnen gibt es nicht eine Stunde völliger Sorgenfreiheit. Was ist also das menschliche Leben? Worin bestehen seine Freuden? Einzig und allein in Prunk und Fülle, in Tönen und Farben! Aber Prunk und Fülle können nicht immer gewährt, Töne und Farben nicht beständig genossen werden. Dazu kommt noch, dass man durch Strafen abgeschreckt und durch Belohnungen angespornt, durch Ruhm vorwärtsgetrieben und durch Gesetze zurückgehalten wird. Hastig kämpft man um den leeren Beifall eines Augenblicks und macht den Ruhm nach dem Tode zum Kompass seines Handelns; ängstlich achtet man auf die Wahrnehmungen der Augen und Ohren und ist auf das bedacht, was der eigenen Person und ihren Absichten zum Heil oder Unheil gereicht. So bringt man sich lediglich um den höchsten Lebensgenuss und vermag nicht eine Stunde lang den eigenen Neigungen zu folgen. Wodurch unterscheidet sich ein solcher Mensch von einem, der in Kerkerhaft gefesselt ist?

Die Alten wussten, dass der Mensch nur für eine kurze Weile ins Leben kommt, sie wussten, dass er nach einer kurzen Weile durch den Tod dahingeht. Daher folgten sie den Regungen ihres Herzens, ohne sich dem zu widersetzen, was sie ihrer Natur nach liebten. Genüsse, die sich ihnen boten, flohen sie nicht. Daher liessen sie sich nicht durch Ruhm anspornen, sondern lebten ihrer Natur gemäss dahin, ohne sich dem zu widersetzen, was aller Kreatur begehrenswert erscheint. Sie trachteten nicht nach Ruhm und wurden daher auch nicht von Strafen ereilt. Ob Ruhm und Preis ihnen vorangingen oder nachfolgten, ob der ihnen bestimmten Jahre viele oder wenige waren, kam für sie nicht in Betracht.

Yang Chu sprach: Das, wodurch alle Wesen verschieden sind, ist das Leben; das, worin sie gleich sind, ist der Tod. Im Leben gibt es Weise und Toren, Vornehme und Geringe, – darin liegt die Verschiedenheit. Im Tode gibt es moderndes Gebein, Schwund und Vernichtung: darin liegt die Gleichheit. Gleichwohl liegen Weisheit und Torheit, Ansehen und Niedrigkeit ebensowenig in ihrer Macht wie moderndes Gebein, Schwund

und Vernichtung. Somit hängen Leben und Tod, Weisheit und Torheit, Ansehen und Niedrigkeit nicht von ihnen ab; vielmehr leben und sterben alle Wesen in gleicher Weise, wie sie in gleicher Art weise und töricht, vornehm oder gering sind. Zehnjährige sterben ebensogut wie Hundertjährige, Menschenfreundliche und Heilige sterben ebensogut wie Bösewichte und Toren. Die bei Lebzeiten Musterkaiser wie Yao und Shun waren, sind nach ihrem Tode moderndes Gebein; die bei Lebzeiten Tyrannen wie Chieh und Chou waren, sind nach ihrem Tode moderndes Gebein. Als moderndes Gebein sind sie eins; wer vermöchte da ihre Verschiedenheit zu erkennen? So freuen wir uns denn des Lebens, – was kümmert uns, was nach dem Tode kommt!

(Grube)

DIE DREI BRÜDER

Als Tse-ch'an erster Minister von Cheng war und die Regierung des Landes drei Jahre lang ganz in seinen Händen gelegen hatte, nahmen die Guten unter den Bürgern gern alle seine Reformen an, und die Bösen wagten seine Verbote nicht zu übertreten. Im ganzen Lande herrschte Ordnung, und die benachbarten Fürsten behandelten Cheng mit dem gebührenden Respekt. Aber Tse-ch'an hatte einen älteren Bruder namens Kung-sun Chao und einen jüngeren namens Kung-sun Mu. Chao liebte den Wein, und Mu liebte schöne Frauen. In Chao's Hause lagerten unzählige Liter des edlen Getränks und dazu Berge von Hefe, so dass jedem Besucher der Geruch von Alkohol und Hefe schon hundert Schritt vor seiner Tür in die Nase drang. Unter dem Einfluss des Weines wurde er so unbekümmert, dass er nicht mehr wusste, ob in der Welt Krieg oder Frieden herrschte, ob die Prinzipien der Menschlichkeit geachtet wurden oder auf dem Spiele standen, ob sein Haushalt in Ordnung war oder Dinge abhanden kamen, ob seine Verwandten anwesend oder abwesend waren, oder gar, wenn es um Tod oder Leben ging, worüber er trauern oder worüber er sich freuen sollte. Obwohl ihm durch Ueberschwemmung, Feuersbrunst oder Schwertstreich der Untergang drohte, so achtete er doch nicht darauf. In den hinteren Höfen seines Bruders Mu dagegen gab es an die zwanzig Gemächer, in denen die schönsten und mit grösster Sorgfalt ausgewählten jungen Mädchen wohnten. So vollständig gab sich Mu den Freuden der Liebe hin, dass er nicht einmal Zeit fand, auch nur seine nächsten Verwandten zu empfangen, dass er alle freundschaftlichen Zusammenkünfte und Ausflüge aufgab und sich nur immer in den hinteren Gemächern aufhielt, um dort sein nächtliches Treiben bis weit in den Morgen fortzusetzen. Manchmal blieb er dort drei Monate lang, ohne jemals auszugehen. Aber damit war sein Verlangen noch nicht gestillt, und wenn er hörte, dass es in einem anderen Distrikt ein unverheiratetes Mädchen von besonderer Schönheit gab, so sandte er ihm Geschenke und bat es zu sich, oder er bediente sich eines Vermittlers, um es sich zu verschaffen. Der Erfolg eines solchen Beginnens hinderte ihn aber nicht im geringsten daran, sich sogleich wieder in ein neues Abenteuer zu stürzen.

Für Tse-ch'an war das Verhalten seiner Brüder ein unablässiger Kummer. Schliesslich begab er sich insgeheim zu dem Philosophen Teng Hsi und fragte ihn um Rat. „Ich weiss", sprach er, „dass, wer eine Familie regieren will, zuerst sich selbst beherrschen lernen muss, und wer ein Land regieren will, zuerst lernen muss, eine Familie zu leiten. Damit ist offensichtlich gemeint, dass man vom Nächstliegenden zum Ferneren fortschreiten soll. Aber obwohl ich im Lande ein gutes Regiment errichtet habe, so befindet sich doch bei meiner Familie nicht alles in Ordnung. Es scheint also, dass ich am falschen Ende angefangen habe. Kannst du mir nicht vielleicht ein Mittel nennen, wie ich meine beiden Brüder von ihren schlimmen Wegen abbringen kann? Ich wäre dir sehr dankbar dafür." Hierauf erwiderte Teng Hsi:

„Diese Lage der Dinge hat mich schon lange gewundert, ich wollte sie jedoch nicht von mir aus zur Sprache bringen. Zweifellos musst du eingreifen, solange es noch Zeit ist. Du kannst doch deinen Brüdern sicher den hohen Wert einer ungeschwächten Gesundheit klarmachen und die grosse Bedeutung von Moral und Sitte?" Nach dem Rat von Teng Hsi wartete Tse-ch'an eine passende Gelegenheit ab, um seine Brüder aufzusuchen, und sprach dann zu ihnen: „Was den Menschen über die Tiere und Vögel hinaushebt, sind Vernunft und Voraussicht. Vernunft und Voraussicht führen ihn zu Sitte und Moral. Wo Sitte und Moral geachtet werden, stellen sich Rang und Würde ein. Wenn sich jedoch ein Mensch herausnimmt, nur nach seinen jeweiligen Gefühlen zu handeln und sich jedem Wunsch und Gelüst zu überlassen, so nimmt seine moralische und physische Gesundheit mit Sicherheit Schaden. Wenn ihr nun meinen Rat annehmt, so verspreche ich euch eine unverzügliche Wirkung. Ihr braucht nur im Morgengrauen in euch zu gehen, so werdet ihr zur Abenddämmerung schon im Genuss üppiger Gehälter sein." Darauf entgegneten Chao und Mu: „Du sagst uns nichts, was wir nicht schon lange wüssten. Aber unsere Wahl wurde auch bereits schon lange getroffen. Die Annahme, dass wir auf dich zu unserer Aufklärung gewartet hätten, wäre seltsam. Mit dem Leben fertig zu werden, ist von allen Dingen das schwerste, dem Tode zu begegnen, ist jedoch das leichteste. Wenn man aber dieses schwierige Leben auf eine Stufe herabdrückt, die noch unterhalb des Todes liegt, der so leicht zu haben ist, so bedeutet das einen Weg, auf den man sich, gelinde gesagt, nicht ohne Ueberlegung begeben kann. Du empfiehlst uns, durch Rücksichtnahme auf Sitten und Moral der Welt Zugeständnisse zu machen und durch gewaltsame Unterdrückung unserer natürlichen Begierden einen guten Ruf zu erlangen. In unseren Augen jedoch ist der Tod einem Leben, wie du es vorschlägst, bei weitem vorzuziehen.

Wir wollen nichts anderes als soviel Glück, wie ein einziges Dasein hergeben kann, und wir wollen jedem vorübereilenden Jahr soviel Freuden abgewinnen, wie irgend möglich. Unser Kummer besteht nur darin, dass der Magen nichts mehr aufnehmen kann, während der Mund noch gierig ist, und dass die körperliche Kraft versagt, während die Wollust noch heftig ist. Wir haben keine Zeit, uns mit Fragen darüber abzuquälen, ob unsere Lebensweise dem Ansehen schadet oder die Gesundheit schwächt. Weil du glaubst, dass die Fähigkeit zur Regierung eines Landes die Macht einbegreift, alle Geschöpfe nach deinem Willen zu lenken, so kommst du zu uns in der Ueberzeugung, dass deine schönen Reden alle unsere Ideen ins Wanken bringen können, und dass deine Versprechungen von Rang und Einkommen uns sehr erfreuen werden. Sind solche Tricks nicht eigentlich bemitleidenswert und niedrig? Wir hingegen möchten unsere Stellung zu dir noch einmal ganz klarlegen. Wer darauf aus ist, die Welt um sich her zu ordnen, kann nicht damit rechnen, dass diese seine Regeln auch annimmt, aber er darf sicher sein, dass sein eigenes Leben alles andere als angenehm sein wird. Wem es jedoch nur darum zu tun ist, sein Leben zu geniessen, der braucht darum noch nicht damit zu rechnen, dass die Welt dann aus den Fugen gerät, aber er darf sicher sein, dass er selbst es sehr viel angenehmer haben wird. Deine Methode mit ihrem Beharren auf dem, was ausserhalb deiner selbst liegt, mag sich eine Zeitlang und in einem einzelnen Staat bewähren. Sie widerspricht jedoch den Neigungen der Menschen. Unser Prinzip hingegen, nur dem eigenen Innern zu folgen, würde, wenn man es auf alle Länder unter dem Himmel ausdehnte, schliesslich jede Regierung unnötig machen. Wir waren immer der Meinung, dass dir diese Lehre einmal unterbreitet werden müsste, und so wundert es uns, dass jetzt du zu uns kommst, um uns die entgegengesetzte aufzuzwingen!"

Tse-ch'an geriet in grosse Verlegenheit und wusste

keine Antwort zu geben. Am nächsten Tag erzählte er Teng Hsi, was geschehen war. „Du hattest in deiner Familie zwei wahrhafte Weise", versetzte dieser, „ohne dass du es je gemerkt hast. Wie aber bist du in den Ruf eines Weisen gekommen? Die Tatsache, dass sich Cheng in bester Ordnung befindet, muss ein reiner Zufall sein, sie ist sicherlich nicht dein Verdienst."

(Waley/Meister–Weidner)

MENG-TSE (MENCIUS)

Die Latinisierung seines Namens durch die Jesuiten-Missionare, die Väter der europäischen Sinologie, zeugt von der Wertschätzung, die Meister Meng (371–289) nächst seinem engeren Landsmann und geistigen Leitstern, Konfuzius, innerhalb der offiziellen Staatsphilosophie genoss. Er gilt als ihr 'Zweiter Heiliger', und in der Tat scheint es fraglich, ob ohne sein Wirken Konfuzius als mehr denn einer unter etlichen wandernden Fürstenberatern im Gedächtnis der Jahrhunderte fortgelebt hätte. Zur Zeit des Mencius nämlich "erfüllten die Lehren des Yang Chu und Mo Ti (Vergl. S. 50 und S. 45) das ganze Land; wer es nicht mit Yang hielt, hielt es mit Mo." Gegen den Individualismus des ersteren – als einen Ungehorsam gegenüber dem Herrscher – und gegen die 'Allgemeine Liebe' des letzteren – als einen Ungehorsam gegenüber dem Vater – setzt Mencius die mittlere Lehre des Konfuzius, die fest in Staat und Familie verankert war. Der Tugend der Güte (Jen) fügt Mencius die Rechtlichkeit (I) hinzu. "Ich mag gern Fisch, und ich mag auch Bärentatzen gern; wenn ich beides nicht gleichzeitig haben kann, so verzichte ich auf den Fisch und nehme die Bärentatzen. Ich mag auch das Leben gern, und ich mag auch die Rechtlichkeit gern; wenn ich beide nicht gleichzeitig haben kann, so verzichte ich auf das Leben und nehme die Rechtlichkeit." Ein heroisch-stolzer Zug eignet der Philosophie des Meng-tse, der, in einem philosophischen Jahrhundert geboren, als Denker seinen Meister übertreffen mag. Man hat die Lehre des Konfuzius mit der milden Glätte des Jadesteins verglichen, die des Mencius mit dem klaren Funkeln des Kristalls. Von einem Tross von Begleitern umgeben, suchte Meister Meng die Fürstenhöfe der 'Kämpfenden Staaten' auf und predigte die Herrschaft durch Güte und Rechtlichkeit. Kein Wunder, dass sein vehementer Optimismus dort als weltfremd abgetan wurde. In revolutionierender Weise verleiht der Meister – ohne freilich an Demokratie zu denken – dem Volk das Primat in der Ordnung des Staates: "Das Volk ist das Wichtigste; dann kommen die Götter des Erdbodens und des Getreides; am wenigsten wichtig ist der Fürst." Und, auch in diesem Punkte 'unkonfuzianisch', erachtet er es als göttliches Recht, einen verderbten Monarchen abzusetzen, ja zu töten. War dem politischen Wirken des Mencius auch kein Erfolg beschieden, so strahlt sein Ruhm desto heller in der Nachwelt, besonders seit der Sung-Zeit, als sein Werk in die 'Vier kanonischen Schriften' (Ssu-shu) des Konfuzianismus eingereiht wurde. Bis zur jüngsten Vergangenheit wurde das Buch Meng-tse als erster Klassiker in der Schule studiert. Und es ist auf einen seiner Kardinalsätze zurückzuführen, wenn der erste Fibelvers, den die chinesische Jugend jahrhundertelang gelernt hat, lautete:

"Der Mensch am Anbeginn,
Gut ist im Grunde sein Sinn."

AUS DEM BUCH MENG-TSE

Verwerfung des Vorteils

Mencius trat vor den König Hui von Liang. Der sagte: „Ehrwürdiger Herr, da du, tausend Meilen nicht für weit erachtend, hierher gekommen bist, wirst du wohl auch in der Lage sein, meinem Staat Vorteil (Li) zu bringen?"
Mencius erwiderte: „Warum, o König, musst du von Vorteil reden? Es gibt doch auch Güte und Rechtlichkeit, und die dürften genügen. Denn fragt der König: ‚Wie bringe ich meinem Staate Vorteil?' so fragen die Grosswürdenträger: ‚Wie bringen wir unserem Hause Vorteil?' und die niederen Beamten und das Volk: ‚Wie bringen wir unserer Person Vorteil?' – Wenn Obrigkeit und Untertanen sich gegenseitig den Vorteil streitig

machen, möchte der Staat gefährdet werden. Wer in einem Staate von zehntausend Schlachtwagen dessen Fürsten tötet, muss über ein Hauswesen von tausend Schlachtwagen verfügen, und wer in einem Staate von tausend Schlachtwagen dessen Fürsten tötet, muss über ein Hauswesen von hundert Schlachtwagen verfügen. Tausend von zehntausend und hundert von tausend sollte man nicht für gering achten. Wer die Rechtlichkeit hintansetzt und den Vorteil voranstellt, findet ohne Raub kein Genüge. Noch hat es keinen Guten gegeben, der seinen Nächsten im Stich gelassen, keinen Rechtschaffenen, der seinen Fürsten hintangesetzt hätte. Der König sage doch: ‚Güte und Rechtlichkeit' – und damit ist's gut. Warum muss von Vorteil die Rede sein?"

(Grube)

Der Mensch ist von Natur gut

I

Meister Kao sagte: „Des Menschen angeborene Natur gleicht einem Weidenbaum; das, was wir Rechtlichkeit nennen, gleicht einem Holznapf oder einer Schale. Aus des Menschen Natur Güte und Rechtlichkeit hervorbringen, das ist, als wenn man aus der Weide Näpfe und Schalen macht." –

Darauf sagte Mencius: „Meister, kannst du die Näpfe und Schalen denn *gemäss der Natur* der Weide machen? Erst muss man doch die Weide misshandeln, ehe man Näpfe und Schalen aus ihr machen kann! Und wie man die Weide misshandelt, um aus ihr Napf und Schale zu machen, so würde man folglich auch den Menschen misshandeln müssen, um ihn gut und rechtschaffen zu machen? Wahrlich, deine Worte, Meister, werden dazu führen, dass die Menschen in aller Welt sich über Güte und Rechtschaffenheit hinwegsetzen!"

II

Meister Kao sagte: „Des Menschen Natur gleicht einem wirbelnden Wasser. Oeffnet man ihm einen Weg nach Osten, so fliesst es nach Osten; öffnet man ihm einen Weg nach Westen, so fliesst es nach Westen. Des Menschen Natur kennt keinen Unterschied zwischen gut und ungut, so wie das Wasser keinen Unterschied kennt zwischen Osten und Westen!" –
Darauf sagte Mencius: „Freilich kennt das Wasser keinen Unterschied zwischen Ost und West. Kennt es aber auch keinen Unterschied zwischen Oben und Unten? Des Menschen Natur ist gut, gleichwie das Wasser nach unten fliesst. Kein Mensch, der nicht zum Guten neigte; kein Wasser, das nicht nach unten strebte. Indessen: Wenn man durch Schlagen das Wasser zum Spritzen bringt, kann man erreichen, dass es einem bis über die Stirn steigt; wenn man es antreibt und leitet, so kann man erreichen, dass es auf den Bergen ist. Wie aber wäre das die wahre Natur des Wassers! Nur die Gewalt der besonderen Umstände hat das bewirkt. Und wenn der Mensch dazu gebracht werden kann, ungut zu sein, so ist seiner wahren Natur ein Gleiches widerfahren."

Das Gleichnis vom Rinderberg

Mencius sagte: „Der Rinderberg war einmal schön mit Bäumen bestanden. Weil er aber an der Grenze einer grossen Stadt lag, sind Axt und Beil über ihn hergefallen. Konnte man ihn da noch für schön ansehn? Wie indessen Tag und Nacht ihn neu belebten, Regen und Tau ihn netzten, blieb es nicht aus, dass junge Triebe sprossten. Da kamen Rinder und Schafe und haben ihn abgegrast – darum ist er jetzt so kahl. Und die Menschen, die seine Kahlheit sehen, meinen, er habe nie gutes Holz besessen. Allein, wie wäre das des Berges wahre Natur!
So nun ist es mit dem Menschengeschlecht: Wie wäre

es bar des Sinnes für gut und rechtschaffen! Wodurch es seinen lauteren Sinn verliert, das gleicht jenen Aexten und Beilen an den Bäumen: Tag um Tag fällt man über ihn her. Kann man ihn da noch für schön ansehn? Wie indessen Tag und Nacht ihn neu beleben, ein jeder Morgen ihn anhaucht, ist er in seinem Lieben und Hassen dem der andern Menschen wieder nah. Ueber ein kleines jedoch – dann wird er in die Taten des Tages verstrickt, geht in ihnen unter. Und wenn diese Verstrickung sich ständig wiederholt, dann reicht der Anhauch der Nacht nicht mehr aus, ihn am Leben zu halten, dann ist er nicht mehr weit vom Tier entfernt. Und die Menschen, die sehen, wie tierisch er ist, meinen, er sei nie ‚aus gutem Holz' gewesen. Allein, wie wäre das des Menschen wahrer Charakter?"

Mangelnde Pflege des Selbst

Mencius sagte: „Womit man den Tungbaum oder die Katalpe nähren muss, wenn sie mit dem Umfang von genau einer oder zwei Spannen wachsen sollen: das weiss ein jeder. Was aber sein Selbst anlangt – da weiss keiner, womit er es nähren muss. Lieben etwa die Menschen den Tungbaum und die Katalpe mehr als ihr Selbst? Kaum, nur – sie denken seiner zu wenig!"

Warum die Güte verfällt

Mencius sagte: „Güte ist der Ungüte überlegen, gleich wie Wasser dem Feuer überlegen ist. Heute übt man indessen die Güte so, als versuchte man, mit einem Napf Wassers eine Fuhre Brennholz zu löschen, und würde, wenn das nicht gelingt, behaupten: Wasser sei dem Feuer nicht überlegen. Dadurch müssen die Unguten im höchsten Masse bestärkt werden, und am Ende wird es mit der Güte ganz aus sein."

Die drei Freuden des Edlen

Mencius sagte: „Drei Freuden hat der Edle; aber, König zu sein im Reich, ist keine von ihnen.
Wenn Vater und Mutter beide noch leben, und wenn die Brüder nicht in Bedrängnis sind: Das ist seine erste Freude. Wenn er ohne böses Gewissen zum Himmel emporblickt und ohne Erröten zu den Menschen herabschaut: Das ist seine zweite Freude. Wenn er die Besten und Begabtesten des Reiches an sich ziehen kann, um sie zu lehren und bilden: Das ist seine dritte Freude.
Drei Freuden hat der Edle; aber, König zu sein im Reich, ist keine von ihnen."

(D.)

CHUANG-TSE

In der Person des Meister Chuang erreicht im 4. Jahrhundert v.Chr. das chinesische Denken einen Höhepunkt an geistiger Weite, Originalität und grossartigem Freiheitswillen. Als ein Sohn des Südens, aus der Nachbarschaft des Landes Ch'u, das von jeher eine Sonderstellung innerhalb des chinesischen Geisteslebens eingenommen hat, teilte Chuang-tse den Genius dieser Landschaft: ihren Hang zur Mystik und den kühnen Flug der Phantasie. Selbst abstrakte Begriffe werden von ihm, dem Dichter-Philosophen und versteckten Dramatiker gleich Plato, personifiziert, sie reden und handeln, als ein Novum in der chinesischen Literatur. Das Buch, das seinen Namen trägt, stellt vielleicht zu einem Drittel, vielleicht zur Hälfte, das Werk des Meisters selbst dar, der, wenn wir seiner Biographie glauben dürfen, einen subalternen Verwaltungsposten in einem Ort namens "Lackbaumgarten" innehatte und der als ein Hauptvertreter des Taoismus zu gelten hat, jener einzigartigen Philosophie der Selbst-Erhaltung. Der Tradition nach hat Chuang-tse die Lehre des Lao-tse ausgebaut und propagiert. Diese These ist insofern einzuschränken, als die ältesten Teile des Chuang-tse älter sind als das Tao-Tê-Ching, dessen Verfasser nicht mit dem bei Chuang-tse erwähnten Lao-tan identisch zu sein braucht. (Vergl. S. 86)

Einer der Grundbegriffe in der Philosophie des Meister Chuang ist Hun-tun – in seiner expressiven Doppelung: Hun-hun-tun-tun –, das glückselige Tohuwabohu. (Aehnlich dem Laut au der deutschen Romantik ist das u ein für den Taoismus bezeichnender Vokal, der das Ungebunden-Flutende, Urdunkel-Ungesonderte wiedergibt.) Aus diesem idealen Urzustand ist der Mensch durch Bildung und Sitte, durch Wissen und Kunst, durch Güte und Gerechtigkeit, durch das zivilisierte staatliche Leben schlechthin herausgerissen worden. Daher preist Chuang-tse in kaustischer Ueberspitzung

den Tölpel und Krüppel als die Garanten einer gedeihlichen Welt.
Nur durch Nicht-Agieren (Wu-wei) erlangen wir den idealen Zustand des Su-p'u wieder, d.h. den Zustand der "ungefärbten Seide und des ungeglätteten Holzes".
Wu-wei bedeutet keine Untätigkeit: Auch die stille Arbeit des Bauern wird von Chuang-tse so bezeichnet und der Aktivität des politischen Managers gegenübergestellt, wie er damals an den Höfen der Teilstaaten sein Wesen trieb.

AUS DEM BUCH DER SÜDLICHEN BLÜTE (NAN-HUA-CHING)

Das grosse Erwachen

Wer im Traum Feste gefeiert hat, erwacht am Morgen vielleicht in Jammer und Elend. Und wer im Traum Jammer und Elend gesehen hat, der erwacht am Morgen vielleicht zu fröhlicher Jagd. Der eine träumt und weiss nicht, dass er nur träumt, und ein anderer träumt sogar mitten im Traum, dass er seinen Traum deute, – und erst wenn sie erwachen, merken sie, dass alles nur ein Traum war! Und erst, wenn einmal das Grosse Erwachen kommt, dann wird man erkennen, dass alles dies hier nur ein Grosser Traum war!
Nur Toren bilden sich ein, ganz wach zu sein und genau zu wissen: das da sei ein Fürst und das da sei ein Schafhirt. Sicher war K'ung-fu-tse so einer!
Er und auch Du, Ihr beide seid Träumer! Aber wenn ich Euch Träumer nenne, dann sage auch ich das nur im Traum.
Was ich Euch hier sage, das ist dunkel und rätselhaft. Vielleicht wird in hunderttausend Jahren zum ersten Mal ein grosser Heiliger kommen, der die Erklärung weiss, – vielleicht auch heute noch!

Der Schmetterlingstraum

Einst träumte Chuang Chou, er sei ein Schmetterling, ein flatternder Schmetterling, der wohlig und zufrieden dahinschwebte und nicht wusste, dass er eigentlich Chuang Chou war. Plötzlich wachte er auf und merkte, dass er ja Chuang Chou sei.
Aber war er nun Chuang Chou, der nur geträumt hatte, er sei ein Schmetterling? Oder war er eigentlich ein Schmetterling, dem träumte, Chuang Chou zu sein? Und doch sind Chuang Chou und der Schmetterling gewiss nicht ein und dasselbe! Denn das eben heisst man: Aller Wesen ewige Wandlung! *(Olbricht)*

Urdunkels Tod

Kaiser des Südmeers war Flugs. Kaiser des Nordmeers war Stracks. Kaiser der Mitte war Urdunkel.
Flugs und Stracks trafen einander von Zeit zu Zeit im Lande Urdunkels, und Urdunkel begegnete ihnen mit grosser Freundlichkeit.
Da berieten sich Flugs und Stracks, wie sie die Gunst Urdunkels vergölten, und sie sprachen untereinander: „Die Menschen haben alle der Oeffnungen sieben: zum Sehen, zum Hören, zum Essen und zum Atmen. Der hier allein hat keine. Lasst uns einmal versuchen, sie ihm zu bohren."
Täglich bohrten sie ein Loch. Am siebten Tag war Urdunkel tot. *(D.)*

Der Totenschädel

Auf einer Reise fand Chuang-tse einen leeren Totenschädel, der zwar verwittert war, doch seine Form noch hatte. Mit seinem Stecken rührte er ihn an und sprach: „Hast du in wilder Gier nach Leben die Vernunft verloren, dass du hier liegst?
Bist du für Hochverrat vom Henkerbeil gerichtet, dass du hier liegst?

Warst du ein Schurke und brachtest Schande über Vater, Mutter, Weib und Kinder, dass du hier liegst?
Bist du durch Frost und Hunger umgekommen, dass du hier liegst?
Oder haben deine Jahre nach zubestimmtem Schicksal hier geendet?"
Dann schwieg er, legte sich den Schädel wie ein Kissen unters Haupt und schlief ein.
Um Mitternacht erschien ihm der Schädel im Traum und sprach:
„Du hast geredet wie ein Schwätzer. All deine Worte handelten nur von den Sorgen der Lebenden. Im Tode aber gibt es nichts derart. Möchtest du mich vom Tode erzählen hören?"
Chuang-tse sprach: „Ja."
Der Schädel sprach: „Im Tode gibt es weder oben noch unten, weder Fürsten noch Knechte. Auch gibt es nicht die Erscheinungen des Wechsels der vier Jahreszeiten. Denn der Tod ist raum- und zeitlos. Selbst ein König auf seinem Throne kennt nicht grösseres Glück."
Chuang-tse glaubte ihm nicht und sprach: „Wenn ich der Lenker des Schicksals wäre und deinen Leib wieder zum Leben erwecken, dir wieder Fleisch und Bein und Haut und Sehnen machen, dir wieder Vater, Mutter, Weib und Kinder, Nachbarn und Freunde geben würde, das würdest du doch sicher gerne wollen?"
Der Schädel starrte aus weiten Augenhöhlen mit finsteren Brauen und sprach: „Wie sollte ich mein königliches Glück wegwerfen wollen, um wieder alle Mühsal der Menschenwelt zu tragen?"

Wider die Unnatur

Die Pferde traben mit baren Hufen auf Eis und Schnee und trotzen in ihren zottigen Fellen Wind und Kälte. Sie fressen Gras und saufen Wasser und springen dabei doch fröhlich umher. Das ist die wahre Natur der Pferde.

Selbst wenn man ihnen Paläste und Schlafgemächer gäbe, sie wüssten gar nichts damit anzufangen.
Dann kam der erste Pferdezähmer und sprach: „Ich verstehe mich gut aufs Pferdezähmen!"
Von da an brannte man sie mit dem Brenneisen, schor ihnen die Mähne, striegelte sie, band sie mit dem Halfter und der Vorderfessel und band sie schliesslich an Krippen und an Raufen, und immer zwei bis drei von je zehn Pferden kamen um dabei.
Wenn man sie dann noch hungern und dursten, traben und galoppieren liess und sie zu Zucht und Ordnung drillte, hatten sie vorn die Pein von Zaum und schmuckbeschlagenen Zügeln und hinten den Schrecken von Peitsche und Gerte. Dabei kam dann sogar von ihnen mehr als die Hälfte um.
Doch von Geschlechtern zu Geschlechtern hat man dem ersten Pferdezähmer Preis und Ruhm gezollt.
Den gleichen Irrtum begehen jene, die die Welt beherrschen. Nach meiner Meinung aber würde einer, der wohl die Welt zu lenken weiss, gewisslich nicht so handeln.
Einst standen die Menschen noch fest und beständig in der Natur, kleideten sich in selbstgewebte Kleider und nährten sich vom selbstbestellten Acker. Darum sagt man, sie waren eingeordnet in das Wirken der Natur. Sie waren eine Gemeinschaft und kannten nichts Trennendes, und darum sagt man, sie lebten nach dem ewigen Beispiel der Natur. Darum wandelten in dieser Zeit des reinsten Wirkens der Natur die Menschen schlicht und würdig und blickten frei und offen.
Ueber die Hügel führte nicht Weg noch Pfad, über Seen und Flüsse führte nicht Boot noch Steg, denn alle Menschen wie alle andern Wesen auch hingen mit allen Fasern festgewurzelt an ihrer Heimat. So bildeten Vögel und Tiere Schwärme und Herden, und alle Pflanzen wuchsen in dichter Fülle auf. Alle Tiere waren so zahm, als gingen sie an einer Leine, und alle Vögel waren so wenig scheu, dass sie ganz offen sichtbar nisteten. In

jener Zeit des reinsten Wirkens der Natur lebten die Menschen zusammen mit den Tieren und allen Wesen wie in einer grossen Familie. Wie konnten sie da um den Unterschied von edlen Menschen und gemeinen Kerlen wissen?

Sie waren alle frei von Erkenntnis und ungetrennt vom Wirken der Natur und alle frei von Begierde, darum sagt man, dass sie von reiner Einfalt waren. In ihrer reinen Einfalt bewahrten sie sich ihre wahre Natur.

Als dann die Heiligen aufkamen, die ihre Gedanken und ihre Kraft auf die Beobachtung der Pflichten der Moral verschwendeten, wurde die Welt zum ersten Mal in Zweifel gestürzt. Und als sie dann eine willkürliche Sakralmusik und peinlich abgestufte Riten schufen, wurden die Menschen zum ersten Male voneinander getrennt.

Wer hätte wohl die Opferschalen machen können, wenn nicht das rohe Erz zertrümmert worden wäre? Wer hätte wohl kunstvolle Prunkgeräte schaffen können, wenn nicht der weisse Edelstein zerhauen worden wäre? Wer hätte wohl Gesetze der Moral aufstellen können, wenn nicht das Tao und sein naturgegebenes Wirken beseitigt worden wäre? Wer hätte wohl Musik und Riten schaffen können, wenn man vom wahren Wesen der Natur nicht abgewichen wäre? Wer hätte wohl grellbunte Ornamente schaffen können, wenn nicht der von Natur gegebene Farbensinn verwildert worden wäre? Wer hätte wohl kunstvolle Melodien schaffen können, wenn das Gefühl für schlichte Harmonien nicht verbildet worden wäre?

So ist es Schuld der Künstler und Erfinder, den von Natur gegebenen Stoff durch Schaffung künstlicher Geräte zerstört zu haben. So ist es Schuld der Heiligen, das Tao und sein naturgegebenes Wirken durch Schaffung der Moral zerstört zu haben. Denn:

Solange die Pferde noch in der Wildnis leben, fressen sie Gras und saufen Wasser, wenn sie sich gut sind, reiben sie ihre Hälse aneinander, und wenn sie zornig

sind, drehen sie sich die Hinterteile zu und schlagen aus. Das ist alles, was sie kennen. Doch spannt man sie ins Joch und zäumt sie in metallbeschlagenes Geschirr, dann lernen sie zu scheuen und zu bocken, das Gebiss in die Zähne zu nehmen und die Zügel durchzubeissen.
So ist es Schuld des ersten Pferdezähmers, dass die Pferde es lernten, tückisch zu werden.
Solange die Menschen noch in reiner Einfalt lebten, kamen sie nie auf den Gedanken, etwas Besonderes zu unternehmen oder besonders fernen Zielen nachzugehen. Wenn sie genug zu essen hatten, waren sie zufrieden und klatschten sich den Bauch vor Wonne. Das war das einzige, was sie kannten.
Erst als die Heiligen mit ihrer künstlichen Sakralmusik und ihren peinlich abgestuften Riten die Welt verbesserten, mit ihrer ausgeklügelten Moral das Volk beglückten, da stürzten sich die Menschen auf die Sucht nach der Erkenntnis und jagten unaufhaltsam um die Wette nach dem Glück.
Das ist die Schuld der Heiligen!

Räubermoral

Die Spiessgesellen eines grossen Räuberhauptmanns fragten ihn einmal: „Braucht wohl ein Räuber auch Moral?"
Der Räuberhauptmann sprach: „Selbstverständlich braucht er sie in allem, was er unternimmt.
Zu wissen ohne grosses Ueberlegen, wo in den Häusern Schätze verborgen sind, darin liegt seine Grösse. Als Erster bricht er ein, das ist sein Mut, als Letzter geht er wieder, das ist sein Pflichtgefühl. Zu wissen, ob der Raub gelingen wird, ist seine Weisheit, und in gerechter Teilung beweist er seine Güte. Wer diese Tugenden nicht alle fünf besitzt, der ist noch nie ein grosser Räuber geworden."
Geht man von hier aus, so sieht man, dass, selbst wenn die guten Menschen nicht ohne die von Heiligen geschaffene Moral bestehen könnten, die Räuber ebenfalls

nicht ohne die von Heiligen geschaffene Moral ihr Handwerk treiben könnten. Nun sind der Guten auf der Welt nur wenige, der Schlechten aber viele, und darum ist der Nutzen der Heiligen für die Welt gering, ihr Schaden aber gross.

(Stange)

Die Zauberperle

Der Gelbe Kaiser wanderte im Norden des Roten Wassers. Er bestieg den Berg K'un-lun und blickte gegen Süden; und als er sich heimwärts wandte, verlor er seine Zauberperle.

Da schickte er Wissen aus, sie zu suchen; der aber fand sie nicht. Und er schickte den Scharfblickenden aus, sie zu suchen; der aber fand sie nicht. Und er schickte Redereich aus, sie zu suchen; der aber fand sie nicht. Da nun schickte er Saumselig aus, sie zu suchen; und Saumselig fand sie. Da sagte der Gelbe Kaiser: „Seltsam fürwahr – *Saumselig:* Ihm war es vergönnt, sie zu finden!"

Maschinen und Machinationen

Tse-kung, ein Jünger des Konfuzius, war in den Süden nach dem Lande Ch'u gewandert und kam, als er nach Chin heimkehren wollte, durch den Kreis Han-yin. Da bemerkte er einen Alten, der gerade seinen Gemüsegarten versah: Durch einen Schacht stieg er zum Brunnen hinein; den Krug in der Hand, kam er heraus; Guss um Guss, so netzte er die Felder – die aufgewandte Mühe war sehr gross, der sichtbare Erfolg aber war gering.

Tse-kung sagte: „Es gibt ein Gerät hierfür, das bewässert hundert Felder in einem Tag. Die aufgewandte Mühe ist sehr gering, der sichtbare Erfolg aber ist gross. Möchtet Ihr das nicht auch haben, Meister?"

Der den Garten versah, hob den Kopf, schaute jenen an und sagte: „Wie das?"

Sagt jener: „Man durchbohrt einen Baum, dass er ein Getriebe bildet, hinten schwer, vorne leicht. Wenn man

damit das Wasser emporzieht, so flutet es in einem Schwall dahin. Sein Name ist ‚Schwingbaum'."
Der den Garten versah, wechselte vor Zorn die Farbe; dann aber sagte er mit einem Lachen: „Ich habe bei meinem Lehrer gehört: ‚Wer ein Getriebe besitzt, dessen Geschäfte werden durchtrieben. Wessen Geschäfte durchtrieben sind, dessen Sinn muss durchtrieben werden. Wem ein durchtriebener Sinn in der Brust wohnt, bei dem kann Reinheit sich nicht vollenden. Wo Reinheit sich nicht vollendet, da kann der lebendige Geist sich nicht niederlassen. Bei wem der lebendige Geist sich nicht niederliess, der kann vom Tao nicht getragen werden.' Ich weiss von jenem Ding gar wohl —: *aus Scham* ist's, dass ich es nicht gebrauche . . ." *(D.)*

Die Alten Könige

Als Konfuzius gen Westen in das Land Wei reiste, fragte sein Schüler Yen Hui den Musikmeister Chin: „Was hältst du von des Meisters Reise?" Chin erwiderte: „Es tut mir leid sagen zu müssen, dass sie deinem Meister fehlschlagen wird." „Woraus schliesst du das?" fragte Yen Hui. „Ehe die Strohhunde auf dem Altar dargeboten werden", antwortete Musikmeister Chin, „werden sie in Kästen verschlossen gehalten, unter einer Hülle von Brokat. Sie sind so heilig, dass der Totenknabe und der Beschwörer sich erst durch Fasten und Enthaltsamkeit reinigen müssen, ehe sie die Hunde anfassen dürfen. Sind sie aber dargeboten worden, so vernichtet ein Tempeldiener sie und tritt darauf, die Strassenkehrer fegen alles zusammen und verbrennen sie, so sind sie für alle Zeiten dahin. Denn man weiss, dass, wenn sie nach ihrer Weihe in den Kasten zurückgelegt würden, unter die Hülle aus Brokat, so würde jeder, der in ihrer Gegenwart wohnte oder schliefe, fortgesetzt von Dämonen besessen sein, statt die erwünschten Träume zu erlangen.

Was sind die ‚Alten Könige', denen dein Meister Beifall zollt, anderes als Strohhunde, die ihre Rolle ausgespielt haben? Er aber lässt seine Schüler in ihrer Gegenwart wohnen und schlafen. Es ist daher kein Wunder, dass der Baum, unter dem er in Sung lehrte, abgehauen wurde, dass seine Fuss-Spuren in Wei sich verloren und dass er auch in Chou und Shang keinen Erfolg hatte. Was waren diese Misserfolge anderes als die bösen Träume, welche jene heimsuchen, die sich mit den Toten und Vergangenen abgeben?

.... Wenn man, weil ein Schiff gut zu Wasser ging, versuchen wollte, mit ihm auf dem Trockenen zu fahren, so könnte man sich bis an sein Lebensende abmühen und würde doch nicht weiter als ein paar Ellen kommen. Unsere Zeit ist von jener der Alten Könige ebenso verschieden wie das Land vom Wasser; das Reich von Chou, über das sie herrschten, und dieses Land von Lu sind so verschieden wie ein Schiff und ein Wagen. Dein Meister versucht, das heutige Land Lu so zu behandeln wie das frühere Chou. Das ist ebenso, als wollte man mit einem Schiff auf dem Trockenen fahren. Er müht sich nicht nur umsonst ab, sondern er wird sich auch dadurch ins Unglück bringen ....Nimm einen Affen und kleide ihn in die Gewänder unseres Vorfahren, des Herzogs Tan. Er würde zweifellos nicht eher ruhen, als bis er sich jeden Fetzen Stoff heruntergerissen und abgekratzt hätte; und sicherlich sind die vergangenen Zeiten nicht weniger verschieden von den unseren als ein Affe vom Herzog Tan?

Als einmal Hsi Shih, die schönste aller Frauen, die Stirn runzelte und ihre Brüste schlug, erblickte eine hässliche Frau sie und dachte: „Nun weiss ich, was man tun muss, um schön zu werden!" Sie ging in ihr Dorf zurück und tat nichts anderes mehr als die Stirne runzeln und ihre Brüste schlagen. Als die Reichen im Dorfe dies sahen, verschlossen sie sich in ihren Häusern und wagten nicht herauszukommen; als die Armen im Dorfe dies sahen, nahmen sie Weib und Kind an die Hand und liefen davon, so schnell sie konnten. Jene Frau hatte gesehen, dass ein schönes Wesen die Stirn runzelte, und angenommen, dass sie nur auch die Stirn zu runzeln brauchte, um schön zu werden. Nein, so leid es mir tut, es sagen zu müssen: ich glaube nicht, dass dein Meister Erfolg haben wird."

Konfuzius und Lao-tse

Konfuzius besuchte Lao-tse und begann, über Güte und Rechtschaffenheit zu sprechen. „Die Spreu von der Schwinge eines Kornworflers", sagte Lao-tse, „kann unsere Sicht so trüben, dass wir nicht wissen, ob wir nach Norden oder Süden, nach Osten oder Westen blicken, gen Himmel oder nieder zur Erde. Eine Mücke oder ein Moskito können genügen, um uns eine ganze Nacht wach zu halten. All dies Gerede über Güte und Rechtschaffenkeit, diese ständigen Nadelstiche reizen und ärgern den Hörer; nichts könnte in der Tat seiner inneren Ruhe verderblicher sein.... Der Schwan braucht nicht täglich zu baden, um weiss zu bleiben; die Krähe nicht täglich Tusche zu nehmen, um schwarz zu bleiben ... Wenn ein Teich austrocknet, so macht ein Fisch dem andern auf dem Lande Platz, sie feuchten einander mit ihrem Atem an und besprengen sich mit Schaum aus ihrem Maul. Aber um wieviel besser sind sie daran, wenn sie in der Freiheit des Stromes oder der Seen einander vergessen können!"

Verlängerung des Lebens

Ueberspannte Begriffe und gespreiztes Benehmen, Absonderung von der Welt und Gegensätzlichkeit zum gewöhnlichen menschlichen Verhalten; erhabene Gespräche voller Groll und Verachtung, sowie alleiniges Streben nach Ueberlegenheit – das sind die Kennzeichen der Einsiedler in den Bergesschluchten, von Menschen,

in deren Augen die Welt stets im Unrecht ist, und von allen jenen, die in der Glut des Sommers schrumpfen oder sich in die siedenden Quellen werfen.
Von Güte und Gerechtigkeit, Treue und Redlichkeit, Ehrfurcht und Mässigkeit reden, den Vorteil der andern selbst bis zum eigenen Schaden fördern, kein anderes Ziel als die moralische Vollkommenheit erstreben – das ist das Kennzeichen derer, die die Welt in Ordnung bringen möchten, der Mahnenden und Lehrenden wie der umherwandernden oder sesshaften Erzieher.
Von grossen Taten reden, hohen Ruhm erlangen, Herrschern und Ministern die Riten vorschreiben, die jeder auszuführen hat, die Funktionen von hoch und niedrig abstufen und sich nur um die öffentlichen Angelegenheiten kümmern – das ist das Kennzeichen derer, die bei Gericht und Hofe aus- und eingehen, deren einziges Streben der Erhöhung ihres Herrn gilt, der Festigung seiner Herrschaft, dem Erringen von Siegen und Eroberungen.
Ein Dickicht oder Sumpfgelände aufsuchen und in der Wildnis bleiben, an einem ruhigen Ort fischen und nichts als Untätigkeit erstreben – das ist das Kennzeichen der Wanderer an Fluss und Seen und aller jener, welche die Welt scheuen oder nur nach Müssiggang verlangen. Keuchen und Schnappen, Rufen und Schnaufen, den alten Atem hinaus- und den neuen hereinlassen, das Hängen wie ein Bär und Recken wie ein Vogel, alles zu keinem andern Zweck, als das Leben zu verlängern – das ist das Kennzeichen der ‚Einführer', der Pfleger des Physischen und Anwärter auf P'eng-tse's grosse Langlebigkeit.
Aber es gibt auch Menschen, deren Gedanken wohl erhaben, jedoch nicht überspannt sind, die niemals nach der Tugend streben und doch vollkommen sind. Es gibt jene, die für ihren Staat weder Siege erringen noch Ruhm erlangen und die doch seine Methoden verbessern; die ihre innere Ruhe finden, auch wenn sie fern von Fluss und See sind; die ein sehr hohes Alter er-

reichen, obwohl sie niemals die ‚Einführung' (Tao-yin) betrieben. Sie verzichten auf alles und vermissen trotzdem nichts. Sie sind völlig passiv und erstreben kein Ziel, doch alle lieblichen Dinge sind ihnen zugänglich. Solcher Art ist die Bahn des Himmels und der Erde und die geheime Macht des echten Weisen. Mit Recht heisst es: „Ruhe, Ergebung, Leere, Nichthaben, Untätigkeit – sie bilden das Gleichgewicht von Himmel und Erde und sind das wahre Wesen des Rechten Weges und seiner Macht." Mit Recht heisst es: „Der Weise ruht darin, und weil er darin ruht, lebt er in Frieden. Und weil er in Frieden lebt, ist er ruhig." Wer in Frieden lebt und ruhig ist, dem können Sorgen und Kummer nichts anhaben, und kein schlimmer Atem kann ihn anhauchen. Daher bleibt seine innere Kraft erhalten und sein Geist unversehrt. Mit Recht heisst es: „Für den Weisen bedeutet das Leben den Einklang mit den Bewegungen des Himmels und der Tod nur einen Teil des allgemeinen Gesetzes der Wandlungen. In der Ruhe teilt er die geheimen Kräfte des Yin, bei der Arbeit den Wellenrhythmus des Yang. Er buhlt weder um ein Wohlleben, noch lockt er das Unglück an. Nur wenn er gereizt wird, regt er sich, nur wenn er gestossen wird, bewegt er sich, und nur wenn es keinen anderen Ausweg gibt, erhebt er sich. Er lässt jedes Wissen und alle Schlauheit hinter sich und folgt nur dem Vorbild des Himmels. Daher schickt ihm dieser kein Unheil, die Dinge der Welt vermögen ihn nicht in Fesseln zu schlagen, kein Lebender mag ihn tadeln, kein Geist eines Toten ihn stören. So gleicht sein Leben dem Dahintreiben eines Bootes, sein Tod dem Sichbetten zur Ruhe. Er hat keine Aengste und verfolgt keine Pläne.

Er ist voller Licht, doch er blendet niemanden; er ist treu, doch durch kein Versprechen gebunden. Sein Schlaf ist traumlos, sein Wachen sorgenlos. Sein Geist ist fleckenlos und unverdorben, seine Seele (Hun) kennt keine Müdigkeit. Die Leere, das Nichts und die Ruhe bewirken, dass er an den Kräften des Himmels teilhat."

Mit Recht heisst es: „Trauer und Freude sind Ablenkungen von der ‚Inneren Kraft'; Lust und Aerger sind Verstösse gegen den ‚Weg'; Liebe und Hass sind Sünden gegen die ‚Kraft'. Daher ist die ‚Kraft' auf der Höhe, wenn das Herz weder trauert noch frohlockt. Eins und ohne Wandel sein, ist der Gipfel der Ruhe; nichts Widerstrebendes in sich haben, ist der Gipfel der Leere. Von allen äusseren Dingen losgelöst sein, ist der Gipfel der Feinheit. Keine Gegensätze in sich haben, ist der Gipfel der Reinheit."

Mit Recht heisst es: „Wenn der Körper des Menschen arbeitet und keine Ruhe hat, nutzt er sich ab; wenn sein geistiges Wesen unaufhörlich in Anspruch genommen wird, ermattet es, und wenn es ermattet, trocknet es aus.

Zum Wasser gehört es, klar zu bleiben, wenn ihm nichts zugesetzt wird, und glatt zu bleiben, wenn es nicht aufgerührt wird. Wenn es aber stockt, so dass es nicht fliessen kann, dann verliert es auch seine Klarheit. Auf diese Weise ist es ein Symbol der himmlischen Kräfte, die im Menschen sind."

Mit Recht heisst es: „Reinheit, die durch keine Befleckung verdorben ist, Friede und Einheit, die durch keine Veränderung getrübt sind, Losgelöstsein und Nicht-Tun, nur unterbrochen von Bewegungen, die mit denen des Himmels in Einklang stehen – das sind die Geheimnisse, welche die Seele erhalten. Legt nicht der Besitzer eines Schwertes von Kan oder Yüeh dieses in einen Kasten und stellt ihn fort, weil er es nicht zu benutzen wagt? Ein grösserer Schatz noch ist die Seele. Sie kann gehen, wohin sie will. Es gibt keine Höhe des Himmels, zu der sie nicht aufsteigen kann, und keine Schlucht auf Erden, in die sie nicht hinabsteigen kann. Sie geht in die zehntausend Kreaturen ein und verwandelt sie. Für sie gibt es kein Symbol, und ihr Name ist ‚Die Einheit mit Gott' (Ti).

Ganzheit und Unversehrtheit allein
Bewahren die Seele.
Bewahre sie so, dass nichts sich verliert,
Und du wirst eins sein mit deiner Seele.
Das Wesen des ‚Einen' kann durch Verbindung
Eingehen in des Himmels Gesetz.

Dasselbe meint ein bäuerlicher Spruch, der folgendermassen lautet:

Die Menge sucht Gewinn,
Der Ehrenwerte Ruhm,
Der Gute schätzt Erfolg,
Der Weise nur die Seele.

Daher sprechen wir von ihrer Einfalt und meinen damit das Freisein der Seele von aller Beimischung; und wir sprechen von ihrer Ganzheit und meinen damit die Unberührtheit und Vollständigkeit der Seele. Wer solche Ganzheit und Unversehrtheit erlangt, den nennen wir den Wahren Menschen." *(Waley/Meister–Weidner)*

Vom Wissen

Meister Chuang wanderte mit Meister Hui über das Wehr am Bache Hao dahin.
Meister Chuang sagte: „Wie die schlanken Fische dahinwandern, so leicht und frei! Das ist die Freude der Fische."
Meister Hui sagte: „Ihr seid kein Fisch, Meister. Woher wisst Ihr, dass sich die Fische freuen?"
Meister Chuang sagte: „Ihr seid nicht ich, Meister. Woher wisst Ihr, ob ich nicht weiss, dass sich die Fische freuen?"
Meister Hui sagte: „Nun gut, ich bin nicht Ihr und weiss sicher nichts von Euch. Ihr seid aber ebenso sicher kein Fisch: Daraus erhellt, dass Ihr nichts von der Freude der Fische wisst!"

Meister Chuang sagte: „Bitte, kehren wir zum Ausgangspunkt zurück! Ihr sagtet ‚Woher weisst du, dass sich die Fische freuen?' Damit wusstet Ihr bereits selbst, dass ich es weiss, und habt mich dennoch gefragt. Nun denn –: Ich holte mein Wissen hier über den Wassern des Hao."

(D.)

Die Kampfhähne

Chi Hsing-tse richtete für den Fürsten Kampfhähne ab. Nach zehn Tagen fragte der Fürst, ob die Vögel bereit seien. „Noch nicht", antwortete Chi; „sie sind noch voll Streitsucht und Uebermut."
Nach weiteren zehn Tagen fragte der Fürst wieder.
„Noch nicht", antwortete Chi; „noch erregt sie Stimme und Anblick anderer Hähne."
Nach weiteren zehn Tagen fragte der Fürst wieder.
„Noch nicht", antwortete Chi; „noch zittert ihnen der Zorn in Leib und Augen."
Als aber noch zehn Tage vergingen und der Fürst wieder fragte, antwortete ihm Chi: „Jetzt taugen sie. Andere Hähne mögen vor ihnen krähen, soviel sie wollen, sie werden es nicht beachten. Wenn du sie ansiehst, möchtest du sagen, sie seien aus Holz. Ihre Tugend ist vollendet. Fremde Hähne werden nicht wagen, sich mit ihnen zu messen; sie werden davonlaufen."

Der Glockenspielständer

Ch'ing, der Meister der Holzarbeiter, schnitzte einen Glockenspielständer. Als es vollendet war, erschien das Werk allen, die es sahen, als sei es von Geistern geschaffen. Der Fürst von Lu fragte den Meister: „Welches ist dieses Geheimnis in deiner Kunst?"
„Dein Untertan ist nur ein Handwerker", antwortete Ch'ing, „Was für ein Geheimnis könnte er besitzen? Und doch ist da etwas. Als ich daran ging, den Glockenspielständer zu machen, hütete ich mich vor jeder

Minderung meiner Lebenskraft. Ich sammelte mich, um meinen Geist zur unbedingten Ruhe zu bringen. Nach drei Tagen hatte ich allen Lohn, den ich erwerben könnte, vergessen. Nach fünf Tagen hatte ich allen Ruhm, den ich erwerben könnte, vergessen. Nach sieben Tagen hatte ich meine Glieder und meine Gestalt vergessen. Auch der Gedanke an deinen Hof, für den ich arbeiten sollte, war geschwunden. Da sammelte sich meine Kunst, von keinem Aussen mehr gestört. Nun ging ich in den Hochwald. Ich sah die Formen der Bäume an. Als ich einen erblickte, der die rechte Form hatte, erschien mir der Glockenspielständer, und ich ging ans Werk. Hätte ich diesen Baum nicht gefunden, ich hätte die Arbeit lassen müssen. Meine himmelsgeborene Art und die himmelsgeborene Art des Baumes sammelten sich darauf. Was hier Geistern beigemessen wurde, ist darin allein gegründet."

(Buber)

LIEH-TSE

Ein Weiser namens Lieh-tse, "der auf dem Winde ritt", wird bei Chuang-tse erwähnt. An seinen Namen ist – pseudoepigraphisch wie so viele chinesische Werke der vorchristlichen Zeit – ein Buch geknüpft, das vermutlich einer späteren Epoche entstammt. Eine Reihe von Fabeln und Geschichten findet sich wörtlich oder in abgewandelter Form in beiden Werken. Erreicht der 'Lieh-tse' seinen Vorgänger auch nicht an genialer Gewalt, so ist er ihm an Eindringlichkeit mindestens ebenbürtig. Gleichnisse aus beiden Werken sind in die Dichtung und Malerei der späteren Jahrhunderte eingegangen, so etwa die "Möwen", der "durchtriebene Sinn", das "Traumreh" (Vergl. S. 84, 71, 83). Ueberhaupt hat der Taoismus eine nachhaltige Wirkung auf die Kunst ausgeübt, besonders auf freie Geister wie Li T'ai-po. Von den staatstragenden Kräften ward er selbstverständlich als überspitzt, unernst und anarchistisch abgelehnt, mag auch so manchem Konfuzianer der hintergründige Witz und formale Schliff eines Chuang-tse oder Lieh-tse in seinen Mussestunden Vergnügen bereitet haben.

AUS DEM WAHREN BUCH VON DER BRAUSENDEN LEERE (CH'UNG-HSÜ-CHEN-CHING)

Vom Untergang der Welt

Es war einmal ein Mann aus Chi, der machte sich Sorgen, wohin er nur flüchten könne, wenn Himmel und Erde einstürzten, und er vergass darüber Schlafen und Essen. Und ein anderer Mann machte sich Sorgen über die Sorgen dieses Mannes, und er ging hin zu ihm und belehrte ihn:

„Der Himmel, das ist nur angesammelte Luft, und Luft gibt es überall. Wenn du dich bewegst und wenn du atmest, dann tust du das, solang du lebst, immer nur

mitten im Himmelsraum. Du brauchst dir also wirklich keine Sorge zu machen, dass er einstürzen könne!"
Der Mann sprach: „Du magst recht haben, aber was soll ich tun, wenn der Mond und die Sonne und alle Gestirne herabfallen?"
Da belehrte ihn der andere wieder und sprach: „Der Mond und die Sonne und die Sterne, das ist auch nur angesammelte Luft, welche leuchtet. Selbst wenn sie herunterfallen sollten, so können sie dir doch nichts tun."
Und als der Mann sagte: „Wenn aber die Erde einfällt, was soll ich dann tun?" – da belehrte der andere ihn wieder und sprach: „Die Erde, das ist nur eine Ansammlung von festen Stoffen; sie füllen alle Hohlräume aus, und alles ist aus festen Stoffen. Wenn du auf der Erde gehst und stampfst, so tust du das, solange du lebst, immer nur auf der Erde. Du brauchst dir also wirklich keine Sorgen zu machen, dass sie einfallen könnte."
Da war der Mann sehr erleichtert und freute sich sehr! Und auch der Mann, der ihn belehrt hatte, war sehr erleichtert und freute sich sehr!
Als der gelehrte Chang Lu das erfuhr, lachte er und sprach: „Der Regenbogen, Wolken und Nebel, Regen und Wind und die vier Jahreszeiten: das alles ist doch konzentrierte Atmosphäre, und daraus setzt sich der Himmel zusammen. Die Felsen und Berge, Flüsse und Meere, Metall und Gestein, Feuer und Holz: das alles ist doch konzentrierte Materie, und daraus setzt sich die Erde zusammen. Wenn man weiss, dass es sich hier um konzentrierte Atmosphäre und um konzentrierte Materie handelt, dann kann man doch nicht behaupten, sie würden nicht zerfallen! Himmel und Erde sind nur winzig kleine Teilchen im leeren Raum und doch die allergrössten in unserer Existenz. Natürlich sind sie uns unendlich und unerschöpflich, natürlich sind sie uns unermesslich und unbegreiflich! – Aber es ist noch viel zu früh, sich schon Sorgen zu machen, dass sie einstürzen könnten, – obwohl man selbstverständlich wiederum nicht behaupten kann, dass sie nie einstürzen wür-

den. Himmel und Erde werden sicherlich einmal einstürzen und sich in ihre Bestandteile auflösen, – und wer zu der Zeit lebt, der hat allerdings Grund genug, sich Sorgen zu machen!"

Als der weise Lieh-tse davon hörte, lächelte er und sprach: „Wer da behauptet, dass Himmel und Erde untergehen, der irrt sich; und wer da behauptet, dass Himmel und Erde nicht untergehen, der irrt sich auch! Ob sie untergehen oder ob sie nicht untergehen, das können wir nicht wissen! – Aber im Grunde ist eins wie das andere! Wer lebt, weiss nichts vom Tode, und wer tot ist, weiss nichts vom Leben; wer hier ist, weiss nicht, was dort ist, und wer dort ist, weiss nicht, was hier ist. Was soll ich mich also mit der Sorge schleppen, ob die Welt nun untergeht oder ob sie nicht untergeht?"

Die drei Reiche zwischen Traum und Wirklichkeit

Am westlichen Rande der Welt, im südlichsten Winkel, dort liegt ein Land, – wer weiss, wie weit, – das heisst Ku-mang. Die Kräfte des Lichts und der Finsternis treffen sich dort nicht, und so gibt es nicht Kälte noch Wärme; Sonne und Mond leuchten dort nicht, und so gibt es nicht Tag noch Nacht. Die Leute dort essen nicht und kleiden sich nicht, – sie schlafen zumeist und wachen in fünfzig Tagen nur einmal. Was sie im Traume tun, das ist ihre Wirklichkeit; was sie im Wachen erleben, das halten sie für unwirklich.

Inmitten der vier Weltmeere liegt ein Land, das heisst das Land der Mitte. Nach Norden und Süden dehnt es sich aus von den Ufern des Gelben Stromes, nach Osten und Westen erstreckt es sich von den Hängen des T'ai-shan-Gebirges, weithin unzählige Meilen! Die Kräfte des Lichts und der Finsternis sind dort wohl ausgeglichen, und so gibt es bald Kälte, bald Wärme. Dunkel und Helligkeit sind dort deutlich geschieden, und so gibt es bald Tag und bald Nacht. Unter den Leuten dort gibt es Kluge wie Dumme, alles in der Natur

wächst und gedeiht, und mannigfaltig entwickeln sich Anlagen und Künste. Es gibt dort Herrscher und Untertanen, die einander achten, und Gesetz und Sitte stehn dort im Einklang. Die grossen Taten und die weisen Lehren dort lassen sich gar nicht einzeln aufzählen! Die Menschen wachen und schlafen in gleichem Wechsel, und was sie im Wachsein tun, das ist für sie wirklich, und was sie im Traume erleben, das empfinden sie als unwirklich.
Am östlichen Rande der Welt, im nördlichsten Winkel, dort liegt ein Land, das heisst P'u-lo. Dort ist das Klima ständig heiss, und Sonne und Mond leuchten im Übermass. Auf dem Boden dort wachsen keine üppigen Kornfelder, und die Leute essen nur Wurzeln und Früchte und verstehen nicht zu kochen. Sie sind hart und grausam, und die Starken unterdrücken die Schwachen. Sie ehren nur die Macht und missachten das Recht. Sie kennen fast nur Hast und Eile und wissen kaum von Ruhe und Musse. Sie wachen nur und schlafen nie.

Das Reh

Es war einmal ein Mann aus Cheng, der war vor die Stadt gegangen, um Brennholz zu sammeln. Es traf sich, dass er ein Reh aufscheuchte, dem stellte er sich in den Weg und schlug es tot. Wohl damit niemand es sehe, verbarg er es hastig in einem Graben und deckte es mit Blättern zu. Er war ganz ausser sich vor Freude! — aber plötzlich konnte er sich nicht mehr entsinnen, wo er es eigentlich verborgen hatte, und schliesslich glaubte er, er müsse das nur geträumt haben. Auf seinem Heimweg grübelte er immer noch darüber nach und redete halblaut vor sich hin.
Ein anderer Mann hörte das, ging seinen Worten nach und fand das Reh! Daheim berichtete er seiner Frau: „Vorhin hat ein Reisigsammler geträumt, er habe ein Reh gefunden und vergessen, wo das war. Und jetzt habe ich's gefunden! Da hat er also wirklich einen wahren Traum gehabt!"

Aber seine Frau meinte: „Das von dem Reisigsammler und seinem Reh hast du doch wohl nur selber geträumt! Du glaubst doch nicht, dass es tatsächlich so einen Reisigsammler gibt? – Aber wenn du jetzt wirklich das Reh gefunden hast, dann muss dein Traum doch wohl wahr gewesen sein! ?"
Der Mann antwortete: „Hier hab' ich das Reh in den Händen! – was kümmert mich da, ob er davon geträumt hat oder ob ich's geträumt habe!"
Unterdessen ging der Reisigsammler nach Haus und konnte von dem Reh, das er verloren hatte, in seinen Gedanken nicht loskommen. In der Nacht hatte er nun wirklich einen Traum, in dem träumte ihm nicht nur, wo er es versteckt hatte, sondern auch, wer es dann gefunden hatte. Am nächsten Morgen machte er sich gleich eilig auf den Weg, wie sein Traum ihn gewiesen hatte, und fand auch das Reh!
Darob geriet er mit dem Mann in Streit, und schliesslich gingen sie vor den Richter.
Der Richter sprach: „Du da hast zuerst wirklich ein Reh gefunden und dann irrtümlich gemeint, es sei nur ein Traum gewesen. Dann hast du wirklich geträumt, das Reh gefunden zu haben und irrtümlich gemeint, es sei in Wirklichkeit so gewesen. – Der da hat wirklich dein Reh gefunden und macht es dir streitig. Und seine Frau behauptet dazu, er habe im Traum ein fremdes Reh erblickt, also könne auch niemand anders das Reh gefunden haben! – Jetzt liegt hier das Reh: so teilt es euch in zwei Teile!"
Als man diesen Fall dem König von Cheng erzählte, da fragte der König von Cheng lachend: „Träumt nun auch der Richter davon, dass er das Reh unter die beiden teilt?"

(Olbricht)

Die Möwen

Unter den Männern, die am Rande des Meeres lebten, gab es einen, der mit den Möwen vertraut war. Tag für Tag begab er sich aufs Meer hinaus und liess sich den

Möwen nachtreiben. Und der Möwen, die sich zu ihm herabliessen, waren Hunderte. Sein Vater sagte: „Ich habe gehört, dass dir die Möwen immer nachschwimmen: Bring' mir doch eine mit, dass ich mich an ihr freue." Als jener am nächsten Morgen sich aufs Meer hinausbegab, tanzten die Möwen auf und nieder, aber sie kamen nicht mehr zu ihm herab. –

Darum heisst es: „Vollkommenes Reden tut ab das Reden, vollkommenes Tun ist ohne Tun. Wer umfassen will, was Klugheit weiss, bleibt an der Oberfläche."

Der Wandel des Weisen

Als Yang Chu durch das Land Sung kam, nächtigte er in einer Herberge. Der Herbergswirt hatte zwei Kebsen; die eine war schön, die andere war hässlich. Während die Hässliche geehrt war, ward die Schöne gering geachtet.

Yang Chu fragte nach dem Grunde. und ein Hausbursche gab zur Antwort: „Die Schöne hält sich selbst für schön, darum wissen wir nichts von ihrer Schönheit. Die Hässliche hält sich selbst für hässlich, darum wissen wir nichts von ihrer Hässlichkeit."

Yang Chu sagte: „Ihr Jünger, merkt euch das! In Weisheit wandeln und dennoch vermeiden, dass man sich selbst für weise hält, – wie könntet ihr dann irgend hingehn und würdet nicht geliebt?" *(D.)*

LAO-TSE

"Die Menschen alle sind froh – als wären sie beim grossen Opferfest – als stiegen sie im Frühling die Hügel hinan. – Ich allein, ach, bin still – kein Zeichen gab ich noch – gleich einem kleinen Kinde – kein Lächeln zeigt es noch – bin schwankend, ach, als gäb es kein Wohin. – Die Menge der Menschen hat Ueberfluss – mir allein ist gleichsam alles verloren – wahrlich, eines Toren Herz hab' ich – so wirr, so dunkel! – Die Menge der Menschen ist hochgemut – ich allein bin bedrückt – ruhelos, ach, wie das Meer – umhergetrieben, als gäb' es keinen Halt. – Die Menschen alle machen sich nützlich – ich allein bin halsstarr, gleich einem Bauerntropf. – Ich allein bin von den Menschen verschieden – – aber ich preise, mich bei der Mutter zu nähren."

Dieses Selbstbekenntnis im XX. Spruch ist wohl das Sicherste, was wir über den Verfasser des Buches von Tao und Tê wissen, falls diese schmale Schrift von einer Hand stammt. Es kann als gesichert gelten, dass jener Lao-tan, der 'Alte mit dem langen Weisheitsohr', der als Zeitgenosse und Gegenspieler des Konfuzius in der Literatur angeführt wird, nicht identisch ist mit dem Schöpfer des Tao-Tê-Ching. Dies könnte ein Edelmann namens Li Erh gewesen sein, der im 4. Jh.v.Chr. lebte und sein Werk unter dem Namen des Lao-tan oder Lao-tse, des 'Alten Meisters', verborgen haben mag, einer zur Legende gewordenen Persönlichkeit früherer Zeit.

Für die Abfassung des vorliegenden Textes um das 4. Jahrhundert – wenn er auch älteres Spruchgut verwebt – sprechen sein Stil sowie eine Anzahl von Gedanken, die nicht früher nachzuweisen sind, besonders aber seine klare Polemik gegen die Theorien konfuzianischer Schulen, wie sie sich erst in der Zeit der 'Kämpfenden Staaten' gebildet hatten. Die Zahl der 81 (3×3×3×3) Sprüche wird künstlich in der Han-Zeit, vermutlich nicht ohne Gewalt, hergestellt worden sein. Desgleichen ist der Titel dem Werk erst nachträglich gegeben worden.

War der konfuzianische Begriff des Tao noch ohne Schwierigkeit als 'Weg' wiederzugeben, so entzieht sich das Wort einer Uebersetzung im Tao-Tê-Ching, wo es ausdrücklich als ein Notbehelf bezeichnet wird, um – mit einem Anklang an 'ta', 'gross' – das Grosse, Namenlose zu benennen. In deutschen Uebersetzungen finden wir folglich mannigfache Aequivalente wie 'SINN', 'Gott', 'Führerin des Alls', 'Aufführung', 'Bahn', 'das EINE' usf.; während der Begriff 'Tê', der hier die latente Kraft dessen bedeutet, der 'Tao' besitzt, mit 'LEBEN', 'Tugend', 'Kraft', 'ES' usw. wiedergegeben wird.

Aus der jährlich steigenden Flut unverantwortlicher, wenn auch gutgemeinter Neufassungen und 'Uebertragungen' ragen die philologisch-kritischen Uebersetzungen von A. Waley (1934) und J. J. L. Duyvendak (1942) hervor. Mag es beim ersten Lesen der Schrift gerade in einer sachlichen Interpretation zuweilen scheinen, als handle es sich um einen feingesponnenen Leitfaden im Sinne des 'Principe' – und ihre enge Verbindung zum Legalismus (Vergl. S. 94) bestärkt in dieser Ansicht – so muss man solche Auffassung wiederum mildern oder revidieren in Anbetracht der Reinheit und Heiligkeit, in welcher die Person des Herrschers gedacht ist und die sich durch jene für den chinesischen Geist untrennbare Einheit von Staat und Kosmos erklärt; in Anbetracht einer gewissen Rüstungsfeindlichkeit, durch die sich das Tao-Tê-Ching vom Legalismus unterscheidet; und schliesslich in Anbetracht seiner Nachwirkung als ehrwürdigste Quelle chinesischer Mystik, als die es bis zum heutigen Tag fortlebt und auch europäische Denker befruchtet hat.

AUS DEM BUCH VON TAO UND TÊ (TAO-TÊ-CHING)

Himmel und Erde haben keine Menschenliebe;
Sie nehmen alle Wesen für einen Strohhund.
Der heilige Mensch hat keine Menschenliebe;
Er nimmt das Volk für einen Strohhund.
Was zwischen Himmel und Erde,
wie gleicht es dem Blasebalg!
Er ist leer und doch unerschöpflich;
er regt sich, und um so mehr geht heraus.
„Viel Worte meist in nichts verrinnen;
Weit besser, man bewahrt es innen."

(v. Strauss)

Dreissig Speichen treffen sich in der Nabe.
Da, wo sie nicht sind, ist der Nabe Brauchbarkeit.

Knete Ton und bilde daraus Gefässe.
Da, wo er nicht ist, liegt der Gefässe Brauchbarkeit.

Brich in die Wände Fenster und Tür dem Hause.
Durch das Nichts darin wird es ein brauchbares Haus.

Also: dass etwas da ist, bedeutet Gewinn.
Aber das Nichts daran macht ihn brauchbar.

(Gundert)

Wird das grosse Tao verlassen,
gibt es Güte und Gerechtigkeit.
Kommen Klugheit und Gewandtheit auf,
gibt es grosse Heuchelei.
Sind die sechs Blutsverwandten uneinig,
gibt es Kindespflicht und Elternliebe.
Sind Land und Sippen in Verfall und Zerrüttung,
gibt es treue Staatsdiener.

(v. Strauss)

Das Schwere ist des Leichten Wurzelgrund;
Die Stille ist der Regsamkeit Herr.

So „weicht ein Herrensohn auf seiner Reise den ganzen
Tag lang

Nicht von seinem schweren Packwagen.
Und ob es der prächtigsten Blicke gibt:
Er bleibt gelassen auf seinem Platz, unberührt."

Wie dürfte dann ein Fürst über zehntausend
Streitwagen
Sich selbst leicht halten vor allen Menschen im Reich?
Denn ist er leicht, – verliert er den Wurzelgrund;
Denn ist er regsam, – verliert er sein Herrentum.

(D.)

Kennen seine Mannheit,
Wahren seine Weibheit,
Wird man zum Strombett der Welt.
Ist man das Strombett der Welt,
So wird man von der ewigen Kraft nicht verlassen
Und kehrt wieder ein zum Kindsein.

Kennen seine Weisse,
Wahren seine Schwärze,
Wird man zum Vorbild der Welt.
Ist man das Vorbild der Welt,
So wird man von der ewigen Kraft nicht verlassen
Und kehrt wieder ein zum Urgrund.

Kennen seinen Glanz,
Wahren seine Schmach,
Wird man zum Quelltal der Welt.
Ist man das Quelltal der Welt,
So hat man an der ewigen Kraft Genüge
Und kehrt wieder ein zum Rohholzsein.

(Rousselle)

Will man zusammenpressen,
Muss man zuvor ausdehnen.
Will man schwächen,
Muss man zuvor bestärken.
Will man zu Fall bringen,
Muss man zuvor erheben.
Will man wegnehmen,
Muss man zuvor hingeben.

Dies ist, was man Subtiles Denken heisst:
Das Weiche, Schwache besiegt das Harte, Starke.

Indes: Der Fisch im Fluss
soll nie aus seiner Tiefe steigen –
Des Reiches wirksamstes Gerät
soll man dem Volk nicht zeigen. *(D.)*

Hat das Reich Tao,
so hält man Gangpferde zur Felddüngung.
Hat das Reich nicht Tao,
so züchtet man Kriegsrosse an den Grenzen.
„Kein grösserer Frevel,
als Gelüst erlaubt zu nennen.
Kein grösseres Unheil,
als Genügen nicht zu kennen.
Kein grösseres Laster,
als nach Mehrbesitz zu brennen."
Darum:
Wer sich zu genügen weiss,
hat ewig genug. *(v. Strauss)*

Nicht aus dem Tore gehend,
Erkennt man die Welt,
Nicht aus dem Fenster spähend,
Erschaut man des Himmels Aufführung.
Je weiter einer schweift,
Umso geringer wird sein Erkennen.
Darum der Berufene:
Nicht hingehend erkennt er doch,
Nicht hinsehend benennt er doch,
Nicht handelnd vollendet er doch. *(Rousselle)*

Der Heilige Mensch ist ohne beständigen Sinn.
Den Sinn der hundert Häuser macht er zu seinem Sinn.

„Zu den Guten bin ich gut.
Zu den Unguten bin ich auch gut."
So empfängt er Güte.

„Den Treuen vertraue ich.
Den Untreuen vertraue ich auch."
So empfängt er Vertrauen.

Das Weilen des Heiligen Menschen in der Welt
Gleicht einer tastenden Aengstlichkeit.
Um der Welt willen verdunkelt er seinen Sinn.
Die hundert Häuser richten auf ihn Aug' und Ohr.
Der Heilige Mensch begegnet ihnen wie Kindern.

(D.)

Man regiere ein grosses Land,
wie man kleine Fische brät.
Verwaltet man das Reich mit Tao,
so geistern seine Manen nicht.
Nicht nur seine Manen geistern nicht,
seine Geister verletzen die Menschen nicht.
Nicht nur seine Geister verletzen die Menschen nicht,
auch der heilige Mensch verletzt die Menschen nicht.
Sie beide verletzen miteinander nicht,
denn die Tugend verbindet und eint sie.

(v. Strauss)

Betreiben ohne Betreiben.
Wirken ohne Bewirken.
Geniessen ohne Genuss.
Grosses für klein, Vieles für wenig nehmen.

Schwieriges planen in seiner Einfachheit.
Grosses betreiben in seiner Winzigkeit.
Die schwierigsten Werke der Welt werden aus
Einfachstem.
Die grössten Werke der Welt werden aus Winzigstem.

Darum:
Der heilige Mensch betreibt nie Grosses.
Also kann er vollenden seine Grösse.

Wer leichthin Ja sagt, findet kaum Vertrauen.
Wer vieles einfach wähnt, der findet viel Schwierigkeit.

Darum:
Der heilige Mensch wähnt alles gleichsam schwierig.
Also hat er nie Schwierigkeit. *(D.)*

Die vor alters gut waren, Tao zu tun,
klärten damit das Volk nicht auf,
sie wollten es damit einfach erhalten.
Das Volk ist schwer zu regieren,
wenn es allzu klug ist.
Durch Klugheit das Land regieren,
ist des Landes Verderben.
Nicht durch Klugheit das Land regieren,
ist des Landes Segen.
Wer dies beides weiss,
ist auch ein Musterbild.
Stets des Musterbilds sich bewusst sein,
das heisst tiefe Tugend.
Tiefe Tugend ist abgründig,
ist unerreichbar,
ist mit den Wesen in Widerspruch,
dann aber erhält sie grosse Nachfolge.
(v. Strauss)

Wodurch Strom und Meer der hundert Täler König sind,
Das ist, weil sie verstehn, ihnen unter zu sein:
Darum vermögen sie, der hundert Täler König zu sein.

Deshalb:
Wünscht der heilige Mensch, dem Volk über zu sein,
Stell' er in seinen Worten sich ihm unter.
Wünscht er, dem Volk voran zu sein,
Stell' er sein Selbst ihm nach.

Deshalb:
Er stehet droben, aber das Volk fühlt keine Last.
Er steht vornan, aber das Volk nimmt keinen Schaden.

Deshalb:
Alles unter dem Himmel freut sich, ihn zu preisen,
und wird sein nicht müde.

Weil er nicht streitet, gibt es keinen unter
dem Himmel, der mit ihm streiten könnte.

Mutig sein beim Wagen: so mordet man.
Mutig sein beim Nicht-Wagen: so gibt man Leben.
Diese beiden: nützlich das eine, schädlich das andere.
„Was der Himmel hasst – wer weiss den Grund davon?"

Des Himmels Weg:
Er streitet nicht und versteht dennoch zu siegen.
Er redet nicht und versteht dennoch zu antworten.
Er ruft nicht auf, und doch kommt alles von selbst.
Sanft ist er und versteht es dennoch zu planen.

Des Himmels Netz ist gross, so gross;
Weit die Maschen – und dennoch entgeht ihm nichts.

Wenn der Mensch zum Leben erwacht,
ist er schmiegsam-schwach.
Wenn er zum Tode eingeht,
ist er stark und starr.

Wenn Gräser und Bäume emporwachsen,
dann sind sie schmiegsam-saftig.
Wenn sie absterben,
dann sind sie dürr und trocken.

Demnach ist das Starke, Starre
des Todes Begleiter;
Ist das Schmiegsam-Schwache
des Lebens Begleiter.

Desgleichen:
Sind die Waffen stark,
dann sind sie nicht überlegen.
Sind die Bäume stark,
dann fällt man sie.

Darum:
Das Stark-Starre liegt danieder.
Das Schmiegsam-Schwache bleibt obenauf. *(D.)*

SHANG YANG

Mehr als das antike und abendländische Denken zielt die chinesische Philosophie auf den Menschen in seiner Beziehung zur Umwelt: als Herrscher und Untertan, als Mitglied einer Sippengemeinschaft und Individuum. Besonders nachdem die theokratische Ordnung der Chou in Auflösung begriffen, als der Himmelssohn, seiner politischen Macht beraubt, bestenfalls als oberster Opferherr anerkannt war, zur Zeit also der um die Hegemonie kämpfenden ehemaligen Vasallenstaaten (481–221), mussten die Fragen nach dem gangbarsten Weg der Lebensführung oder der Staatsverwaltung in erregender Dringlichkeit gestellt und auf mannigfache Weise beantwortet werden. Neun philosophische Schulen werden in dieser Epoche unterschieden, von denen sich die Rechtsschule, auch Legalismus oder Ordnungslehre (Haenisch) genannt, zunächst am erfolgreichsten erweisen sollte.

Realistisch bis zum Zynismus, bekämpft die Rechtsschule den von Konfuzius gepredigten 'Weg der alten Könige' als einen romantischen Anachronismus. An die Stelle der Herrschaft durch Güte setzt sie die Herrschaft durch Macht, Staatskunst und Gesetze; an die Stelle der Moral die Furcht vor Strafe, die Hoffnung auf Belohnung. Damit leitet sie die Ablösung der feudalen Gesellschaftsordnung durch die absolute Monarchie ein: vermutlich als einzigen Ausweg aus dem Chaos der 'Kämpfenden Staaten'.

Prädestiniert für die Verwirklichung der Ordnungslehre war der Staat Ch'in im äussersten Westen des Reiches, von der Kultur erst halb erreicht und daher vital und kriegerisch. In diesem Lande führte um das Jahr 360 v.Chr. ein Prinz aus dem Staate Wei – wie viele Fachleute ein Immigrant – namens Wei Yang (oder mit seinem späteren Titel: Shang Yang) als Berater des Herzogs von Ch'in eine Reihe umwälzender Reformen im Sinne des Legalismus durch:

1) Einteilung des Volkes in Fünfer- und Zehnergruppen mit der Pflicht gegenseitiger Beaufsichtigung und Solidarhaftung.
2) Todesstrafe bei versäumter Denunziation eines Vergehens.
3) Doppelte Besteuerung von Haushalten mit mehr als zwei erwachsenen männlichen Mitgliedern (Gegen die Grossfamilie).
4) Belohnung militärischen Verdienstes durch hierarchische Titel.
5) Bestrafung privaten Streites.
6) Beschäftigung aller mit Ackerbau und Seidenzucht; Befreiung von öffentlichen Arbeiten bei hoher Produktion von Korn und Seide; Versklavung derer, die sich 'sekundären Beschäftigungen' hingeben (d.h. Händler, Kunsthandwerker, Gastwirte, Privatgelehrte usw.)
7) Ausschluss von Angehörigen der herzoglichen Familie, die sich nicht militärisch auszeichnen.
8) Staatliche Zuteilung von Feld, Haus, Dienerschaft, Konkubinen und Bekleidung.
Und in einer zweiten Serie von Reformen, etwa zehn Jahre später:
1) Verbot des Zusammenlebens von Vater und Sohn, älterem und jüngerem Bruder im gleichen Haushalt.
2) Ersetzung der feudalen durch Staatsbeamte.
3) Bodenreform mit Rücksicht auf die zentralisierten Bewässerungsanlagen, Kanäle usw.
4) Umstellung der Grundsteuer von einer Ertragssteuer zu einer echten Bodensteuer.
5) Normung von Mass und Gewicht.
Durch diese rigorosen Massnahmen finanziell gestärkt und moralisch einsatzbereit geworden, schlug Ch'in nacheinander die übrigen sechs, in ständiger Missgunst und Furcht uneinigen Grossstaaten, und im Jahre 221 v.Chr. trat der Herrscher von Ch'in als "Ch'in Shih-huang-ti", als "Erster Divus-Augustus" einer 'tausendjährigen' Dynastie die Herrschaft über das ganze Imperium an. Zusammen mit seinem eisernen Kanzler Li

Ssu schuf er durch Vereinheitlichung von Schrift, Mass, Gewicht und Wagenspur sowie durch ein grossangelegtes Bauprogramm – darunter der Grosse Wall, der um 1400 zur Grossen Mauer wurde – den Einheitsstaat, als der China die Jahrtausende überdauern sollte.
Das 'Buch des Herrn von Shang' (Shang-chün-shu), jenem Reformer Shang Yang zugeschrieben, dürfte etliche Jahrhunderte nach seinem Tode kompiliert sein. Als eine Sammlung legalistischer Theorien mag es indessen mancher seiner Konzeptionen nahekommen.

VON DER MACHT

Wenn man die Mächtigen mit Hilfe eines starken Volkes entfernt, so bringt das Schwäche; wenn man die Mächtigen mit Hilfe eines schwachen Volkes entfernt, dann erlangt man Macht. Wenn der Staat sich nach moralischen und ethischen Prinzipien ausrichtet, dann gibt es viele Verbrecher. Ist der Staat reich, wird aber so regiert, als sei er arm, dann hält man ihn für doppelt reich; und die doppelt Reichen sind mächtig. Ist der Staat dagegen arm, wird aber so regiert, als sei er reich, dann hält man ihn für doppelt arm; und die doppelt Armen sind schwach. Wenn das Heer etwas vollbringt, das der Feind nicht zu tun wagt, dann ist der Staat mächtig; ein Staat hat Nutzen, wenn er Dinge auf sich nimmt, welche der Feind sich auszuführen scheut. Ein Herrscher liebt den Wechsel, aber das Land liebt wenig Aenderungen. Wenn ein Land wenig Produkte hat, dann wird es verfallen; wenn es aber viele Produkte hat, dann wird es stark sein. Ein Land mit tausend Kampfwagen, das nur einen Ausgang für seine Produkte offen hält, wird blühen; wenn es aber zehn Ausgänge hat, wird es verfallen.
Ein Staat wird mächtig sein, wenn sein Heer im Kriege schlagkräftig ist; wenn aber in der Schlacht keine Ordnung herrscht und das Heer lustlos ist, dann wird der Staat verfallen.

Ackerbau, Handel und Verwaltung sind die drei dauernden Funktionen in einem Staate. Aus diesen drei Funktionen erheben sich sechs Parasiten, nämlich: Sorge für das Alter, auf Kosten anderer leben, Schönheit, Liebe, Ehrgeiz und tugendhaftes Verhalten. Wo diese sechs Parasiten sich anhängen, da wird es Verfall geben. Die drei Funktionen knüpfen sich an drei verschiedene Männer, aber die sechs Parasiten können sich an einen einzigen heften.

Gesetz durch Gesetz abschaffen, das bedeutet Macht; Gesetz durch Gesetz errichten, das bedeutet Verfall. Wenn die Beamten im gleichen Amt bleiben, so wird das Recht abgeschafft; doch wenn man sie häufig versetzt, dann wird das Recht errichtet. Ein grosses Land, das man regiert, wird klein; ein kleines Land, das man regiert, wird gross. Macht man das Volk stark, so wird das Heer doppelt schwach; macht man das Volk schwach, so wird das Heer doppelt stark.

Die Starken mit einem starken Volk angreifen, führt in der Tat zum Untergang; die Starken mit einem schwachen Volk angreifen, führt zur Vorherrschaft. Wenn der Staat stark ist und keinen Krieg führt, dann wird das Gift in das Land hineingetragen; Riten, Musik und die Parasiten werden aufkommen, und der Zerfall wird unvermeidlich sein. Aber wenn der Staat Krieg führt, wird er das Gift zum Feinde tragen, und er wird mächtig, da er nicht unter den Riten, der Musik und den Parasiten zu leiden hat. Wenn man diejenigen, welche sich bemühen, befördert, und wenn man verdienstvollen Männern Aemter gibt, dann wird der Staat erstarken; wenn aber die Parasiten aufkommen, dann wird der Verfall unvermeidlich sein. Wenn es nur wenige Bauern und zahlreiche Händler gibt, dann sind die Männer in hoher Stellung arm, die Händler sind arm und die Bauern sind arm: wenn diese drei Berufe alle arm sind, dann ist Verfall unvermeidlich.

Herrschen in einem Staate die folgenden zehn Uebel: die Bücher der *Riten,* der *Musik,* der *Lieder* und der

Urkunden; Tugend, sittliche Bildung, Ehrfurcht vor Eltern und Brüdern, Rechtschaffenheit und Spitzfindigkeit, – dann kann ein Herrscher sein Volk nicht zum Kämpfen bringen; Verfall ist unvermeidlich, und dieser hat die völlige Vernichtung im Gefolge. Wenn es in einem Staate diese zehn Dinge nicht gibt, und wenn der Herrscher sein Volk zum Kämpfen bringen kann, dann nimmt er solchen Aufschwung, dass er die Vorherrschaft erlangt. Ein Staat, in dem die Tugendhaften die Bösen beherrschen, wird unter Unordnung leiden, so dass er verfallen wird; ein Staat jedoch, in dem die Bösen die Tugendhaften beherrschen, wird in Ordnung sein, so dass er mächtig wird.

Ein Staat, der mit Hilfe der *Lieder, Urkunden, Riten* und *Musik,* der Ehrfurcht vor Eltern und Brüdern, Tugend und sittlichen Bildung regiert wird, – zerfällt, sobald der Feind sich nähert. Wenn er aber ohne diese acht regiert wird, dann wagt der Feind nicht, sich zu nähern, und selbst wenn er es täte, würde er gewiss vertrieben werden. Wenn dieser Staat sein Heer mobilisiert und angreift, wird er sein Ziel nehmen und wird es halten können, wenn er es genommen hat; hält er dann sein Heer in Reserve und greift nicht an, dann wird er reich sein. Man sagt, dass ein Staat, welcher Gewalt liebt, mit etwas Schwierigem angreift, und man sagt, dass ein Staat, welcher Worte liebt, mit etwas Leichtem angreift. Ein Staat, welcher mit etwas Schwierigem angreift, wird zehn Punkte gewinnen für jeden Punkt, den er einsetzt, während ein Staat, welcher mit etwas Leichtem angreift, hundert Mann verlieren wird für je zehn, die er ins Feld schickt.

Wenn die Strafen schwer und die Belohnungen gering sind, dann liebt der Herrscher sein Volk, und es wird für ihn sterben. Aber wenn die Belohnungen hoch und die Strafen leicht sind, dann liebt der Herrscher sein Volk nicht, noch wird es für ihn sterben. Wenn in einem blühenden Staat Strafen angewandt werden, dann wird das Volk Vorteil ernten und gleichzeitig Respekt haben;

wenn Belohnungen angewandt werden, dann wird es Vorteil ernten und gleichzeitig den Herrscher lieben.
Ein Staat, der keine Macht hat, und der Wissen und Tüchtigkeit aufkommen lässt, wird sicher untergehen. Treibt man aber ein furchtsames Volk mit Strafen an, dann wird es tapfer; ein tapferes Volk, durch Belohnungen angespornt, wird bis zum Tode kämpfen. Wenn furchtsame Menschen tapfer werden, und tapfere Menschen mit Todesverachtung kämpfen, dann gibt es für den Staat keinen unüberwindlichen Gegner. Gibt es keinen Gegner, dann ist das Land mächtig, und wenn es mächtig ist, dann wird es die Vorherrschaft erlangen.
Wenn die Armen durch Belohnungen angespornt werden, so werden sie reich. Wenn die Reichen mit Strafen belegt werden, so werden sie arm. Wenn es beim Regieren eines Staates gelingt, die Armen reich zu machen und die Reichen arm, dann hat der Staat grosse Macht, und ist das der Fall, so wird er die Vorherrschaft erlangen.
In einem Staat, welcher die Vorherrschaft errungen hat, kommen auf eine Belohnung neun Strafen; in einem starken Staat treffen drei Belohnungen auf sieben Strafen, während in einem verfallenden Staat auf fünf Belohnungen fünf Strafen kommen.
Ein Staat, in dem ein Jahr lang eine einheitliche Zielsetzung aufrechterhalten wird, bleibt zehn Jahre lang stark. Wenn die Zielsetzung zehn Jahre lang einheitlich ist, bleibt der Staat hundert Jahre lang stark. Bleibt das Ziel hundert Jahre lang das gleiche, so ist der Staat tausend Jahre lang stark, und ein Staat, der tausend Jahre lang stark gewesen ist, wird die Vorherrschaft erlangen.
Derjenige, welcher Ansehen hat, fängt zehn mit einem und ergreift konkrete Dinge allein durch den Klang seines Namens. Daher erlangt der die Vorherrschaft, dem es gelingt, Ansehen zu bekommen.
Von einem Staat, der wohl Macht zu erzeugen weiss, der sie aber nicht einzuschränken versteht, darf man

behaupten, dass er sich selbst angreift und dass sein Verfall sicher ist. Von einem Staat jedoch, der sowohl Macht zu erzeugen als auch sie einzuschränken versteht, darf man sagen, dass er ein Staat ist, der den Feind angreift und der sicher mächtig werden wird. Kampf gegen die Parasiten, Beschränkung seiner Energien, Angriff gegen seinen Feind – wenn ein Staat zwei von diesen Methoden anwendet und eine verwirft, dann ist er stark; wenn er aber alle drei Methoden anwendet, dann hat er so viel Ansehen, dass er die Vorherrschaft erlangt.

Ein Staat, in dem der kleinste Gerichtsbezirk zehn Weiler umfasst, ist schwach; während er stark ist, wenn der Bezirk neun Weiler umfasst. Wer in einem Tage Ordnung schaffen kann, erlangt die Vorherrschaft; wer in einer Nacht Ordnung schaffen kann, ist stark; wer zögert, die Ordnung herzustellen, wird dadurch den Verfall seines Staates veranlassen.

Wenn die gesamte Bevölkerung bei der Geburt registriert und beim Tode ausgestrichen würde, dann gäbe es keinen Mann, der der Landwirtschaft entrinnt, und es gäbe kein brachliegendes Land. Damit würde ein Staat reich sein, und als reicher Staat wäre er stark. Wenn Strafen durch Strafmassnahmen abgeschafft werden, so wird der Staat sich der Ordnung erfreuen. Wenn aber durch Strafen Strafmassnahmen geschaffen werden, dann ist der Staat in Unordnung. Daher heisst es: "Wende Strafmassnahmen so an, dass du leichte Vergehen schwer bestrafst!" Wenn die Strafen abgeschafft werden, dann tritt ein Aufschwung ein, und der Staat wird stark sein. Aber wenn schwere Vergehen schwer und leichte Vergehen leicht bestraft werden, dann werden viele Strafen auftreten, Schwierigkeiten werden entstehen, und ein solcher Staat wird zerfallen. Bestrafung erzeugt Zwang, Zwang erzeugt Stärke, Stärke erzeugt Ehrfurcht, und Ehrfurcht erzeugt Tugend. Tugend hat ihren Ursprung also im Zwang.

In der Ausübung von Zwang sollte man mit ganzem Mut

kämpfen und beim Kämpfen mit ganzer Weisheit planen.

Das Erscheinen von Gold bedeutet das Verschwinden von Korn, und das Erscheinen von Korn bedeutet das Verschwinden von Gold. Wenn die Lebensmittel billig sind – weil sich viele mit der Landwirtschaft befassen, während es wenig Käufer gibt – dann sind die Bauern in arger Verlegenheit und die Schlechtigkeit wird ermuntert, so dass das Heer schwach wird und der Staat sicher zerfallen und untergehen wird.

Für jede Unze Gold, die innerhalb der Grenzen auftaucht, verschwinden zwölf Zentner Korn nach draussen; aber für jede zwölf Zentner Korn, die innerhalb der Grenzen erscheinen, verschwindet eine Unze Gold nach draussen. Wenn ein Staat das Erscheinen von Gold innerhalb der Grenzen begünstigt, dann verschwindet sowohl das Gold wie auch das Korn, Speicher und Schatzkammern werden leer, und der Staat wird schwach sein. Wenn aber ein Staat das Erscheinen von Korn innerhalb seiner Grenzen begünstigt, dann werden Korn *und* Gold erscheinen, Speicher und Schatzkammern werden voll, und der Staat wird stark sein.

Ein starker Staat kennt dreizehn Zahlen: die Zahl der Kornspeicher innerhalb seiner Grenzen, die Zahl der arbeitsfähigen Männer und Frauen, die Zahl der alten und schwachen Leute, die Zahl der Beamten und Offiziere, die Zahl derer, die ihren Lebensunterhalt durch Schwätzen verdienen, die Zahl der nützlichen Leute, die Zahl der Pferde und Ochsen und die Menge des Futters und Strohs. Wenn der, welcher sein Land stark zu machen wünscht, diese dreizehn Zahlen nicht kennt, dann wird sein Land, obgleich dessen geographische Lage günstig und die Bevölkerung zahlreich ist, immer schwächer werden, bis es schliesslich zerfällt.

Einen Staat, in dem es keine unzufriedenen Menschen gibt, nennt man einen starken Staat. Wenn ein Heer für einen Angriff mobilisiert wird, so werden Rangauszeichnungen für militärische Verdienste verliehen; der

Sieg ist gewiss, wenn man sich auf das Militär stützt. Wenn das Heer in Reserve ist und man dem Ackerbau nachgeht, dann werden Rangauszeichnungen entsprechend der Getreideproduktion verliehen; das Land ist reich, wenn man sich auf die Getreideproduktion stützt. Wenn in militärischen Unternehmungen der Feind bezwungen ist und wenn, während das Heer in Reserve liegt, das Land reich wird, dann erlangt es die Vorherrschaft.

(Duyvendak/Bendig)

HSÜN-TSE

Unter den vielfältigen Stimmen, die uns von den Denkern des 3. vorchr. Jahrhunderts aus China erhalten sind, hebt sich die des Hsün-tse (um 305-235) mit besonderer Klarheit heraus. Die Auflösung aller Staatsmacht und Ordnung, bei zugleich hoch gesteigerten Lebensansprüchen, ging auf die Katastrophe zu. Die Denker erörterten die Hauptfrage ihrer Zeit, die politische schlechthin: was ist richtig und gerecht. Es bildeten sich damals Schulen; neben den Konfuzianern, die im Sinne von Goethes Vermächtnis "Das Wahre war schon längst gefunden, ... Das alte Wahre, fass es an!" immer wieder auf den Weg der alten, weisen Könige hinwiesen, treten nun vornehmlich sophistische Dialektiker und realistische Legalisten hervor, von denen die letzteren eine Besserung durch ein hartes positives Recht erhofften. Hsün-tse steht auf konfuzianischem Boden, für ihn ist der Weg der alten Weisen über aller Diskussion; aber in einem Punkt verbündet er sich mit der neuen Strömung des Legalismus, dessen Hauptvertreter, Han Fei-tse, sein Schüler war (vgl. S. 116 ff). Durch klare Begriffe, harte Strafen und Belohnungen muss der Mensch auf den rechten Weg gebracht und vom Bösen abgeschreckt werden. Denn der Mensch ist für ihn von Natur schlecht und bedarf der Erziehung, Bildung und Zucht. Diesen Punkt, den er mit Entschiedenheit vertritt, entwickelt er vornehmlich in einer Antithese gegen Meng-tse, den etwas älteren, berühmten Konfuzianer. Und er entwickelt seinen Standpunkt mit einer glänzenden Dialektik, etwa mit dem echt chinesischen Gedankengang, etwas aus dem Gegensatz zu erschliessen, z.B. mit seiner These, dass der Mensch das Gute wolle, gerade weil er von Natur aus schlecht sei. Nur äusserlich darf man Hsün-tse als Pessimisten bezeichnen, in Wahrheit ist er einer der grossen Kulturoptimisten, der sich von der Erziehung, Pflege, Bildung, kurz der Kultur alles verspricht. Er hat es nicht mehr erlebt, wie die folgenden Ereig-

nisse ihn de facto widerlegten. Aus dem Volk der Ch'in, dem er eine geringere Kultur als anderen zusprechen zu müssen glaubte, ging jener Kaiser Ch'in Shih-huang-ti hervor, der 221 v. Chr. das Reich mit Gewalt, klaren Gesetzesbegriffen und harten Strafen einte und zusammenschweisste. Als Marx das 'Kapital' schrieb, wurde Lenin geboren, als Nietzsche den 'Willen zur Macht', Hitler, als Hsün-tse seine Schriften schrieb, Ch'in Shih-huang-ti, der bei den späteren, sog. 'Neu'-Konfuzianern der Sung-Zeit als schlimmster Feind galt. So wurde zu dieser Zeit auch Hsün-tse sehr zu Unrecht als Häretiker aus dem Kreis der echten Jünger des K'ung-tse gestrichen. Von seinem Buch bringen wir hier das grossartige Schlusskapitel – ohne die zufällig angehängten Anekdoten –, die offensichtlich häufig von ihm diskutierte Summe seiner Erkenntnisse.

DER MENSCH IST VON NATUR SCHLECHT

Die Natur des Menschen ist böse; sein Gutes ist nur durch Kultur erworben. Die ursprüngliche Natur des heutigen Menschen besteht im Streben nach Gewinn. Wird diesem Streben nachgegeben, sind Streit und Raub die Folgen, und alle Rücksicht stirbt aus. Der Mensch ist vom Ursprung her neidisch und hasst von Natur die anderen. Wird diesen Neigungen nachgegeben, sind Unrecht und Zerstörung die Folgen, Treu und Glauben vernichtet. Dem Menschen eignen vom Ursprung her die Begierden des Ohres und Auges, er liebt das Lob und ist voller Gelüste. Gibt man ihnen nach, sind Unkeuschheit und Unordnung die Folgen, und die Regeln des richtigen Verhaltens und der Gerechtigkeit wie alle Höflichkeit missachtet. Lässt man darum der ursprünglichen Natur des Menschen die Zügel frei und gibt ihren Gefühlen nach, so folgen unweigerlich Streit und Raub, Unhöflichkeit und Unklarheit über die rechte Art, etwas zu tun, und alles kehrt zurück in den Zustand der Gewalt. Deshalb ist der verfeinernde Einfluss von

Lehrern und Gesetzen, die Zügelung durch die Regeln des richtigen Verhaltens und der Gerechtigkeit unumgänglich notwendig. Aus ihnen ergeben sich Höflichkeit und Rücksicht in öffentlichen und privaten Dingen, und eine gute Regierung ist die Folge. Aus dieser Erörterung wird deutlich, dass die Natur des Menschen schlecht ist, und sein Gutes durch Kultur erworben.

Krummes Holz muss man mit Dampf behandeln und zurechtbiegen, damit es sich dem Richtscheit des Zimmermans füge; erst dann ist es gerade. Stumpfes Metall muss man schleifen und wetzen, erst dann wird es scharf. Die Natur des heutigen Menschen ist böse, daher muss er der Erziehung durch Lehrer und Gesetze unterworfen werden, um dadurch rechtschaffen zu sein. Er bedarf der Regeln des richtigen Verhaltens und der Gerechtigkeit, erst dann wird es eine gute Regierung geben. Aber der Mensch hat heute keine guten Lehrer und Gesetze; darum ist er selbstsüchtig, lasterhaft und ungerecht. Er lebt ohne die Regeln des richtigen Verhaltens und der Gerechtigkeit; daher gibt es Aufruhr und Unordnung, aber keine gute Regierung. In alter Zeit wussten die weisen Könige, dass die Natur der Menschen böse, selbstsüchtig, lasterhaft, ungerecht und aufrührerisch ist und von allein keine gute Regierung zustandebringt. Darum schufen sie die Regeln des richtigen Verhaltens und der Gerechtigkeit, sie erliessen Gesetze und Verfügungen, um die natürlichen Gefühle der Menschen zu zügeln und zu veredeln, und damit besserten sie sie. Sie gewöhnten das natürliche Gefühl der Menschen an den Gehorsam und verfeinerten und lenkten sie dadurch. So kam es zu einer guten Regierung, und die Menschen folgten dem rechten Weg (Tao). Nun werden die, die sich von guten Lehrern und Gesetzen beeinflussen lassen, die Kenntnis der Schriften und Wissen erwerben und sich von den Regeln des richtigen Verhaltens und Gerechtigkeit leiten lassen, zu Menschen von hohem Geist. Jene aber, die ihren natürlichen Gefühlen freien Lauf lassen, die Freude am Hochmut haben und die

Regeln des richtigen Verhaltens und der Gerechtigkeit durchbrechen, die werden zu Menschen niedriger Gesinnung. Aus dieser Erörterung wird deutlich, dass die Natur des Menschen schlecht ist, und sein Gutes durch Kultur erworben.

Meng-tse sagt: „Die Tatsache, dass die Menschen belehrbar sind, zeigt, dass die ursprüngliche Natur des Menschen gut ist." Ich erwidere: so ist es nicht; das bedeutet, weder die Natur des Menschen zu verstehen, noch seine ursprüngliche Natur zu erforschen, noch auch die Rolle, welche die erworbenen Eigenschaften spielen. Was aber immer zur ursprünglichen Natur des Menschen gehört, ist von der Natur gegeben, weder erlernbar, noch zu erarbeiten. Die weisen Könige stellten die Regeln des richtigen Verhaltens und der Gerechtigkeit auf. Die Menschen erlernen sie und erlangen Übung darin; sie arbeiten daran und formen so ihren Charakter. Was nicht erlernt und erarbeitet werden kann, allein in der Macht der Natur liegt, das heisst ursprüngliche Natur. Was erlernt werden kann und den Menschen Übung verleiht, was erarbeitet werden kann und den Charakter formt, was immer in der Macht des Menschen liegt, das heisst erworbener Charakter. Nun besitzt nach der Natur des Menschen sein Auge die Kraft zu sehen, und sein Ohr die Kraft zu hören. Doch liegt, wenn jemand etwas erblickt, die Schnelligkeit seines Blickes nicht ausserhalb des Auges, wenn er etwas hört, die Schnelligkeit des Hörens nicht ausserhalb des Ohrs. Offensichtlich kann die Schnelligkeit des Sehens und die des Hörens nicht gelernt werden. Meng-tse sagt: „Die ursprüngliche Natur des Menschen ist gut; aber alle haben ihre ursprüngliche Natur verloren und zerstört, und darum sind sie böse." Ich erwidere: in diesen Worten irrt er sich sehr. Betrachtet man die Natur eines Menschen gleich nach seiner Geburt, so ist er schon da seinem ersten Zustand entwachsen und seiner natürlichen Anlage fern. Er müsste sie da schon verloren und zerstört haben. Aus dieser Erörterung wird deutlich, dass die ursprüngliche Natur des Menschen schlecht ist, und sein Gutes erworben.

Die Lehre, dass der Mensch seiner ursprünglichen Natur nach gut sei, schliesst in sich ein, dass er, ohne seinem ersten Zustand zu entwachsen, trefflich geraten, und ohne seine natürliche Veranlagung einzubüssen, segensreich werden würde. Die Behauptung, dass die ursprüngliche Natur des Menschen trefflich, sein Herz und seine Gedanken gut seien, ist genau wie die, dass die Fähigkeit des Sehens nicht vom Auge und die des Hörens nicht vom Ohr abhänge. Wir sagen nämlich, ist ein Auge da, gibt es die Fähigkeit des Sehens, ist ein Ohr da, die des Hörens. Nun verlangt die Natur des Menschen, wenn er hungrig ist, nach Nahrung, wenn er friert, nach Wärme, wenn er arbeitet, nach Ruhe. Das ist das natürliche Gefühl des Menschen. Es darf aber ein Hungriger, wenn er Nahrung erblickt, sich nicht vor allen anderen darauf stürzen; der Essende gibt vielmehr anderen ab. Der Arbeitende darf sich nicht nur nach Ruhe umsehen; er arbeitet auch für andere. Ein Sohn lässt dem Vater den Vortritt, ein jüngerer Bruder dem älteren; der Sohn arbeitet für den Vater, der jüngere Bruder für den älteren, das steht beides der ursprünglichen Natur entgegen und ist dem natürlichen Gefühl feind. Trotzdem gibt es den Weg (Tao) der kindlichen Ehrfurcht, das Brauchtum der Regeln des richtigen Verhaltens und der Gerechtigkeit. Folgt ein Mensch seinen natürlichen Gefühlen, so ist er ohne Rücksicht; besitzt er Rücksicht, ist sie seinem natürlichen Gefühl entgegen. Aus dieser Erörterung wird deutlich, dass die ursprüngliche Natur des Menschen schlecht ist, und sein Gutes erworben.

Es könnte jemand fragen: wenn die ursprüngliche Natur des Menschen schlecht ist, woher stammen dann die Regeln des richtigen Verhaltens und der Gerechtigkeit? Ich antworte darauf: alle Regeln des richtigen Verhaltens und der Gerechtigkeit entstammen der erworbenen Bildung der Weisen, und nicht der ursprünglichen Natur des Menschen. Ein Töpfer stampft und knetet den Ton und formt ein Gefäss; so entsteht das Gefäss durch die erworbene Übung des Töpfers und nicht aus seinem angeborenen Charakter. Der Werkmann behaut ein Stück Holz und macht ein Gefäss daraus; so entsteht das Gefäss durch die erworbene Geschicklichkeit des Werkmanns, und nicht aus seinem angeborenen Charakter. Der Weise fügt Ideen und Gedanken zusammen und wird durch erworbene Übung so geschickt darin, dass er die Regeln des richtigen Verhaltens und der Gerechtigkeit aufstellt, Gesetze und Vorschriften hervorbringt. So entstehen die Regeln des richtigen Verhaltens und der Gerechtigkeit, die Gesetze und Vorschriften durch das erworbene Wissen der Weisen, und nicht aus der ursprünglichen Natur des Menschen.

Das Auge sehnt sich nach Farben, das Ohr nach Tönen, der Mund nach Gewürzen, das Herz nach Gewinn, der Leib nach Lust und Behagen; diese Wünsche entstammen alle der ursprünglichen Natur und den Gefühlen des Menschen. Gib ihnen einen Anreiz, dann kommen sie alle von selbst hervor; man braucht die Menschen nicht erst zu belehren, damit sie entstehen. Aber wozu ein Mensch erst angereizt werden muss, wenn die Tugend, die wir erstreben, nicht von selbst entstehen kann, wenn etwas darauf warten muss, gelehrt zu werden, um sich bilden zu können, dann spricht man von erworbenen Eigenschaften. Darin liegt der Unterschied zwischen ursprünglicher Natur und erworbenen Eigenschaften, und der Beweis ihrer offenkundigen Verschiedenheit. So beeinflussten die Weisen die Natur der Menschen und schufen die erworbene Bildung. Als sie entstanden war, entwickelte man die Regeln des richtigen Verhaltens und der Gerechtigkeit und schuf die Gesetze und Vorschriften. So sind die Regeln des richtigen Verhaltens und der Gerechtigkeit, die Gesetze und Vorschriften von den Weisen geschaffen worden. Der Weise hat die gleiche ursprüngliche Natur wie jedermann und ist darin von den gewöhnlichen Menschen nicht unterschieden;

er unterscheidet sich von diesen und ragt über sie hinaus durch seine erworbene Kultur.

Es liegt in der ursprünglichen Natur und Neigung des Menschen, Gewinn zu begehren und zu versuchen, ihn zu erlangen. Haben Brüder Besitz und sollen ihn teilen, so würden sie, wenn sie ihrer ursprünglichen Natur und ihren Gefühlen folgten, die sich auf den Gewinn und seine Erlangung richten, gegenseitig die Pläne zu durchkreuzen und den Besitz an sich zu raffen suchen. Erziehe sie indes durch den Gebrauch der Regeln des richtigen Verhaltens und der Gerechtigkeit, so werden sie bereit sein, anderen abzugeben. Brüder, die ihrer ursprünglichen Natur und ihrem Gefühl folgen, werden miteinander streiten; beeinflusse sie durch die Regeln des richtigen Verhaltens und der Gerechtigkeit, so werden sie einander abgeben. Der Wunsch eines jeden, gut zu sein, kommt daher, dass er von Natur aus schlecht ist. So wünscht der Kleinliche, grosszügig zu sein; wer in beschränkten Verhältnissen lebt, in uneingeschränkten zu sein; der Arme möchte reich, der gesellschaftlich Schlechtgestellte in einer ehrenvollen Stellung sein; was jemand nicht in sich selbst hat, sucht er unweigerlich ausserhalb. Denn wäre er reich, würde er Reichtum nicht begehren; wäre er in einer hohen Stellung, würde er nicht nach mehr Macht streben. Was jemand in seiner Macht hat, wird er zweifellos nicht ausserhalb suchen. Aus dieser Erörterung erkennen wir, dass der Wunsch des Menschen, gut zu sein, daher stammt, dass seine ursprüngliche Natur schlecht ist.

Nun ist der Mensch seiner ursprünglichen Natur nach tatsächlich nicht im Besitz der Regeln des richtigen Verhaltens und der Gerechtigkeit; darum strebt er danach, sie zu lernen, und sucht, sie zu gewinnen. Aus seiner ursprünglichen Natur heraus kennt er diese Regeln nicht, und denkt daher darüber nach, überlegt und versucht, ihre Grundsätze zu erfassen. Erst dadurch werden sie entwickelt. So ist der Mensch von Natur aus ohne die Regeln des richtigen Verhaltens und der Gerechtigkeit und kennt sie nicht. Lebt er ohne diese Regeln, herrscht Unordnung; wo man die Regeln des richtigen Verhaltens und der Gerechtigkeit nicht kennt, ist Aufruhr. So entstanden diese Tugenden; Aufruhr und Unordnung liegen im Menschen selbst. Aus dieser Erörterung wird deutlich, dass die ursprüngliche Natur des Menschen schlecht, und sein Gutes erworbene Kultur ist.

Meng-tse sagt: "Die Natur des Menschen ist gut." Ich erwidere: so ist es nicht. Zu jeder Zeit und an jedem Ort der Erde, im Altertum wie in der Gegenwart, verstehen die Menschen unter dem Guten richtige Grundsätze und eine gerechte Regierung. Sie verstehen unter schlechter Parteilichkeit den Weg, der zu Schlechtigkeit, Aufruhr und Unordnung führt. Das ist der Unterschied von Gut und Böse. Wenn wir nun die Natur des Menschen ehrlich betrachten, gründet sie sich fest auf richtige Grundsätze und eine gerechte Regierung? Wäre es so, was sollten dann die weisen Könige nützen, was leisten dann die Regeln des richtigen Verhaltens und der Gerechtigkeit? Was hätten die weisen Könige und diese Regeln, selbst wenn sie vorhanden waren, den richtigen Grundsätzen und einer gerechten Regierung hinzufügen können?

Nun sind die Dinge aber anders. Die Natur des Menschen ist schlecht, und vor Zeiten wussten die weisen Könige, dass die Natur der Menschen böse ist, dass sie parteiisch, zur Schlechtigkeit geneigt, verdorben, aufrührerisch, unordentlich und ohne gute Regierung sind. Darum setzen sie die Autorität der Fürsten ein, um die Menschen zu lenken; sie stellten klare Regeln des richtigen Verhaltens und der Gerechtigkeit auf, um sie zu bessern; sie führten Gesetze und Regierungen ein, um sie zu leiten; sie machten die Strafen schwer, um sie abzuschrecken, und so bewirkten sie, dass das ganze Land auf einen Stand guter Regierung und Wohlhabenheit kam, der mit dem Guten übereinstimmte. Das ist es, was die Herrschaft der weisen Könige bedeutet, und der verfeinernde Einfluss der Regeln des richtigen Verhaltens und der Gerechtigkeit.

Angenommen, wir wollten versuchen, die Autorität der Fürsten auszuschalten und ohne Regeln des richtigen Verhaltens und der Gerechtigkeit zu leben; angenommen, wir versuchten, den wohltätigen Zwang der Gesetze und der Regierung auszuschalten und ohne den abschreckenden Einfluss der Strafen zu leben. Genug, lasst uns sehen, wie sich die Bevölkerung des ganzen Landes verhalten würde. Wäre diese Lage gegeben, dann würden die Starken die Schwachen überfallen und ausrauben; die vielen würden die wenigen grausam misshandeln und sie zerreissen. Das ganze Land würde in den Zustand des Aufruhrs und der Unordnung geraten, und es würde nicht lange dauern, bis dieser Zustand eintritt. Diese Erörterung macht deutlich, dass des Mensch seiner Natur nach schlecht, und dass sein Gutes erworben ist.

Jemand, der etwas von den alten Zeiten weiss, sieht sicherlich ihre Spuren in der Gegenwart; wer etwas in den Regeln der Natur erfahren ist, vermag sicherlich ihre Wirkung auf die Menschen nachweisen. Jeder, der etwas erörtert, hält auf Unterscheidungen und Beweise, die ihn stützen. Darum mag er sich setzen und sie erörtern, er mag aufstehen und sie feststellen; er kann handeln und sie dartun. Nun sagt Meng-tse; "Die Natur des Menschen ist gut". Das ist weder einzusehen, noch zu beweisen. Wohl mag sich jemand hinsetzen und darüber disputieren, aber er kann nicht aufstehen und es feststellen, er kann nicht handeln und es dartun. Ist das nicht alles verkehrt? Wäre nämlich der Mensch von Natur aus gut, so könnten wir auf die weisen Könige verzichten und mit den Regeln des richtigen Verhaltens und der Gerechtigkeit Schluss machen. Ist aber die Natur des Menschen schlecht, dann müssen wir den weisen Königen folgen und die Regeln des richtigen Verhaltens preisen. Denn Winkelmass und Richtscheit des Zimmermanns wurden hergestellt, weil es krummes Holz gibt, das Senkblei kam auf, weil die Dinge nicht lotgerecht sind; Fürsten wurden eingesetzt, und die Regeln des richtigen Verhaltens und der Gerechtigkeit leuchteten ein, weil die Natur des Menschen schlecht ist. Diese Erörterung erweist, dass die Natur des Menschen schlecht, und sein Gutes erworben ist.

Gerades Holz braucht nicht unter das Richtscheit des Zimmermanns zu kommen, damit es gerade werde, denn es ist von Natur gerade. Krummes Holz muss unter das Richtscheit des Zimmermanns kommen, es muss gedämpft werden, damit es gerade wird; denn es ist von Natur krumm. Da nun die Natur des Menschen schlecht ist, muss er unter die Herrschaft weiser Könige kommen und unter den bessernden Einfluss der Regeln des richtigen Verhaltens und der Gerechtigkeit, dann wird eine gute Regierung und Ordnung die Folge sein, die mit der Tugend übereinstimmt. Diese Erörterung erweist, dass die Natur des Menschen böse, und sein Gutes erworben ist.

Es könnte jemand fragen: selbst wenn die Regeln des richtigen Verhaltens und der Gerechtigkeit eine angesammelte, erworbene Kultur bedeuten, so stammen sie doch aus der Natur des Menschen; denn die weisen Könige waren imstande, sie zu schaffen. Ich erwidere, dass dem nicht so ist. Der Töpfer stampft und formt den Ton, und das Tongefäss entsteht; so stammt das Tongefäss aus dem Ton. Wie könnte dies die ursprüngliche Natur des Töpfers sein? Der Werkmann behaut ein Stück Holz und lässt ein Gefäss entstehen; so entsteht das Gefäss aus dem Holz. Wie könnte dies die ursprüngliche Natur des Werkmanns sein? Nun verhält sich der Weise zu den Regeln des richtigen Verhaltens und der Gerechtigkeit ebenso wie der Töpfer zum Ton: er erschafft sie, und diese Regeln sind also gesammelte erworbene Kultur. Wie könnten sie die ursprüngliche Natur des Menschen sein? Die Natur aller Menschen ist die gleiche, die des (guten Kaisers) Yao und Shun, wie die des (Tyrannen) Chieh und Chih. Die Natur des

Menschen von hohem Geist ist die gleiche wie die des niederen. Wenden wir nun die Regeln des richtigen Verhaltens und der Gerechtigkeit dazu an, um die Natur des Menschen zu schaffen, oder sammeln wir etwa dazu die erworbene Kultur? Warum rühmen wir denn Yao und Yü (= Shun)? Warum ehren wir Menschen von hohem Geist? Was wir an Yao und Yü und an den hohen Geistern rühmen, ist ihr Vermögen, ihre ursprüngliche Natur zu bessern und eine erworbene Kultur zu schaffen. Nachdem sie erworbene Kultur geschaffen hatten, stellten sie die Regeln des richtigen Verhaltens und der Gerechtigkeit auf. So verhalten sich die Weisen zu diesen Regeln und zur Kultur ebenso wie der Töpfer zum Ton, der das Gefäss entstehen lässt. Wie könnten demnach diese Regeln und die angesammelte Kultur zur Natur des Menschen gehören? Niedrig ist an Chieh, Chih und den kleinen Geistern, dass sie ihrer Natur folgten und handelten, wie es ihren Neigungen beliebte. Sie freuten sich über ihren Hochmut und wurden habsüchtig, eigennützig, streitlustig und raffgierig. Daraus wird deutlich, dass die Natur des Menschen schlecht, und sein Gutes erworben ist.

Der Himmel bevorzugte nicht (die Jünger des K'ung-tse) Tseng und Ch'ien, oder (den Thronfolger) Hsiao I, noch vernachlässigte er die Masse der Allgemeinheit. Warum waren dann Tseng, Ch'ien und Hsiao I allein vollkommen ehrfurchtsvoll, und warum stehen sie allein in dem Ruf einer besonderen kindlichen Ehrfurcht? Doch nur, weil sie die Regeln des richtigen Verhaltens und der Gerechtigkeit bis zum letzten befolgten. Der Himmel bevorzugte nicht das Volk von Ch'i und Lu, noch vernachlässigte er das von Ch'in. Und trotzdem ist das Volk von Ch'in nicht so gut, so weit es sich um die Beziehungen zwischen Vätern und Söhnen oder um die Zurückhaltung zwischen Mann und Frau handelt, wie das Volk von Ch'i und Lu in der kindlichen Ehrfurcht und achtungsvollen Rücksichtnahme. Wie kommt das? Doch nur, weil das Volk von Ch'in seinem Gefühl und seiner ursprünglichen Natur nachgibt, sich am Hochmut erfreut und nachlässig gegenüber den Regeln des richtigen Verhaltens und der Gerechtigkeit ist. Wie könnten sie ihrer Natur nach verschieden sein?

"Ein Mann auf der Strasse kann ein (Kaiser) Yü werden" (Meng-tse); wie steht es damit? Die Eigenschaft, die ihn zu einem Yü machte, bestand darin, dass er Menschlichkeit, Gerechtigkeit, Gesetzestreue und Aufrichtigkeit praktisch betätigte. Es besteht also die Möglichkeit, Menschlichkeit, Gerechtigkeit, Treue und Aufrichtigkeit zu kennen und auszuüben. Und jeder Mann auf der Strasse besitzt im Keim die Fähigkeit, die Grundsätze der Menschlichkeit, Gerechtigkeit, Treue und Aufrichtigkeit kennen zu lernen, und es gibt für ihn Mittel und Wege, sie auch auszuüben. Selbstverständlich kann jedermann ein Yü werden.

Gäbe es keine Möglichkeit, die Menschlichkeit, Gerechtigkeit, Treue und Aufrichtigkeit kennen zu lernen und auszuüben, dann hätte auch Yü es nicht vermocht, sie zu erfassen und zu verwirklichen. Und hat der Mann auf der Strasse keine Möglichkeit, sie kennen zu lernen, kann er nicht menschlich, gerecht, treu und aufrichtig sein? Dann könnte er auch nicht das rechte Verhältnis zwischen Vater und Sohn, Herrn und Diener erfassen. So verhält es sich aber durchaus nicht. Jedermann ist imstande, das Verhältnis zwischen Vater und Sohn oder zwischen Herr und Diener zu begreifen. Und daraus geht hervor, dass auch jedermann fähig ist, jene Tugenden zu erfassen und auszuüben. Wenn nun ein Mann von der Strasse dieses Vermögen dazu benutzt, wenn er die Fähigkeit dazu anwendet, die in ihm liegenden Keime zu entwickeln, um die Menschlichkeit und Gerechtigkeit zu erkennen und auszuüben, dann kann er unzweifelhalft ein Yü werden. Richtet er seinen Geist auf dieses Ziel, denkt er darüber gründlich nach, studiert und erforscht es, vermehrt er täglich sein Wissen davon und bewahrt es, häuft er die Güte unablässig an, dann wird er weise werden wie die Götter, ein Dritter mit

Himmel und Erde. Denn der Weise ist derjenige, der diesen Stand durch fortgesetztes Bemühen erreicht. Jemand könnte einwerfen: der Weise erreicht seinen Stand durch gesteigertes Bemühen, aber nicht jeder vermag, seine Bemühungen zu steigern; warum? Ich sage: jeder hat die Fähigkeit, aber er wendet sie nicht an. Jeder kleine Geist ist imstande, ein hoher Geist zu werden, aber er ist nicht bereit dazu; jeder hohe Geist kann ein kleiner werden, aber er ist nicht gewillt dazu. Es besteht die Möglichkeit für den kleinen wie für den hohen Geist, ihre Plätze zu tauschen, aber sie tauschen die Plätze nicht; sie haben die Möglichkeit, aber sie machen keinen Gebrauch davon. Denn wenn auch sicherlich jedermann die Möglichkeit hat, ein Yü zu werden, so hat doch wahrscheinlich nicht jeder die Fähigkeit dazu. Aber wenn auch nicht jeder diese Fähigkeit hat, so schliesst das die Möglichkeit nicht aus, dass jeder ein Yü werden könnte. Die Füsse vermögen wohl, durch die ganze Welt zu wandern, aber es hat noch niemanden gegeben, der imstande war, die ganze Welt zu durchwandern. Es ist niemals ausgeschlossen, dass ein Arbeiter, Handwerker, Bauer oder Kaufmann ihre Berufe vertauschen, doch dürften sie niemals wirklich tauschen. Nach dieser Erörterung ist wahrscheinlich niemand imstande, so oder so zu sein; indes bleibt die Möglichkeit, auch wenn er es nicht könnte, bestehen, so oder so zu werden. Es besteht ein grosser Unterschied zwischen jemandem, der die Fähigkeit, und jemandem, der die Möglichkeit hat, dies oder das zu sein. Und daraus geht hervor, dass es so gut wie unmöglich ist, die Plätze zu tauschen. *(Dubs/S.)*

HAN FEI-TSE

Ein Legalist aus dem Staate Han, namens Han Fei-tse, hatte die Bewunderung jenes Fürsten von Ch'in erregt, der später als 'Erster Divus Augustus' das Reich einen sollte. Dieser Meister Han Fei war – wie Shang Yang – ein Prinz und hatte wie jener versucht, den eigenen Herrscher für die Ordnungslehre zu gewinnen, um ihm die Suprematie zu sichern. Zusammen mit Li Ssu, dem späteren Kanzler von Ch'in, hatte er bei Hsün-tse (Vergl. S. 103) studiert, dessen These "Der Mensch ist schlecht" einen Grundpfeiler des Legalismus bildet. Han Fei-tse vereinigte die verschiedenen Richtungen innerhalb der Rechtsschule und verwob sie mit taoistischem Gedankengut. Als er die Erfolglosigkeit seines Bemühens im eigenen Lande erkennt, wendet auch er sich der aufstrebenden Grossmacht im Westen, Ch'in, zu. Dort stirbt er, von seinem ehemaligen Bewunderer als Agent des Staates Han beargwöhnt, im Kerker. Ob das Werk, das unter dem Namen Han Fei-tse's bekannt ist, von seiner Hand stammt, ist fraglich. Jedenfalls bildet es eine der wichtigsten Quellen der Rechtsschule.

DIE SCHWIERIGKEIT DES BERATENS

Die Schwierigkeit des Beratens liegt nicht darin, zu wissen, was ich zu sagen habe; auch nicht darin, mutig und gesprächig zu sein, um mich aussprechen zu können. Die Schwierigkeit des Beratens liegt vielmehr in dem Wissen um das Herz des zu Beratenden, damit ich meine Rede treffend gestalte.

Ist der zu Beratende einer von denen, die hohen Ruhm lieben, und ich spreche nur von grossem Gewinn, so wird er mich als dem niedrigen Volk angehörend ansehen und wie einen Schnöden und Habsüchtigen behandeln und mich stehen lassen. Ist er einer von denen, die grossen Gewinn lieben, und ich spreche nur von hohem Ruhm, so wird er mich für hohl und weltfremd halten und mich nicht weiter anhören. Ist er aber einer von denen, die in Wirklichkeit grossen Gewinn lieben, äusserlich aber so tun, als ob sie hohen Ruhm liebten, und ich spreche nur von hohem Ruhm, so wird er mich zwar äusserlich anhören, innerlich aber ist er mir schon abgewandt; spreche ich ihm von grossem Gewinn, so wird er heimlich meine Rede befolgen, äusserlich wird er mich aber verwerfen. Alles das darf man nicht ausser acht lassen.

Eine Tat wird im geheimen vollbracht und durch Verrat zerstört. Spricht man von dem, was der zu Beratende geheimhalten möchte, so hat man sich schon in Gefahr begeben. Tut der zu Beratende etwas, aber unter einem Vorwand, und der Berater weiss nicht nur, was jener tut, sondern auch, was er will (und lässt dies merken), so ist er in Gefahr. Berät der Redner jemand in einer Angelegenheit und gibt einen richtigen Rat, und andere kluge Leute erraten den und verraten ihn, so wird jener denken, dass der Redner es sei, der es verraten habe, und damit gerät dieser auch in Gefahr. Zeigt man sein ganzes Wissen, bevor man die volle Gunst des zu Beratenden erworben hat, und ist der Rat gut und hat Erfolg, so wird man schnell vergessen; ist der Rat nicht gut und zieht üble Folgen nach sich, so zieht man sich Misstrauen zu und befindet sich in Gefahr. Hat der zu Beratende Fehler gemacht und der Redner kritisiert sie an Moral und Sitten, so begibt er sich in Gefahr. Hat jener fremde Ratschläge bekommen und will sie als seine eigenen Verdienste ausgeben und der Redner weiss davon, so befindet er sich auch in Gefahr. Zwingt er jenem auf, was er nicht leisten kann, verbietet er ihm, was er nicht lassen kann, so begibt er sich auch in Gefahr. Wenn man daher mit dem zu Beratenden über grosse Menschen spricht, so denkt er, man kritisiere ihn und mache sich über ihn lustig; spricht man mit ihm über kleine Menschen, so denkt er, man wolle sie anempfehlen und so seinen Einfluss ausnutzen; spricht man über die, die er liebt, so denkt er, man wolle ihm nur schmeicheln; spricht man über die, die er hasst, so denkt er, man wolle ihn ausforschen. Spricht man gerade und einfach, so wird man für einfältig und dumm gehalten; spricht man gewunden und gelehrt, so wird man für umständlich und langweilig gehalten. Berichtet man die Tatsache kurz und legt seine Gedanken einfach dar, so denkt er, man sei schüchtern und könne sich nicht ausdrücken. Erzählt man die Tatsache ausführlich und führt seine Gedanken erschöpfend aus, so denkt er, man sei aufdringlich, grob, leidenschaftlich und taktlos. Alles das sind Schwierigkeiten beim Beraten, die nicht ignoriert werden dürfen. Die Redekunst besteht darin, dass man gut versteht, das herauszustreichen und zu loben, worauf der zu Beratende stolz ist, und das zu verhüllen und umzudeuten, wessen er sich schämt. Will er etwas für sich tun, so dränge ihn dazu und halte ihm vor, dass das auch der Gemeinnützigkeit entspreche. Ist er von niedriger Gesinnung und kann etwas nicht unterlassen, so schmücke das aus und verschönere es, so als ob man ihn verachten würde, wenn er es nicht täte. Will er etwas Grosses leisten und kann es nicht fertigbringen, so sprich über die schlechten Seiten daran und sage, dass man ihn deshalb lobe, weil er es nicht getan hat. Will er mit seinem Wissen und seinen Fertigkeiten prahlen, so führe ihn zu den Gebieten, in denen er bewandert ist, und zu ähnlichen, damit er ohne Verlegenheit sich aussprechen kann, und tu so, als ob Du nichts davon gewusst hättest, um ihn so sein Wissen zur Geltung bringen zu lassen. Willst Du ihn zu etwas überreden, so schmücke es durch die Aussicht auf schönen Ruhm aus und mache ihn leise darauf aufmerksam, dass die Sache auch zu seinem eigenen Vorteil gereiche. Willst Du ihm von etwas abraten, dann sprich von den misslichen Folgen und davon, dass es ihm auch einen schlechten Ruf zuziehen könne, und lass ihn auch leise merken, dass das auch seine persönlichen Interessen gefährde. Lobe fremde Menschen, die ähnliches getan haben wie er, rede von fremden Taten, die auf ähnlichen Erwägungen beruhen wie den seinen. Haben die fremden Menschen Fehler, dann sage, wie leicht sie seien und ihren Ruhm gar nicht beeinträchtigen; haben die fremden Taten schlechte Folgen gehabt, dann sage, wie geringfügig sie gewesen seien und dass sie den Enderfolg nicht verhindert hätten. Ist er stolz auf seine Kräfte, so mache ihn nicht dadurch unmutig, indem Du von schwierigen Dingen sprichst, die er noch nicht kann. Gefällt er sich in seinen Entschlüssen, so erzürne ihn nicht damit, dass sie manchmal falsch waren. Hält er seine Pläne für klug, so versetze ihn nicht damit in Verlegenheit, dass sie manchmal Niederlagen verursachten. Wenn unsere Meinungen keinem Missfallen ausgesetzt und unsere Worte durch keine Rücksichtnahme gehemmt sind, erst dann können wir unserem Wissen freien Lauf lassen und unsere Rede je nach Belieben formulieren. Die Kunst besteht darin, dem zu Beratenden näherzukommen und sein Vertrauen zu gewinnen, um uns schliesslich frei äussern zu können. I Yin war Leibkoch geworden und Po-li Hsi Gefangener, beide um ihrem König nahezukommen. Das sind doch zwei grosse Weise gewesen; dennoch konnten sie nicht vermeiden, zuerst durch den Schmutz zu gehen, um schliesslich zu ihrem Ziel zu gelangen. Wenn ich wegen meiner Worte Leibkoch oder Gefangener werde, um nachher angehört zu werden und so die Welt wieder zur Höhe zu führen, so ist das nicht etwas, wessen sich ein grosser Mensch schämt. Nachdem genug Zeit verstrichen und wir uns genug der Gunst und des Wohlwollens versichert haben, dann wird keiner unserer Ratschläge uns Misstrauen zuziehen, dann wird kein Streit mit dem Herrscher uns zur Schuld zugerechnet werden können, dann können wir die Vor- und Nachteile einer Angelegenheit genau gegeneinander abwägen, um den Enderfolg herbeizuführen, dann können wir seine guten und schlechten Eigenschaften rücksichtslos kritisieren, um ihn zu einem vollendeten

Menschen zu formen; wenn es soweit ist, dann ist die Vollendung der Redekunst erreicht.
Einst wollte der König Wu von Cheng den Staat Hu angreifen. Er gab daher zuerst dem Fürsten von Hu seine Tochter zur Frau, um ihm zu gefallen. Nachher fragte er seine Beamten: Ich will jetzt Krieg führen, wen kann ich angreifen? Der Grande Kuan Ch'i Ssu antwortete: Den Staat Hu können wir angreifen. König Wu war heftig erzürnt, liess ihn hinrichten und sagte: Der Staat Hu ist doch ein Bruderstaat von uns: wie kannst du sagen, dass ich ihn angreifen soll! Der Fürst von Hu hörte das, hielt Cheng für ihm wohlgesinnt und hütete sich nicht mehr vor ihm. Cheng griff den Staat Hu an und eroberte ihn.
Im Staat Sung lebte ein reicher Mann. Nach einem langen Regen fiel seine Mauer ein. Sein Sohn sagte: Du musst die Mauer reparieren lassen, sonst kommen Einbrecher. Der Vater der Nachbarfamilie sagte dasselbe. Am Abend wurde bei ihm wirklich eingebrochen, und er verlor viel Geld. Er hielt seinen Sohn für sehr klug und den Nachbarsvater für verdächtig.
Was Kuan Ssu und der Nachbar gesagt hatten, war doch richtig. Aber im schlimmeren Fall verliert man das Leben, im leichteren Falle wird man verdächtigt. Also, das Wissen ist nicht schwer, aber schwer ist es, mit seinem Wissen umzugehen...
Einst genoss Mi Tse-hsia grosse Gunst beim Fürsten von Wei. Nach den Gesetzen von Wei werden demjenigen die Beine abgehauen, der eigenmächtig den Wagen des Fürsten fährt. Mi Tse-hsia's Mutter war krank. Man benachrichtigte ihn noch in der Nacht davon. Mi Tse-hsia liess eigenmächtig den Wagen anspannen und fuhr darin heim. Als der Fürst das hörte, lobte er ihn sehr und sagte: Ach, wie ist er pietätvoll! Aus Liebe zu seiner Mutter vergass er, dass ihm das die Beine kosten könnte. An einem anderen Tag ging er mit dem Fürsten im Obstgarten spazieren. Er ass einen Pfirsich, fand ihn süss, ass ihn daher nicht auf und gab dem Fürsten den

Rest zu essen. Der Fürst sagte: Wie liebt er mich! Um mir etwas Gutes zu essen zu geben, vergass er, dass er selbst hineingebissen hatte. Als Mi Tse-hsia alt wurde und nicht mehr schön war, war die Liebe bald dahin, und Mi Tse-hsia verfiel in des Fürsten Ungunst. Der Fürst sagte: Das ist doch der gewesen, der eigenmächtig meinen Wagen fuhr und mir den Pfirsichrest zu essen gab!

Mi Tse-hsia's Verhalten hatte sich doch nicht geändert, aber einmal hatte es ihm Lob und Liebe verschafft, das andere Mal zog es ihm Schuld und Tadel zu. Der Unterschied liegt darin, dass sich die Liebe geändert hatte. Daher, wenn man Liebe vom Herrscher geniesst, ist jede Klugheit am Platz, und man wird immer vertrauter; wenn man beim Herrscher unbeliebt ist, so ist jede Klugheit unangebracht, wird einem nur zur Schuld angerechnet, und man wird noch mehr entfremdet. Daher muss derjenige, der einen Herrscher zu beraten unternimmt, wohl nachsehen, ob er einer von denen ist, die lieben, oder einer von denen, die hassen.

Der Drache ist ein Tier, das wohl zu zähmen ist und auf dem man reiten kann. Aber unterhalb der Kehle hat er eine Stelle, wohl gegen einen halben Meter lang, mit Schuppen, die gegen den Strich laufen. Wenn man sie berührt, so wird man unfehlbar von ihm getötet. Ein Herrscher hat auch solche Schuppen. Wenn der Redner versteht, diese nicht zu berühren, so hat er schon einiges verstanden.

(Hsü Dauling)

Fünfzehn Jahre dauerte die Dynastie der Ch'in. Dann brach zusammen, was mit gewissen Ansätzen zum Rechtsstaat begonnen und mit allen Schrecken des totalen Staates geendet hatte. Letztlich war dies die Folge einer ständig wachsenden Opposition in allen Schichten des chinesischen Volkes, das den genial-gewalttätigen Begründer der Dynastie als seinem Wesen – und, wenn die Quellen nicht trügen, auch dem Aeusseren – nach als fremd empfand. Seine drakonischen Strafmassnahmen, die grosse Bücherverbrennung des Jahres 213, welcher vor allem das Buch der Lieder und das Buch der Urkunden zum Opfer fielen, die Hinrichtung einiger hundert Gelehrter, die Terrorisierung der Bevölkerung, vom einfachsten Bauern bis zum höchsten Würdenträger durch die staatliche Bürokratie, kurz: die Missachtung des menschlichen Gefühls, sie bewirkten, dass unter den schwächlichen Nachfolgern des Ersten Kaisers der Sturm losbrach. Li Ssu, der Reichskanzler, war zuvor der Intrige eines machtbesessenen Eunuchen erlegen. Ch'in Shih-huang-ti selbst ward zum 'Verbrecher der Zehntausend Generationen' erklärt, – wenn sich die Kaiser der nachfolgenden Han-Dynastie auch hüteten, die Errungenschaften seines Verwaltungssystems anzutasten oder den Feudalismus wiederzubeleben. Aber sie untermauerten die absolute Monarchie mit dem Ethos der konfuzianischen Traditionslehre. Unter dem Kaiser Han Wu-ti (reg. 140-86 v. Chr.) wurde der Konfuzianismus zur alleingültigen Staatsphilosophie erklärt und jegliche andere Schule verboten. Mochte auch mancher Kaiser – wie mutatis mutandis im christlichen Abendland – "äusserlich ein Konfuzianer, innerlich aber ein Legalist" sein, so hat der Konfuzianismus doch bis zum Jahr 1911 das Gefüge des Weltreiches zusammengehalten und sein offizielles Gesicht geprägt.

Zwei Werke, die nicht dem Kanon der 'Fünf Bücher' und 'Vier Schriften' angehören, mögen den konfuzia-

nischen Geist verdeutlichen, wie er unter den Ch'in bekämpft und unter den Han wiedererstanden war. Die spärlichen Fragmente, die sich um den Meister Fu (oder Fu Pu-ch'i), einen persönlichen Schüler des Konfuzius, ranken, können nach Haloun für den Ausgang des 4. Jh.v.Chr. als gesichert gelten.

AUS DEN FRAGMENTEN DES FU-TSE

Vom Gewinn des Dienstes

Es gab da einen Neffen des Meisters K'ung (= Konfuzius), K'ung Mieh, der mit Tse Chien (= Fu-tse) zusammen im Amt war. Meister K'ung kam vorbei bei K'ung Mieh und fragte ihn: „Seitdem du dienst, was hast du gewonnen, was hast du verloren?" K'ung Mieh antwortete: „Seitdem ich in den Dienst trat, gab's noch nichts, was ich gewonnen, und dreierlei, was ich verlor. Es heisst ja:

> Der königliche Dienst ist gleichsam eine Abfolge,
> wie erlangte man denn, das Gelernte zu üben,

also wird mir das theoretisch Gelernte nicht klar: das ist das erste, was ich verlor. Das Gehalt ist gering, die Nahrung reicht nicht auch für die Verwandten, also werden wohl die Verwandten zunehmend fremder: das ist das zweite, was ich verlor. Im öffentlichen Dienst gibt es oft Dringendes, man findet nicht Gelegenheit, bei Todesfällen Beileid auszusprechen, und bei Erkrankungen nachzusehen, also werden wohl die Freunde zunehmend fremder: das ist das dritte, was ich verlor." Meister K'ung war nicht erfreut, kam vorbei bei Tse Chien und sagte: „Seitdem Sie dienen, was haben Sie gewonnen, was haben Sie verloren?" Tse Chien antwortete: „Seitdem ich in den Dienst trat, gab's noch nichts, was ich verloren, und dreierlei, was ich gewann. Zuerst rezitierte ich's nur in Schriften, jetzt übe ich es im Handeln, so wird das Gelernte täglich zunehmend klarer: das ist das erste, was ich gewann. Obzwar das

Gehalt gering ist, reicht die Nahrung auch für die Verwandten, so werden die Verwandten zunehmend vertrauter: das ist das zweite, was ich gewann. Obzwar der öffentliche Dienst dringend ist, so mühe ich mich nächtlings, bei Todesfällen Beileid auszusprechen und bei Erkrankungen nachzusehen, also werden die Freunde zunehmend vertrauter: das ist das dritte, was ich gewann."

Meister K'ung sagte über Tse Chien: „Ein Edler wahrlich! ist dieser Mann. Ein Edler, wahrlich! ist dieser Mann. Gäbe es in Lu nicht Edle, wie denn hätte dieser solche Tugend erworben!"

Das Recht ist unabdingbar

Als Tse Chien Amtmann in Shan-fu war, machten die Leute von Ch'i einen Einfall in Lu, ihr Weg ging durch Shan-fu. Die Stadtältesten baten: „Der Weizen ist bereits reif geworden. Nun, durch die Räuber von Ch'i bedrängt, kommt das Volk nicht mehr zur Ernte. Wir bitten, das Volk aus den Toren zu lassen, damit jedermann ohne Rücksicht auf die Eigentumsverhältnisse für sich selbst den Weizen an den Aussenwällen aberntet und heimführt. Man könnte so den Lebensmittelvorrat vermehren, und überdies fällt das Getreide nicht in den Besitz der Räuber." Sie baten dreimal, doch Tse Chien hörte nicht auf sie. Sogleich kamen auch die Räuber von Ch'i über den Weizen.

Da Chi-sun, der Minister des Fürsten von Lu, davon hörte, erzürnte er und sandte einen Mann, es Tse Chien zu verweisen: „Das Volk pflügte in der Kälte, jätete in der Hitze und hat nun doch keine Nahrung gewonnen. Ist das nicht bedauerlich? Hätten Sie es nicht gewusst, ginge es noch an! Dass man es Ihnen aber dreimal unterbreitete und Sie nicht hörten, ist kein Verfahren, mit dem man das Volk regiert!" Tse Chien sprach betroffen: „Gibts in diesem Jahr keinen Weizen, kann er im nächsten gepflanzt werden. Veranlasst man aber, dass der, der nicht gepflügt hat, ernten darf, so freut sich also das Volk am Dasein von Räubern. Ueberdies, eines Jahres Weizen von Shan-fu macht Lu nicht stärker, ihn zu verlieren, es nicht schwächer. Veranlasst man jedoch, dass das Volk den Gedanken einer eigenmächtigen Besitznahme im Herzen hat, so wird das Geschwür daraus sicher viele Generationen nicht zur Ruhe kommen."

Chi-sun hörte es und sprach beschämt: „Könnte ich mich doch in einer Höhle bergen! Ertrüge ich's etwa, Herrn Fu zu sehen?"

Grundsätze des Regierens

Da Tse Chien Amtmann in Shan-fu wurde, nahm er Abschied beim Meister Konfuzius. Der Meister sprach: „Willige unbedacht nicht ein, weise unbedacht nicht ab. Hast du eingewilligt, verlorst du die Selbstbestimmung, hast du abgewiesen, warst du engherzig. Sei gleich einem hohen Berg, einem tiefen Gewässer; sieht man zu jenem auf, so kann er nicht ergipfelt, setzt man über dieses, so kann es nicht erlotet werden!" Tse Chien sprach: „Wohl! Wagte ich, den Befehl nicht anzunehmen?"

Zweierlei Fische

Da Tse Chien Amtmann in Shan-fu wurde, kam er vorbei bei Yang Hua und sagte: „Sie haben doch wohl gewiss ein Geleitwort für mich?" Yang Hua sprach: „Als ich jung war, war ich in geringen Verhältnissen. Ich weiss nicht die Kunst, das Volk zu regieren. Es gibt aber zwei Verfahren des Angelns; ich bitte, Sie mit ihnen geleiten zu dürfen." Tse Chien sprach: „Welches sind die Verfahren?" Yang Hua sagte: „Hat man Schnur und Köder ausgeworfen: die, die gleich entgegenschwimmen und ihn schlucken, sind die Weissfische: es ist das ein dürftiger und nicht schöner Fisch. Die, die bald da sind, bald nicht, die den Köder bald fressen, bald nicht fressen, sind die Brachsen: es ist das ein ansehnlicher und wohlschmeckender Fisch." Tse Chien sprach: „Wohl." Er war darauf noch nicht in Shan-fu angekommen, da bildeten schon die Würdenträger, die ihm entgegen kamen, am Weg Spalier. Tse Chien sprach: „Fahr zu! Fahr zu! Die, die Yang Hua Weissfische nannte, sind wohl gekommen!" In Shan-fu darauf angelangt, bat er die Ortsältesten, Angesehenen und Weisen zu sich und regierte Shan-fu mit ihnen gemeinsam.

Vertrauen auf Menschen

Da Tse Chien Shan-fu verwaltete, schlug er die klingende Zither, stieg selbst nicht von seiner Amtshalle herab, und Shan-fu war wohlgeordnet. Wu-ma Ch'i hatte vor ihm Shan-fu verwaltet: Die Sterne zu Häupten, war er aus dem Haus gegangen, die Sterne zu Häupten, heimgekommen; er hatte Tag und Nacht nicht gerastet, in eigener Person die Geschäfte erledigt, und Shan-fu war freilich auch wohlgeordnet gewesen. Wu-ma Ch'i fragte Tse Chien nach dem Grunde. Tse Chien sprach: „Meine Verwaltung hat den Leitsatz: Vertrauen auf Menschen, Ihre Verwaltung: Vertrauen auf Kraft. Der auf Kraft vertraut, hat gewiss Mühe, der auf Menschen vertraut, hat gewiss Musse."

(Haloun)

HAN YING

Jünger als die Fragmente des Fu-tse ist die umfangreiche Anthologie Han-shih-wai-chuan, der 'exoterische Kommentar zum Buch der Lieder' (Vergl. S. 19 ff). Han Ying, sein vermutlicher Verfasser, lebte unter Kaiser Wen-ti (reg. 179–156) der Han-Dynastie. James R. Hightower sieht in diesen Anekdoten, die in mehr oder weniger engem Zusammenhang mit einem Zitat aus dem Buch der Lieder stehen, Beispiele für die praktische Anwendung der Lieder im staatlichen Leben, nachdem sie die Bücherverbrennung des Jahres 213 im Herzen des Volkes und der Gelehrten unbeschadet überstanden hatten.

AUS DEM HAN-SHIH-WAI-CHUAN

Wo der Edle ausruht

Konfuzius war müssig, als Tse-kung vor ihn trat, das Kleid mit beiden Händen gerafft, und sagte:
„Seit Jahren hat Euer Jünger dem Meister gedient, bis seine Fähigkeiten erschöpft wurden und seine Fassungskraft am Ende ist. Mag ihn das Lernen noch so erregen: es ist ihm unmöglich, weiter fortzuschreiten, und er möchte sich gern ausruhn."
Konfuzius sagte: „Wo möchtest du dich ausruhn, mein Guter?"
„Ich möchte mich im Dienst meines Fürsten ausruhn."
Konfuzius sagte: „In den *Liedern* heisst es

Bei Tag und Nacht auch unverdrossen
Im Dienste von dem Einen Mann.

Ein solcher Dienst ist nicht leicht. Wie wolltest du davon ausruhn?"
„Ich würde im Dienst meines Vaters ausruhn."
Konfuzius sagte: „In den *Liedern* heisst es

Von frommen Söhnen sonder End'
Wird Segen stets dir zugewendt.

Ein solcher Dienst ist nicht leicht. Wie wolltest du davon ausruhn?"
„Ich würde im Dienst meiner Brüder ausruhn."
Konfuzius sagte: „In den *Liedern* heisst es

> Sind Weib und Kinder hold verbunden,
> Das ist wie Harf' und Lautenklang;
> Und werden Brüder eins erfunden,
> Gibt's Freud' und Eintracht lebenslang.

Ein solcher Dienst ist nicht leicht. Wie wolltest du davon ausruhn?"
„Ich würde bei der Feldarbeit ausruhn."
Konfuzius sagte: „In den *Liedern* heisst es

> Indes es Tag ist, schneidet Binsengras,
> Und wird es Nacht, so flechtet Seile draus.
> Behende steiget zu den Böden auf,
> Hebt an und worfelt das Getreide.

Ein solcher Dienst ist nicht leicht. Wie wolltest du davon ausruhn?"
Tse-kung sagte: „So gibt es überhaupt kein Ausruhn für den Edlen?"
Konfuzius sagte: „ 'Wenn ihn der Sarg umgibt, – beschliesst er seine Tätigkeit. – Erst dann weiss er nichts mehr – vom Wechsel seiner Zeit' –: Dies ist ein Zeugnis dafür, wo der Edle ausruht. In der Tat lernt er ohne Unterlass, bis er, von seinem Sarg umschlossen, endlich aufhört."

In den *Liedern* heisst es:

> Doch täglich strebend, mehr und mehr,
> Lern ich von Dem, Des Licht ist ewig offenbar.

Das bezieht sich auf einen, der lernt.

Gute Regentschaft

Folgende Geschichte ist überliefert: Im Lande Sung war eine Ueberschwemmung. Ein Mann aus Lu bezeigte dem Fürsten von Sung sein Beileid und sagte: „Der Himmel hat Regen im Uebermass herabgesandt, die Hirse vernichtend, die für die Opfer bestimmt war, und überschwemmend Euer Land, zum Kummer derer, die mit der Regierung betraut sind. Ich bin gehorsamst hergeschickt, Euch Beileid zu bezeigen."

Der Fürst von Sung liess ihm antworten: „Ich habe keine Menschlichkeit geübt; Fasten und Verbote sind nicht geregelt worden; und bei der Verwendung des Volkes wurde nicht die rechte Zeit gewählt: Daher hat uns der Himmel mit Unbill heimgesucht. Indem ich darüber hinaus deine Anteilnahme hervorgerufen habe, bitte ich, du wollest die Leutseligkeit deiner Botschaft eingestehen." –

Konfuzius hörte davon und sagte: „Sung ist beinahe 'fertig'."

Ein Jünger sagte: „Wie meint Ihr das?"

Konfuzius sagte: „Im Altertum gestanden die Tyrannen Chieh und Chou ihre Fehler nicht ein, und ihre Vernichtung folgte denn auf dem Fusse. Der Kaiser T'ang und König Wen besassen Wissen genug, ihre Fehler einzusehen; und ihr Aufstieg folgte denn auf dem Fusse. Sich bessern, nachdem man ein Unrecht begangen hat, bedeutet, nicht im Unrecht sein."

Nachdem der Fürst von Sung von dieser Bemerkung gehört hatte, da erhob er sich in der Frühe und zog sich erst spät zurück; für die Toten hielt er Trauer, zog höflich Erkundigungen ein über die, so krank waren, und bemühte sich im Lande auf das äusserste. Nach drei Jahren war die Ernte reichlich und die Regierung in Frieden. Hätte vorher der Fürst von Sung nicht von des Konfuzius Worten gehört, so wären die Ernten des Getreides nicht reichlich und wäre der Staat nicht in Frieden gewesen.

In den *Liedern* heisst es:

> Er hilft zu tragen mir die Last,
> Zeigt mir den Weg zur Tugend klar.

Fürstendienst

König Hsüan von Ch'i sprach zu T'ien Kuo: „Ich habe gehört, dass die Konfuzianer drei Jahre lang um ihre Eltern trauern und drei Jahre lang um ihren Fürsten. Nun, wer ist wichtiger: der Vater oder der Fürst?"
T'ien Kuo erwiderte: „Ohne eines Fürsten Land gibt es keinen Platz, unsere Eltern anzusiedeln; ohne eines Fürsten Sold gibt es kein Mittel, unsere Eltern zu unterhalten; ohne Rang, von einem Fürsten verliehn, gibt es keine Möglichkeit, unsere Eltern geehrt und berühmt zu machen. Was man vom Fürsten empfängt, das gibt man an die Eltern weiter. Daher ist der Dienst unter einem Fürsten immer zugleich ein Dienst an den Eltern."
König Hsüan war betroffen und wusste nichts zu erwidern.

In den *Liedern* heisst es:

> Doch Königsdienst will kein Versäumen;
> Ich darf den Vater nicht ernähren.

Das Warngefäss

Konfuzius besuchte den Ahnentempel von Chou. Da war ein Gefäss, das schräg in der Neige stand. Konfuzius fragte den Tempelhüter: „Was ist das für ein Gefäss?" Und der Tempelhüter antwortete: „Nun, ich glaube, das ist ein ‚Warngefäss'."
Konfuzius sagte: „Ich habe gehört, ein Warngefäss fällt, wenn es voll ist, um; wenn es leer ist, hält es sich schräg in der Neige; und wenn halbvoll, dann steht es aufrecht. Ist das wahr?"
„So ist's."
Konfuzius hiess den Tse-lu Wasser bringen, um es zu versuchen: Gefüllt, fiel es um; halbvoll, stand es aufrecht; geleert, hielt es sich schräg in der Neige.
Da seufzte Konfuzius und sagte: „Ach, wird es je sein, dass ein Erfüllter nicht fällt?"

Tse-lu sagte: „Darf ich fragen, ob es ein Verfahren gibt, die Fülle zu regeln?"
Konfuzius sagte: „Das Verfahren, die Fülle zu regeln, besteht darin, dass man sie zurückhält oder vermindert."
Tse-lu sagte: „Gibt es ein Verfahren, sie zu mindern?"
Konfuzius sagte: „Lass die, deren tugendhafter Wandel umfassend ist, ihn durch Ehrfurcht bewahren. Lass die, deren Land ausgedehnt ist, es durch Sparsamkeit bewahren. Lass die, deren Einkünfte reich und deren Rang hoch ist, diese durch Demut bewahren. Lass die, deren Volk zahlreich und deren Waffen stark sind, sie durch Angst bewahren. Lass die, welche mit Klugheit und Wissen begabt sind, sie durch 'Torheit' bewahren. Lass die, welche mit grosser Gelehrsamkeit und einem tiefgründigen Gedächtnis begabt sind, sie durch 'Oberflächlichkeit' bewahren. Das ist, was ich mit 'Zurückhalten und Vermindern' meinte."

In den *Liedern* heisst es:

> Und T'ang ward nicht zu spät beschert.
> Mit Zucht und Weisheit stets genährt.

(Hightower/D.)

HUAI-NAN-TSE

Ein Enkel des Gründers der Han-Dynastie führte – nach einem Gebiet im heutigen Anhui – den Titel 'Fürst von Huai-nan'. So ging dieser philosophisch und literarisch hochbefähigte Prinz, der eigentlich Liu An hiess, als 'Meister von Huai-nan' in die chinesische Geistesgeschichte ein. Er hatte eine gelehrte Klientel um sich geschart, deren Schriften zusammen mit seinem eigenen Werk den sogen. Huai-nan-tse bilden. Diese enzyklopädische Sammlung ist besonders durch ihre erste systematische Kosmologie wie die Verarbeitung ältester Mythen bedeutsam. Sie vertritt einen modifizierten Taoismus.

Nicht von ungefähr fiel die taoistische Mystik gerade bei der Aristokratie jener Zeit auf empfänglichen Boden; kam doch die 'Pflege des Selbst' einem Adel, der sich nach dem Sieg der absoluten Monarchie politisch zurückgesetzt sah, nur entgegen; und entsprach die taoistische Staatsfeindlichkeit nur allzu gut dem Ressentiment des Adels gegenüber dem Kaiser und seiner konfuzianisch-gelehrten Beamtenschaft. Dies ist die 'Zeitwelt', die der Weise von Huai-nan anklagt. Dass er sie jenen dunklen Epochen der chinesischen Geschichte vergleicht, da verkommene Herrscher den eigenen Sturz heraufbeschworen, enthüllt seine Hoffnung auf einen Wechsel der Regierung; und seine Schlussfolgerung, dass die 'Ausformung des Tao', d.h. das Erreichen des mystischen Endzieles, nicht von der Einzelperson allein abhängt, sondern zugleich von der Welt, in der sie lebt – und das ist für den Chinesen der Staat – deutet vielleicht darauf hin, warum der Philosophen-Fürst im Jahre 122 v.Chr. sich gegen Wu-ti verschwört, eben jenen Kaiser, der den Konfuzianismus zur orthodoxen Lehre erklärt und den Zugang zu den höchsten Aemtern des Staates durch den Erlass von Preisaufgaben jedem Gebildeten geöffnet hatte. Das Komplott scheiterte, und Liu An gab sich selbst den Tod.

VOM WEISEN IN SEINER ZEIT

Der Weise kehrt heim zum Anfang der zehntausend Dinge, schaut in das Dunkel und horcht auf das Tonlose; inmitten des Dunkels sieht er einsam das Aufleuchten, inmitten der ruhenden Stille erfährt er allein die Erleuchtung.
Gebraucht er etwas, so gebraucht er durch Nicht-Gebrauchen; nur wenn er nicht gebraucht, vermag er überhaupt erst zu gebrauchen. Sein Wissen ist Nicht-Wissen; nur wenn er nicht weiss, erst dann kann er wissen.
Wäre der Himmel nicht ruhend, so hätten Sonne und Mond nichts, was sie trüge; wäre die Erde nicht fest, so hätten Gräser und Bäume keinen Ort, sich einzupflanzen; ist das, was in der Mitte des Menschen steht, nicht in Ruhe, so haben Richtig und Falsch keinen Ort, sich zu formen.
Wahres Wissen gibt es erst, wenn ein wahrer Mensch da ist. Leuchtet, was dieser ergriffen hat, nicht ein, wie sollte ich dann wissen, ob das, was ich Wissen nenne, nicht vielmehr Nicht-Wissen ist?
Unsere Zeitwelt zerstört Wesen und Bestimmung des Menschen. Das ist in stufenweisem Verfall so geworden, und der Ausgangspunkt dafür liegt weit zurück.
Also wünscht nun der Weise durch Bildung, sein Wesen zum Anfang zurückzuwenden und sein Herz im Leeren wandern zu lassen, und bildet sich der beim Tao Angelangte, weil er dadurch sein Wesen mit dem Fernsten und Weitesten in Verbindung zu bringen und in ruhendem Schweigen zu erwachen begehrt.
Wo es aber um das Studieren der gewöhnlichen Zeitwelt geht, da ist das anders:
Da reisst man die Lebenskraft (Tê) heraus, unterdrückt das Wesen, kränkt innen die fünf Speicher (Organe), plagt aussen Ohr und Auge und beginnt nun, die feinsten Härchen der Dinge herzuholen und herumzudrehen, Güte und Gerechtigkeit, Riten und Musik bis zur Auf-

lösung zu schütteln und zu arrangieren, sich gegenüber der ganzen Welt gewalttätig zu verhalten und sein Wissen auf alles übergreifen zu lassen, um sich auf diese Weise Namen und Berühmtheit bei der Zeitwelt zu verschaffen. Ich schäme mich dessen und täte es nicht.

So ist es besser, eine Freude zu haben, als die Welt zu haben, und noch besser ist es, sich aufzuschwingen zum Ende-Anfang der Dinge und das Gelenk von Dasein und Nicht-Dasein zu erreichen.

Denn, gibt man sich mit der Zeitwelt ab und lobt sie, so schenkt man ihr keine Anregung; gibt man sich mit ihr ab und tadelt sie, so gibt man ihr keine Hemmung. Die Weltordner der alten Zeit waren unbedingt durchgestossen zur Eigenart von Wesen und Bestimmung. Sie waren nicht gleich in dem, was sie hochhielten oder verwarfen, aber eins waren sie darin, dass sie sich mit Tao vereinten.

Die Natur des Menschen ist das, wodurch er mit den Dingen in Berührung kommt.

Wenn nun Wespe oder Skorpion in den Finger stechen, vermag der Geist nicht, ruhig zu sein; wenn Bremse oder Moskito in die Haut beissen, vermag das Wissen nicht, im Gleichgewicht zu bleiben.

Leid und Sorge, die das Menschenherz ängstigen wollen, sind zwar nicht gerade Giftbisse von Wespe und Skorpion, sind nicht das Brennen von Bremse und Moskito, – wenn man aber wünscht, dabei ruhig-still, leer und nicht-daseiend zu werden: kann man das erreichen?

Wer einen Baum setzt, begiesst ihn mit reichlich Wasser, umgibt ihn mit fetter Erde; wenn aber *ein* Mensch ihn pflegt und zehn ihn herausreissen wollen, dann bleibt gewiss von seinem Stamm nichts übrig, und wieviel weniger noch, wenn ihn das ganze Land zusammen angreift! Selbst wenn er lange leben wollte, – wie sollte er das erlangen?

Wenn im Hof ein Wasserbecken ist und man es den ganzen Tag über klärt, so vermag man doch nicht,

Augenbrauen und Wimpern darin zu spiegeln; trübt man es aber nur mit einer Handbewegung, so kann man das Eckige vom Runden nicht mehr unterscheiden. Der menschliche Geist ist darin, dass er leicht zu trüben, aber schwer zu klären ist, gleich dem Wasser im Becken. Wenn erst die ganze Zeitwelt ihn in Verwirrung bringt, wie kann er auch nur einen Augenblick das Gleichgewicht erlangen?

In der alten Zeit höchster Lebenskraft begnügte sich der Händler mit dem, was er ausbreitete, freute sich der Landmann seines Berufes, war der Grosswürdenträger zufrieden bei seinem Auftrag und pflegte der freie Adlige sein Tao.

In jener Zeitwelt richteten Wind und Regen keine Verheerungen an, wurden Gräser und Bäume nicht abgeschlagen, waren die Dreifüsse schwer und von Geschmack, glänzten Perlen und Jade, gab der Fluss Lo die rote Schrift und gab der Fluss Ho den grünen Plan aus seinen Fluten heraus. Und also hatten die Meister Hsü Yu, Fang Hui, Shan Chüan und Po I die Möglichkeit, ihr Tao zu erreichen.

Warum? Die Herrscher jener Zeitwelt wünschten in ihrem Herzen, der Welt zu nützen, und dadurch erlangten die Menschen damals ihre Freude.

Es ist nicht so, dass die Begabung dieser vier Meister das Gute für die jetzige Zeitwelt erschöpfen könnte. Dass sich dennoch niemand an Glanz mit ihnen messen kann, kommt daher, dass sie auf die Zeit der Kaiser Yao und Shun trafen.

Doch als die Zeit des Chieh der Hsia-Dynastie und des Chou der Ying-Dynastie kam, da behandelte man die Mahner als Verbrecher, spaltete das Herz der Tüchtigen und hackte den Begabten die Beine ab.

Zu jener Zeit stürzte der Yao-Berg ein, trockneten die drei Ströme aus, brachen die Vögel sich beim Fliegen die Schwingen, zerquetschten die Tiere sich beim Laufen die Füsse. Sollte es in jener Zeitwelt keine Weisen gegeben haben? Doch, – indes, sie vermochten nicht, ihr Tao zum Durchbruch zu bringen, weil sie nicht auf eine angemessene Zeitwelt trafen.

Wenn nun das Unheil selbst die Vögel erreicht, die achttausend Fuss hoch fliegen; wenn es die Tiere erreicht, die durch das tiefste Dickicht laufen, – um wieviel eher erreicht es das einfache Volk, das Tür an Tür lebt! Betrachtet man die Sache von hier aus, so liegt die Ausformung des Tao nicht ausschliesslich bei mir, sondern ist auch abhängig von der Zeitwelt.

Lässt man auf dem Wu-Berg in Windrichtung ein Feuer los, so sterben die hohen Bäume, die fetten Pilze zusammen mit dem geringen Beifuss. Ist die Zeitwelt geordnet, so können die Dummen allein sie nicht verwirren; ist sie in Verwirrung, so können die Wissenden allein sie nicht ordnen.

Tritt man nun persönlich in eine trübe Zeitwelt und beklagt sich darüber, dass Tao nicht ausgeübt wird, so ist das ebenso, als bände man einem Renner die Beine paarweise zusammen und verlangte von ihm tausend Meilen.

Setzt man einen Affen in einen Kasten, so wird er einem Schwein gleich; nicht, dass er nicht geschickt und beweglich wäre, nein, sondern er hat keine Möglichkeit, seine Fähigkeiten auszubreiten.

Als Shun noch in T'ao ackerte, vermochte er nicht, seinem Dorf zu nützen. Als er aber, nach Süden gewandt, König war, breitete sich seine Lebenskraft bis über die vier Meere aus. Seine Menschlichkeit konnte nicht zunehmen, aber dieser Platz war ihm zugemessen und die Umstände waren günstig.

Dass die Weisen der alten Zeit harmonisch und heiter, friedlich und still waren, das lag in ihrem Wesen; dass aber ihr Wille die Möglichkeit erhielt, Tao zur Auswirkung zu bringen, das lag in ihrer Bestimmung.

Also kann das Wesen erst dann sich auswirken, wenn es die Bestimmung erlangt, und kann die Bestimmung erst dann aufleuchten, wenn sie das Wesen erlangt.

Der Krähenschrei-Bogen, die Armbrust des Prinzen Chi

können nicht ohne Saite schiessen; die Barken von Yüeh, die Flösse von Shu können nicht ohne Wasser schwimmen. Wenn jetzt droben mit Pfeilen geschossen wird und drunten Netze gespannt werden, wie sollte man, selbst wenn man es wünschte, unter solchen Umständen die Möglichkeit haben, zu fliegen und zu gleiten?

(E. S. Kraft)

HAN-TAN CH'UN

Nur in Bruchstücken ist uns der 'Hain des Lachens', diese älteste Sammlung chinesischen Volkshumors, erhalten. Sie dürfte um die Wende des 2. zum 3. Jh. nach Chr. entstanden sein. Die Kompilation wird dem Schriftsteller und Kalligraphen Han-tan Ch'un zugeschrieben, der einen Teil seines Lebens als Palastsekretär am Musenhof des Ts'ao Ts'ao, Kaisers Wu von Wei, und dessen Söhnen zubrachte. Der 'Hain des Lachens' wurde zum Vorbild einer umfangreichen Literatur, und sein Name dient noch modernen Werken ähnlicher Art als Titel.
Die überkommenen 26 Schnurren zeigen eine Freude an der einfachen, zum Teil derben Pointe und stehen so im Gegensatz zum höfisch-versteckten Witz. Beschränktheit und Geiz der Zeitgenossen bilden die Zielscheibe. Wie sehr dieser anspruchslose Humor Allgemeingut der ganzen Welt ist, beweisen einige der folgenden Beispiele, denen wir, in nur wenig abgewandelter Form, auch in europäischen Literaturen begegnen.

AUS DEM HAIN DES LACHENS (HSIAO-LIN)

Der 'Musikkenner'

Ein gewisser A war Provinzialverwaltungsassistent. Als Mensch war er völlig ohne Bildung. Jedesmal nun, wenn er in eine Gesellschaft kam, gab es musikalische Vorträge. Er hatte schon oft an solchen Gesellschaften teilgenommen und schämte sich seiner Unkenntnis in musikalischen Dingen. Wenn deshalb die Sängerinnen ein Lied vorgetragen hatten, achtete er genau auf die anderen und ahmte deren Beifall nach. Seine Freunde forderten ihn nun auf, selber einmal eine Gesellschaft mit Musik und Singmädchen zu veranstalten. Die Gäste hatten sich noch nicht versammelt, da liess er die Sängerinnen zu sich kommen und fragte sie nach ihrem Programm. Jeden einzelnen Titel schrieb er genau auf.

Den Zettel legte er unter den Handtuchkasten. Dort befand sich aber auch ein alter Arzneizettel. Als sich die Gäste versammelt hatten, fragten sie ihn, welche Musikstücke er ausgewählt habe. Er holte also seine Aufzeichnungen hervor. Dabei griff er irrtümlich den Arzneizettel, hielt ihn jedoch für das Musikprogramm. Auf dem Zettel stand: Gelber Eisenhut 3 gr, Jelängerjelieber 4 gr usw. So sagte er: „Man wird zur Unterhaltung der Gäste den ‚Gelben Eisenhut' und ‚Je länger, je lieber' geben." Die Versammlung bog sich vor Lachen.

Der Mann aus Ch'u

Ein Mann aus Ch'u, der in armseligen Verhältnissen lebte, befasste sich mit dem Studium der Künste des Huai-nan-tse. Da las er: „Erlangt man ein Blatt, mit dem sich eine Gottesanbeterin beim Belauern einer Grille getarnt hat, so kann man sich damit unsichtbar machen." Als er nun einmal unter einem Baum sass und hinaufschaute, sah er, wie eine Gottesanbeterin ein Blatt pflückte, es vor sich hinhielt, dahinter eine Grille belauerte und diese schliesslich packte. Dabei liess sie das Blatt natürlich herunterfallen. Unter dem Baum aber war schon von früher eine grosse Menge herabgefallener Blätter, so dass er dieses Blatt nicht herausfinden konnte. Er fegte sie also sämtlich zusammen und nahm sie – mehrere Scheffel – mit nach Hause. Dort hielt er nacheinander jedes einzelne Blatt vor sich hin und fragte seine Frau „Siehst du mich?" Anfangs antwortete die Frau beharrlich „Ich sehe dich." Wie das aber den ganzen Tag so weiterging, ward sie der Sache überdrüssig und antwortete schliesslich aus Langeweile und Aerger einmal: „Ich sehe dich nicht." Sofort stellte der Mann sein Gefrage ein und war hocherfreut. Er ging mit dem Blatt auf den Markt und vor den Augen der Leute nahm er deren Waren fort. Die Polizei verhaftete ihn und führte ihn zum Kreisyamen. Der Kreisrichter hörte sich an, was er zu seiner Entschuldigung zu sagen habe, und er erzählte alles von Anfang bis Ende. Der Richter aber lachte laut und liess ihn frei, ohne ihn zu bestrafen.

Ein gewisser A

Ein gewisser A wollte seinem Bezirksvorstand einen Besuch abstatten und fragte unter dessen Beamten: „Wofür hat denn der Herr Vorstand eine Vorliebe?" Einer sagte ihm: „Er liebt besonders den Kung-yang-Kommentar." Darauf begab sich A zur Audienz. Der Bezirksvorstand fragte ihn: „Was für Bücher haben Sie denn studiert?" Er antwortete: „Ich habe mich ausschliesslich mit dem Kung-yang-Kommentar beschäftigt." Der Vorstand wollte ihn prüfen und fragte: „Wer hat doch gleich den T'o von Ch'en getötet?" Stotternd protestierte A: „In meinem ganzen Leben nicht – ich habe den T'o von Ch'en nicht getötet." Der Bezirksvorstand merkte sofort die grenzenlose Unkenntnis seines Besuchers, und um ihn zu necken, fragte er nochmals: „Sie haben also den T'o von Ch'en nicht getötet. Aber bitte, wer war es denn nun, der ihn getötet hat?" A erschrak daraufhin so sehr, dass er, ohne seine Schuhe wieder anzuziehen, hinauslief. Die anderen fragten ihn deshalb, was ihm geschehen sei. Ganz aufgeregt gab er zur Antwort: „Ich habe dem hochweisen Bezirksvorstand einen Besuch abgestattet und dabei hat er mich sofort in einer Mordsache verhört." Danach wagte er tatsächlich nicht mehr, sich sehen zu lassen. Erst auf Grund einer allgemeinen Amnestie kam er wieder zum Vorschein.

Die Nase

A und B hatten einen Streit. A biss B dabei die Nase ab, und der Richter wollte ihn verurteilen. A redete sich damit heraus, dass B sich selber die Nase abgebissen habe. Der Richter aber sagte: „Beim Menschen ist die Nase oben, aber der Mund ist unten. Wie wäre es möglich, dass einer zum Beissen hinaufreichen könnte!" A sagte: „Er ist auf seine Bettstatt gestiegen, da ging es."

Der Beileidsbesuch

Da waren einmal einige ungebildete Kerle, die an einer Trauerversammlung teilnehmen mussten. Keiner von ihnen kannte die dabei üblichen Sitten. Einer unter ihnen aber glaubte, einige Erfahrung in diesen Dingen zu haben und sagte derhalb zu seinen Gefährten: „Richtet euch nur genau nach mir und macht alles so wie ich." Als sie in die Trauerversammlung kamen, warf sich der mit der Erfahrung an der Spitze seiner Genossen auf eine Matte nieder. So taten die andern. Dabei aber stiess ein jeder mit seinem Kopf in den Rücken des Vordermannes. Auch der an der Spitze erhielt einen Stoss. Er trat daraufhin mit dem Fuss nach hinten aus und schimpfte: „Dummer Kerl!" Die andern glaubten, dass dieses zu den Bräuchen gehöre, und jeder trat den andern mit dem Fuss und sagte dazu: „Dummer Kerl!" Ganz hinten kam gerade der von dem Trauerfall betroffene Sohn heran. Auch der erhielt einen Tritt und dazu die Bemerkung: „Dummer Kerl!"

Die Stange

Ein Mann aus Lu wollte mit einer langen Stange ins Stadttor hinein. Erst hielt er sie senkrecht; das ging nicht. Dann hielt er sie waagerecht; und das ging auch nicht. Da wusste er sich keinen Rat. Ein alter Herr kam herzu, der sagte: „Wenn ich auch kein allwissender Heiliger bin, so habe ich doch einiges gesehen. Warum sägst du sie nicht in der Mitte entzwei und bringst sie so hinein?" Daraufhin schnitt der Mann die Stange entzwei.

Seltsame Kost

Ein Chinese ging einmal nach Wu. Die Leute in Wu setzten ihm Bambussprossen vor. Er fragte, was das sei, und man sagte ihm: „Es ist Bambus." Wie er nun wieder zu Hause war, kochte er seine Schlafmatte aus Bambusfasern, aber sie wurde nicht gar. Da sagte er zu seiner Frau: „Verdammt seien die Leute von Wu, dass sie mich so betrogen haben!"

(Eichhorn)

HSI K'ANG

Seit dem 2. Jahrhundert n.Chr., mit dem Niedergang des Han-Reiches, auf das eine Anzahl schwacher und kurzlebiger Dynastien folgte, hatte sich eine taoistische Kirche gebildet. Mit den Lehren des Lao-tse und Chuang-tse verband sie beinahe nur der Name. Sie umfasste zwei Klassen von Gläubigen: die Adepten und die Laien. Während die letzteren, vorwiegend aus der bäuerlichen Bevölkerung, in der Religion eine Art schamanistischen Zaubers suchten, lag das Hauptziel der Adepten in der Erlangung der Unsterblichkeit. Anders als unser Ewiges Leben im Jenseits und in gewissem Sinne logischer, begann für den Chinesen, der niemals den Geist von der Materie getrennt hat, die Unsterblichkeit bereits in dieser irdischen Existenz. Daraus folgte, dass der junge Mensch ihrer eher teilhaftig werden kann als der gealterte, ja man betrachtete das siebzigste Jahr als Grenze, nach der ein ewiges Leben versagt blieb. Ein weitläufiges System gymnastischer, respiratorischer, diätetischer, sexueller, meditativer und auch alchimistischer Praktiken sollten den Adepten seinem Ziel zuführen.

Ein Anhänger dieser Religion war der Dichter Hsi K'ang (223–262). Aus wohlhabendem Hause stammend, hatte er in jungen Jahren die üblichen Reisen unternommen, streifte durch die Gebirge und vergass über seinen taoistischen Uebungen nicht das Studium der konfuzianischen Bücher. Bekannt wurde Hsi K'ang vor allem als das bedeutendste – und mit seinen 1 m 90 wohl auch grösste – Mitglied der 'Sieben Weisen vom Bambushain'. Fern dem politischen Leben in einer wirren Zeit, gab sich dieses Dichterkollegium dem Rausch der Poesie wie des Weines hin.

Dennoch gelang es Hsi K'ang nicht, der Intrige zu entgehen. Die Zither schlagend, so heisst es, ging er der Hinrichtung entgegen.

AUS: DAS LEBEN WEISER MÄNNER

Der im Nest hockende Alte und Hsü Yu

Der im Nest hockende Alte war ein Einsiedler, der zur Zeit des Kaisers Yao lebte. Er war alt und hatte sich in den Bäumen ein Nest gebaut, in das kroch er zum Schlafen hinein. Deshalb nannte man ihn den ‚im Nest hockenden Alten'.

Hsü Yu war der Lehrer von Yao und Shun gewesen. Doch als Yao ihm die Regierung übergeben wollte und zu ihm sagte: „Meister, wäret Ihr Kaiser, das ganze Universum käme in Harmonie", gab Hsü Yu ihm zur Antwort: „Verlange ich nach Ruhm? Er ist nichts als ein Schatten der Wirklichkeit; verlange ich nach Schatten?" und er ging fort und suchte in den Sümpfen Zuflucht.

Er erzählte dem Alten im Nest alles; der sagte zu ihm: „Warum hast Du Dich nicht von Anfang an versteckt und Deine Begabung verborgen? Du bist nicht mein Freund." Und er stiess ihn in den Rücken und jagte ihn aus seinem Nest. Hsü Yu ging fort, verwirrt und bestürzt; als er zu einem Bach kam, wusch er sich Augen und Ohren, und sagte zu sich selbst: „Die Worte, die ich früher gehört habe, haben meinem Freund missfallen." Darauf ging er weiter und niemand hat ihn mehr gesehen.

Der Alte im Nest seinerseits fand auch, dass seine Ohren dadurch beschmutzt waren, dass sie hatten hören müssen, wie Yao dem Hsü Yu den Thron angeboten hatte. Er ging, sie am Bach zu waschen. Der Geist des Baches aber rief ärgerlich aus: „Was kommst Du, mein Wasser derart zu beschmutzen!"

Yung Ch'i-chi

Den Geburtsort Yung Ch'i-chis kennt man nicht. Er trug einen Pelz und einen Gürtel aus einfarbiger Seide, er sang und begleitete sich dazu auf der Zither. Kon-

fuzius fragte ihn: „Meister, über was freut Ihr Euch so?" Er antwortete: „Unter den zehntausend Wesen, die die Natur hervorbringt, ist der Mensch das bedeutendste. Ich habe das Glück gehabt, ein menschliches Wesen zu werden, das ist ein erster Grund zur Freude.
Man glaubt allgemein, dass es ehrenvoller ist, ein Mann zu sein als eine Frau. Ich habe das Glück gehabt, ein Mann zu werden; das ist ein zweiter Grund zur Freude.
Unter den Menschen gibt es viele, die schon sterben, ehe sie auch nur den Windeln entwachsen sind. Ich bin schon achtzig Jahre alt; das ist ein dritter Grund zur Freude.
Die Armut ist der Normalzustand eines Durchschnittsmenschen, der Tod das Ende aller. In einem Normalzustand leben, um ein allgemeines Ende zu erwarten, wie könnte das etwas anderes als ein Grund zur Freude sein?"

Chang Yung

Woher er stammte, weiss man nicht. Als es mit ihm zu Ende gehen wollte, fragte Lao-tse ihn: „Meister, habt Ihr mir nicht noch Unterweisungen zu geben?"
Chang Yung öffnete weit seinen Mund und sagte: „Ist dort meine Zunge?" – „Ja," erwiderte Lao-tse. „Und sind auch meine Zähne da?" – „Nein," entgegnete Lao-tse. „Weisst Du, was das bedeutet?" Lao-tse antwortete: „Bedeutet es nicht, dass die Starken verschwinden und die Schwachen und Biegsamen bleiben?" – „Gut," sagte daraufhin Chang Yung. „Damit haben wir alles, was es über das Universum zu sagen gibt, erschöpfend erörtert."

Hai T'ang

Hai T'ang war ein Mann aus Ch'in; er war von grosser Tugend, und das ganze Land verehrte ihn. Obgleich er nur Brühe und Gemüse ass, gab der Fürst oft Banketts ihm zu Ehren.
Eines Tages hatte der Fürst mit Hai T'ang zusammen

gesessen; als dieser fortging, trat im gleichen Augenblick der Minister Chu-hsiang ins Zimmer. Der Fürst streckte ein Bein aus und sagte: „Als ich mit Hai T'ang zusammensass, tat das Knie mir weh und mein Bein war mir eingeschlafen, doch in seiner Gegenwart wagte ich nicht, es auszustrecken." Das ärgerte den Minister, und er machte ein unzufriedenes Gesicht.
Da sagte der Fürst zu ihm: „Wollt Ihr Ehrungen? Ich werde Euch in den Adelsstand erheben. Wollt Ihr Reichtümer? Ich werde Euch beschenken. Meister Hai ist ohne jeden Wunsch; das einzige, was ich tun kann, ist, in seiner Gegenwart eine ehrerbietige Haltung einzunehmen, mit nichts sonst könnte ich ihn beschenken. Was soll Eure Unzufriedenheit?"

Yen Cho

Der König von Ch'i empfing Yen Cho in Audienz; er sagte: „Tretet näher!" Cho erwiderte: „Tretet Ihr näher." Das verdross den König. Doch Cho erklärte: „Träte ich näher, so hiesse das, den Bräuchen folgen; trätet Ihr näher, so hiesse das, die Gelehrten ehrerbietig behandeln."
Verärgert erwiderte ihm der König: „Wem gebührt Ehrerbietung, dem König oder dem Gelehrten?" – „Ganz gewiss dem Gelehrten," anwortete Cho. „Zur Zeit, als das Land Ch'in den König von Ch'i bekämpfte, gab es ein Gesetz, das besagte, jeder, der in der Umgebung des Grabes von Liu-hsia Hui, dem Gelehrten, Reisig sammele, sei ohne Gnade mit dem Tode zu bestrafen. Andererseits sollten diejenigen, die den Kopf des Königs von Ch'i brächten, ein Lehen von zehntausend Familien zur Belohnung erhalten. Aus diesem Gesetz lässt sich ersehen, dass der Kopf eines lebenden Königs weniger wert ist als das Grab eines toten Gelehrten." *(Margouliès/H. Kuntze)*

T'AO YÜAN-MING

Tiefes Naturgefühl und heitere Selbstgenügsamkeit, jene Wesenszüge des chinesischen Geistes, die dem fremden Betrachter zunächst ins Auge fallen, sie fanden im Werk des T'ao Yüan-ming (365–427) ihren ersten und zugleich vorbildlichen Ausdruck. Nur ein schmaler Band Gedichte, Opferreden und Biographien ist von ihm hinterlassen; er genügte jedoch, den 'Meister von den fünf Weiden', wie er sich auch nannte, als einen der grössten Dichter Chinas auszuweisen, den selbst ein Li T'ai-po als "unvergleichlich und unerreichbar" verehrte. Von derselben Wirkung auf die Nachwelt war sein Leben selbst: Als Spross einer verarmten Beamtenfamilie konfuzianisch gebildet, trat T'ao Yüan-ming aus Not in den Staatsdienst und bekleidete bis zu seinem 30. Jahre einen niederen Verwaltungsposten. Dann aber geschah sein Aufbruch aus "Schmutz und Verstrickung". Er kehrte auf sein kleines Gut zurück, bestellte mit eigener Hand den Acker und pflog mit einigen Freunden Umgang, darunter Buddhisten und Taoisten.

Gleich den 'Sieben Weisen vom Bambushain' huldigte T'ao Yüan-ming dem Rausche. Dies ging so weit, dass er, anlässlich eines kurzen Zwischenspiels im Amt, den Gemeindeacker ganz mit Schnapsreis bebauen und erst auf das Drängen seiner Frau hin ein Sechstel der Fläche dem Speisereis einräumen liess.

Ausser ihrem nachhaltigen Einfluss auf die Literatur bot die Gestalt des T'ao Yüan-ming den Vorwurf zu zahllosen Darstellungen der Malerei. Seine Heimkehr auf den bescheidenen Hof – die Kinder erwarten ihn am Tor – und das Pflücken der Chrysanthemen am Ostzaun sind die beliebtesten Motive.

Sie stehen gleichnishaft für einen Lebensstil der gelassenen Selbstachtung und inneren Reinheit, der allen nachfolgenden Jahrhunderten als Wunschbild diente.

HEIMKEHR ZUM LEBEN IN GARTEN UND FELD

I

Ungleich war ich als Jüngling der Menge;
In meinem Herzen liebt ich die Berge.

Irrend fiel ich in Schmutz und Verstrickung,
Band mich für dreissig Jahre die Welt.

Der wandernde Vogel sehnt heim sich zum Walde.
Dem Fisch im Teich bleibt unvergesslich sein See.

Urbar so macht ich im Süden die Wildnis,
Kehrte in Einfalt zurück zu Garten und Feld.

Gut anderthalb Morgen sind mein Besitztum,
Und unter dem Strohdach reicht mir der Raum.

Ulmen und Weiden beschatten hinten den Umgang.
Pfirsiche, Pflaumen wachsen im Hof.

Verschwommen und ferne wohnen die Menschen.
Dunstig und still steht der Rauch überm Dorf.

Hunde bellen tief in langen Gassen.
Hähne krähen hoch auf Maulbeerbäumen.

Schwelle und Hof liegen in reinlicher Ordnung.
Im leeren Hause herrscht Stille und Frieden.

Lang war die Zeit in Käfig und Zwinger:
Nun fand ich wieder zu mir selbst zurück!

II

Wo Bohnen ich legte, unten am Südhang,
Wuchert das Gras und es kümmern die Keime.

Früh steh ich auf, den Wust des Unkrauts zu roden,
Und mit dem Monde trag ich die Hacke erst heim.

Der Weg ist eng, und die Gräser stehn hoch.
Der Tau des Abends dringt nass durch mein Kleid.

Die Nässe im Rock – was kümmert sie mich.
Lässt sie's nur wachsen, dass mein Hoffen nicht trügt!

III

In Abscheu und Gram am einsamen Stab
Zurück auf Geröll, durch dornigen Busch.

Der Berge Bäche – wie klar und flach!
O siehe: sie waschen die Füsse mir rein!

Einschenk ich mir vom frischen jungen Most,
Und lad' zum Huhn den nahen Nachbar ein.

Die Sonne sinkt, im Zimmer wird es dunkel.
Das dürre Brennholz dient als helle Kerze.

Wie schön ist, dass du kamst! Wie schade, dass
Die Nacht so kurz und schon das Morgenrot!

(Olbricht)

DAS GEDICHT VOM OSTZAUN

Ich baute mein Haus inmitten der Menschen Bezirk;
Aber von ihren Wagen ist hier kein Hallen.
Und wenn du fragst, woher das kommen mag:
Mein Herz weilt fern – ist an sich selbst verfallen.

Am Ostzaun pflück' ich müssig Chrysanthemen,
Sehe den Südberg von meinem stillen Ort:
Des Berges Hauch so schön im letzten Licht;
Schweifende Vögel fliegen in Paaren fort.

Und in dem allen liegt ein tiefer Sinn.
Ich will ihn sagen – ich habe vergessen das Wort.

(D.)

FAN CHEN

Seit dem 2. Jahrhundert n. Chr. dringt der Buddhismus in die chinesische Geisteswelt ein. In der völlig zerrissenen politischen Situation gewinnt er bald Boden und Anhänger unter den verschiedenen Königen und Staatsmännern. Öffentliche und private Religionsgespräche sind an der Tagesordnung. Als klarste Stimme seiner Gegner hebt sich die des Fan Chen (um 450-515) heraus, der an solchen Gesprächen am Hof von Nanking führend teilnahm. Er argumentiert gegen den buddhistischen Kult wie gegen dessen Unsterblichkeitsgedanken vor allem mit utilitaristischen Gründen und gilt als einer der reinsten Vertreter des Materialismus unter den chinesischen Philosophen. Sein Erfolg bestätigte Lao-tse's Maxime "Was Du stark machen willst, musst Du angreifen" (vgl. S. 89); nirgends kam der Buddhismus so zur Blüte wie im Nanking des 6. Jahrhunderts.

GEGEN DIE BUDDHISTEN

Frage: "Welchen Nutzen hat nun die Kenntnis über das Erlöschen des Geistes?" Antwort: "Der Buddhismus schädigt die Regierung, die Mönche unterhöhlen die Sitten. Der Wind wirbelt, die Nebel steigen auf, und die Zügellosigkeit verbreitet sich ohne Unterlass. Ich war betrübt von diesem Übel und dachte über die Rettung vor dem Untergang nach.

Denn was bedeutet es, das Vermögen zu erschöpfen, um sich zu den Mönchen zu begeben, den Besitz zugrunde zu richten, um Buddha nachzulaufen, ohne Mitleid für die Blutsverwandten, ohne Erbarmen für die Armen und Elenden? Sicherlich ist der Grund dafür, dass die selbstsüchtigen Gefühle tief und die altruistischen Gedanken gering sind. So kommt es, dass ein Gefühl von Geiz das Gesicht durchzuckt, wenn man dem armen Freund eine Kleinigkeit zukommen lässt, und Freude über das ganze Gesicht strahlt. wenn man dem reichen Mönch

Tausende von Scheffeln schenkt. Ist es denn nicht so, dass die Mönche üppige Ernten haben, für die Freunde aber keine Handvoll Getreide übrigbleibt? In der Ausübung der Wohltätigkeit kümmert man sich nicht um die Not ringsherum, aber die Tugend beansprucht man stets für sich selbst.

Weiterhin betören (die Buddhisten das Volk) mit dunklen, verschwommenen Worten, schüchtern es mit den Qualen der ununterbrochenen Hölle ein, verführen es mit lügnerischen Redensarten, entzücken es mit den Freuden des höchsten Himmels. Darum werfen (ihre Anhänger) die weitärmeligen Kleider beiseite und ziehen das Ordensgewand an; beseitigen die viereckigen und runden Opferschalen und stellen Flasche und Bettelnapf auf. Alle verlassen ihre Blutsverwandten, jeder schneidet seine Nachkommenschaft ab. Sie veranlassen schliesslich den Soldaten zur Niederlage in der Armee, den Beamten zur Untätigkeit in den Ämtern, die Erschöpfung der Kornvorräte für herumtreibende Faulenzer, das Aufbrauchen der Güter für (Götzenbilder aus) Lehm und Holz. Dadurch und nur dadurch werden die Verbrechen unerträglich, aber die Lobgesänge beschützen sie noch. Das Übel ist endlos, der Schaden ohne Grenzen!

Wenn man weiss, dass die Gestaltungen auf der Natur beruhen, die mannigfaltigen Erscheinungen in der Selbstentwicklung geformt werden: plötzlich sind sie von selbst da, verschwinden und sind nicht mehr, (dann wird) die Zukunft nicht gezügelt, die Vergangenheit nicht verfolgt. Man nützt die Ordnung des Himmels, und jeder ist mit seinem Schicksal zufrieden. Der kleine Mann liebt sein Ackerfeld, der Edle wahrt seine beschauliche Einfachheit. Man nährt sich vom Ackerbau: die Nahrung kann nicht ausgehen. Man kleidet sich von der Seidenraupenzucht: die Kleidung kann nicht erschöpft werden. Die Untertanen sind im Überfluss, um ihre Obrigkeit versorgen zu können; die Obrigkeit hat keine Machenschaften nötig, um ihre Untertanen zu behandeln. Man kann das Leben unversehrt erhalten, man kann für seine Eltern sorgen, man kann für sich etwas tun, man kann für andere etwas tun, man kann das Land aufrichten, man kann den Fürsten zum Herrscher machen, wählt man diesen Weg."

(Balázs)

SENG-TS'AN

Der Tradition nach im Jahre 520, nach neueren Forschungen jedoch wahrscheinlich schon vor 480 n.Chr. kam der südindische Fürstensohn und 28.Patriarch der buddhistischen Kirche, Bodhidharma, nach China. Mit diesem Ereignis wird der Beginn des chinesischen Ch'an verbunden, jener Richtung des Buddhismus, in der eine fernöstliche Antwort auf die scholastisch-sakramentale Ausprägung der indischen Mutterreligion mit ihrem Götter- und Heiligenhimmel gesehen werden kann. Das Wort Ch'an ist die Abkürzung für sanskrit Dhyâna, 'Versenkung'; dennoch liegt in der Versenkung nicht das tiefste Wesen des Ch'an (oder sino-japanisch Zen, – sprich: Senn – in welcher Form uns der Begriff so geläufig geworden ist, dass sie im folgenden beibehalten werden soll, zugleich als eine Huldigung an die Japanologie, der die Erschliessung auch des chinesischen Zen zu danken ist): Zen zielt auf nichts als das unmittelbare Erleben; jenes Erleben, das der Buddha hatte und das wiederum nichts mit Buddha zu tun hat; so dass man beinahe verführt wäre zu behaupten, Zen könne es in jeder Religion geben – wenn es nicht doch einige wesentliche Kennzeichen des Buddhismus trüge.

Nicht nur untheoretisch ist Zen, sondern auch im Grunde unmystisch. In seinem neuen Wirkungsbereich nahm der indische Tiefsinn jene Qualitäten an, die seit jeher den chinesischen Geist auszeichneten: er wurde "unmittelbar, praktisch und erstaunlich schlicht" (Suzuki). Auf die Frage, was Zen sei, antwortete ein Meister: "Eure Alltagsgedanken". Zen ist das Natürlichste von der Welt und steht, wie alles Natürliche, am Ende einer langen Uebung. Gepflegt wurde und wird diese in den sprichwörtlich sauberen Zen-Klöstern, begleitet von fleissiger Feldarbeit. Das Ziel ist jener entscheidende Wendepunkt, der dem Schüler die 'Augen öffnet', chines. Wu, japan. Satori, was man mit 'Innewerden', 'Bewusstwerden', 'Begreifen' übersetzen kann. Erreicht wird dieses Wu durch die Zerstörung des Intellektes mit seiner Unterscheidung von Subjekt und Objekt; nach Ansicht der 'Nord-Schule' in allmählichem Fortschreiten, nach Ansicht der 'Süd-Schule' spontan. (Vergl. S. 204 ff).

Wenn der Buddhismus in China Fuss fassen und sich seit dem 2. Jh. nach Chr. ausbreiten konnte, so war das nicht zuletzt der geistigen Vorarbeit des Taoismus zu danken, mit dem er teilweise eine solche Verwandtschaft aufweist, dass eine taoistische Tradition in Buddha den nach Westen entschwundenen Lao-tse wiederzufinden glaubte. Von Chien-chih Seng-ts'an, (ca. 529 bis 606), dem dritten Patriarchen nach Bodhidharma, ist bekannt, dass er vor seiner Berührung mit dem Zen den Lehren des Taoismus angehangen hatte.

Dem 'Stempel des Glaubens', der als ein frühes Zeugnis des Zen vor seiner Blütezeit unter den T'ang einen weitreichenden Einfluss ausübte, lässt diese Herkunft seines Verfassers eine besondere Bedeutung zukommen.

DER STEMPEL DES GLAUBENS

Die höchste Wahrheit ist nicht schwierig,
Allein, sie lässt keine Wahl zwischen Zweierlei.
Wenn man nicht mehr hasst oder liebt,
Dann offenbart sie sich, klar und unendlich.
Doch wer nur haarbreit von ihr getrennt bleibt,
Der ist von ihr geschieden so weit wie der Himmel von der Erde.
Wer ihre Offenbarung erleben will,
Der muss ablassen vom Gehorchen und vom Widerstehen.
Der Kampf zwischen Gehorchen und Widerstehen
Heisst Krankheit der Seele.
Wer der Wahrheit tiefsten Sinn noch nicht kennt,
Müht sich ab in vergeblichem Grübeln.
Vollkommen ist sie
Wie das Gewölbe des Himmels,
Ohne Mangel und Ueberfluss.

Wahrlich, wer noch hängt an einem Annehmen oder Verwerfen,
Der ist nicht frei.

Jage nicht nach dem fortwirkenden Sein,
Und mache nicht Halt beim Nichtsein, dem leeren!
Wenn du das Einzige findest
Und den Frieden der Freiheit,
Dann fällt von dir, ohne dein Zutun,
Alles das ab.
Will man, dass das Bewegte aufhöre,
Um zurückzugehen auf das Ruhende,
So ist, je mehr man auf dieses zurückgeht,
Nur um so mehr das Ruhende bewegt.
Denn wie sollte es angehen,
Dass man erfasste
Das Einzige,
Solange man noch schwankt
Zwischen Einem und Anderem?
Wer es nicht versteht,
Das schlechthin Eine,
Der verliert auch seinen Gewinn
Aus dem Zweierlei.
Wer dem Sein nachjagt,
Dem entgeht es;
Wer hinter dem Nichts herläuft,
Dem kehrt es den Rücken zu.
Durch tausend Worte und
Tausend Gedanken
Bist du nur um so weiter von ihm geschieden.
Erst über alle Worte
Und alle Gedanken hinaus
Kannst du es allenthalben treffen.
Nur wenn man auf die Wurzel zurückgeht,
Lässt sich das Wesen gewinnen.
Das Denken fasst nichts
Als wesenlose Hüllen.
Wenn auch nur einen Augenblick

Dein Denken dich berät,
So verlierst du dich im Leeren
Des Nicht-Etwas,
Dessen Veränderung und dessen Vergänglichkeit
Gänzlich aus deinem Irrtum entsprungen sind.
Nicht erst zu suchen
Brauchst du die Wahrheit;
Dein Denken lass schweigen –
Darauf kommt es an!
Bleibe nicht stehen
Bei gegensätzlichen Gedanken;
Ihnen nachzujagen und sie zu suchen,
Davor hüte dich!
Wer vom Gegensätzlichen
Nur einen Hauch beibehält,
Dessen Geist bleibt verworren.
Alles Zweierlei hängt ab
Vom Einen;
Doch auch bei diesem allein
Darfst du nicht Halt machen!

Trifft ein Geist auf das Ungeborene,
So hat das All keine Schuld mehr.
Wo keine Schuld ist,
Da ist nichts mehr ein Ding.
Das Ungeborene ist
Das Nichtdenken.
Wenn eine Tätigkeit den Erscheinungen nachjagt,
So verdirbt sie;
Erscheinung versinkt,
Wenn sie der Tätigkeit nachjagt.
Erscheinung hat ihr Sein als Erscheinung
Durch Tätigkeit;
Tätigkeit hat ihr Sein als Tätigkeit
Durch Erscheinung.
Wer beide Seiten durchschauen will,
Für den gibt es nur
Das schlechthin Eine.

Als Nichts
Enthält es jedes Zweierlei und alle Dinge.
Wo weder Bestimmtheit
Noch Unbestimmtheit ist,
Wie sollte sich da noch Parteilichkeit finden?
Das Wesen der höchsten Wahrheit
Ist Vollkommenheit;
Hier gibt es nichts Schweres
Und nichts Leichtes mehr.
Nur kleinliches Denken zaudert;
Und je mehr es sich auch abhetzt,
Umso später erreicht es das Ziel.

Der Gebundene verliert jeden Mass-Stab,
Ihn fesselt der Irrtum;
Durch ungebundenes Gehenlassen
Wird alles natürlich.
Unwandelbar ist das Wesen,
Und dennoch ist es nichts Starres.
Wer sich anvertraut
Dieser Natur,
Der wird vereint mit der Wahrheit
Und ledig und frei von aller Sorge.
Das Bangen der Sorge entfernt ihn von ihr.
Trübe Versunkenheit macht düster,
Und das Verdüstertsein bedrückt
Die Seele.
Was braucht man Einem freundlich zu sein
Oder Anderem unfreundlich?
Wer auf das All-Eine zugehen will,
Der darf den sechsfachen Staub nicht hassen.
Wo man ihn nicht hasst,
Da gerade ist nichts anderes
Als Buddhas vollkommene Weisheit.
Der Weise ist frei von Geschäftigkeit,
Der Tor ist gebunden durch sich selbst.
Die Wahrheit duldet neben sich keine Wahrheit.
Vergebens klammert man sich

Liebend an Wertloses.
Mit sich selbst quält die Seele sich dann –
Ist das nicht ein grosser Irrtum?
Wo er herrscht, ist die Seele
Bis auf den Grund zerwühlt.
Erwacht man aus ihm,
Dann gibt es weder Böses noch Liebes.
Vergebens machst du dich
Zum Richter alles Gegensätzlichen.
Es ist ja nur ein Traum, nur eines
Augenflimmerns vergängliche Blume.
Warum sollte man sich abmühen,
Sie zu ergreifen?
Mit einem Ruck wirf beiseite
Die Teile und Gegenteile,
Jeden Vorteil und Nachteil!
Dann entfliehen die Träume
Vor wachendem Auge.
Dann ist die Seele nicht mehr
Im Einen und Anderen,
Und All-Eines sind
Sämtliche Dinge.
Das Wesen des Einen
Ist absolut.
Vergisst man mit einem Mal
Die Wirkungszusammenhänge
Und durchschaut als Dasselbe
Alles Sein,
Dann kehrt man zurück zur Natur.
Vernichte jene Irrtumsquelle
Und lass ab vom Vergleichen!
Wer will, dass Bewegtes ruhe,
Der kann nirgends das Ruhende finden.
Beides ist also unmöglich.
Wie sollte es da mit dem Einen so sein?

Das Letzte und Unendliche
Kennt keine Regel.

Wessen Geist mit der Gleichheit
Im Einklang steht,
Für den hört alle fortwirkende Tat auf.
Wenn alles kleinliche Zweifeln
Des Fuchses erloschen ist,
Dann erst ist da,
Glatt und geradewegs,
Der wahre und echte Glaube.
Kein Sein bleibt mehr zurück,
Und keinem kommt ein Gedenken zu.
Es erleuchtet sich selbst grenzenlos und klar.
Mühelos ist alsdann des Geistes Kraft.

Wo dieses Nichtdenken herrscht,
Sind unermesslich
Die Sinne und das Gefühl.
Weder das eigene Selbst noch ein anderes
Findest du je im Reiche der soseienden Wahrheit.
Wenn du plötzlich und ohne langes Besinnen
Sie passend ausdrücken müsstest,
Würdest du wohl sagen:
Nicht-Zwei ist sie.
Wenn es aber keine Zwei mehr gibt,
So ist alles das Eine und Selbe.
Alles umfasst es. Es kommen
Die Weisen aus aller Welt
Und huldigen ihm.
Die Eine Wahrheit kann man
Weder erweitern noch einengen.
Ein Augenblick ist
Wie zehntausend Jahre.
Sein und Nichtsein,
Die ganze Welt eröffnet sich
Grenzenlos dem Auge.
Das Kleinste ist dem Grössten gleich,
Die Grenzen sind weggewischt.
Das Grösste ist dem Kleinsten gleich
Ohne jede Scheidewand.

Sein ist nichts anderes als Nichts,
Nichts ist nichts anderes als Sein.
Und ist es dir noch nicht so,
Dann darfst du auch an nichts festhalten!
Das Eine ist nichts anderes als das All,
Das All ist nichts anderes als das Eine.
Und wenn dem so ist, was schiert dich dann
Noch Unvollkommenheit?
Glauben ist Nicht-Zwei.
Nicht-Zwei ist Glauben dessen,
Das unaussagbar ist.
Vergangenheit und Zukunft,
Sind sie nicht
Ein ewiges Jetzt?

(Ohasama-Faust)

HAN YÜ

Auf die Sui-Dynastie, die nach Jahrhunderten der politischen Zersplitterung das Reich im Jahre 589 wieder geeinigt hatte, folgt 618 das Haus der T'ang. Der faktische Gründer und zweite Kaiser der Dynastie, T'ai-tsung, führt das chinesische Weltreich, das nun von den Grenzen Koreas bis zum Balkaschsee reicht, auf den Gipfel seiner Macht. Sie wird begleitet von einer Blüte der Kultur, die massgebend für den ganzen ostasiatischen Raum einschliesslich Japans werden sollte. Während der Konfuzianismus als Staatskult gefördert wird, gestattet die Toleranz der ersten T'ang-Kaiser den ausländischen Handelskolonien in der Haupt- und Millionenstadt Ch'ang-an die Ausübung ihrer Religionen: den Manichäismus, Mazdaismus und Mohammedanismus, das nestorianische Christentum und Judentum. Neben dem Taoismus erhielt vor allem der Buddhismus durch die Reisen chinesischer Pilger nach Indien und der daraus resultierenden verstärkten Uebersetzung der Sanskrit-Texte einen starken Impuls. Die Anziehungskraft dieser Erlösungsreligion, die dem allgemeinen metaphysischen Bedürfnis entgegenkam, welches der diesseitig-realistische Konfuzianismus nicht zu befriedigen vermochte, zusammen mit der Spekulation auf die Befreiung von Fron- und Wehrdienst vor allem in politisch wirren Zeiten, verschaffte den Klöstern allmählich einen solchen Zulauf, und der Einfluss der Buddhisten bei Hofe, besonders bei den weiblichen Angehörigen der Kaiserfamilie, wurde zeitweise so gross, dass verantwortungsbewusste Staatsmänner und Beamte alarmiert waren.

Einer der hervorragendsten Mahner erstand in dem Vizepräsidenten des Justizministeriums Han Yü (768–824), einem überzeugten Konfuzianer. In einem berühmt gewordenen Memorandum wendet er sich 819 gegen die feierliche Einholung einer Buddha-Reliquie durch den Kaiser und wird in den äussersten, noch unzivili-

sierten Süden des Landes verbannt. Zur Rückkehr in die Hauptstadt begnadigt, stirbt er an den Folgen der Verbannungsjahre.
Han Yü gilt als der unbestrittene Fürst der Prosaliteratur der T'ang-Zeit, und auch als Dichter nimmt er einen beachtlichen Platz ein. An die Stelle des blumig-überladenen Schreibstils, wie er seit dem 4. Jahrhundert gepflegt war, setzt Han Yü das sogen. Ku-wen, die 'Alte Prosa', die sich den männlich-klaren, ungezierten Stil der Han-Zeit zum Vorbild nimmt. Dieser Stil blieb bis in unser Jahrhundert hinein gültig; und noch Mao Tsê-Tung schulte sich an den Schriften Han Yü's, als dessen Schüler er sich einmal bekannte.

DER ZENSOR

(Tao und Amtsauftrag)

Jemand hat mich nach meinem Urteil über den Zensor Yang Ch'eng befragt: Der könnte doch als ein Mann gelten, der das Tao besitze! Umfassend in seiner Gelehrsamkeit und mit grosser Erfahrung, frage er nicht danach, bei anderen bekannt zu sein. Als er, das Tao der Alten übend, im Gebiet von Chin gewohnt habe, hätten die Leute von Chin zu Tausenden gezählt, die, von seiner Tugend angeweht, zu guten und wertvollen Menschen geworden seien! Der Grosswürdenträger, der von ihm gehört habe, habe ihn beim Himmelssohn empfohlen, worauf er zum Zensor ernannt worden sei. Alle Welt habe in höchsten Tönen von ihm gesprochen. Er aber, Meister Yang, habe keine Miene der Freude gezeigt. Jetzt sei er fünf Jahre im Amt, und wenn man sein Gehaben betrachte, so sei es noch genau so wie damals in der Einsamkeit. Wie werde jener Mann seiner hohen und gut dotierten Stellung wegen seine Gesinnung ändern! –
Ich, Han Yü, antwortete darauf: „Hier haben wir den Fall des *Buches der Wandlungen*, wonach ‚seine Eigenschaften verewigen' als Hartnäckigkeit gilt und beim

Mann etwas Schlechtes bedeutet. Wie kann man da von einem Manne reden, der das Tao besitzt! – Im *Buch der Wandlungen,* Bild ‚Skorpion' oben Neun, heisst es: ‚Er will dem Könige und Fürsten nicht dienen und hält seine eigenen Sachen für wichtiger.' Und im Bilde ‚lahm' Sechs auf 2. Platz, heisst es: ‚Dass des Königs Minister in Nöten und Schwierigkeiten sind, interessiert ihn nicht.' Das hat doch nicht bedeuten sollen, dass, weil die Zeit, in der sie standen, nicht dieselbe war, das Verhalten, das man heute zu befolgen hat, anders sein dürfte. Wenn man gemäss Bild ‚Skorpion', oben Neun, auf einem Posten stehend, wo man nicht gebraucht wird, den Gedanken ‚mich interessiert es nicht' erschöpft, oder wenn man gemäss Bild ‚lahm', Sechs zwei, auf dem Platz eines Ministers des Königs stehend, die Gesinnung des ‚Nicht-Dienen-Wollens' hoch hält, dann entsteht das Unheil der unrechtmässigen Anstellung, und es erhebt sich der Vorwurf der Aemtervergeudung. Dieser Sinn darf nicht als Norm genommen und dies Uebel kann nie völlig getilgt werden.

Nun kann man von Meister Yang wirklich nicht sagen, dass er noch nicht lange im Amt sei, und man kann nicht behaupten, dass er nicht genau um Erfolg und Misserfolg im Staate Bescheid wisse. Man kann auch nicht sagen, dass die Haltung des Kaisers ihm gegenüber nicht freundlich sei. Wenn er da bisher noch kein einziges Wort zur Regierung geäussert hat, so ist eben sein Interesse am Wohl und Wehe der Regierung ebenso gross wie das Interesse der Leute von Yüeh am körperlichen Wohlbefinden der Leute von Ch'in, d.h. er fühlt in seinem Herzen überhaupt nicht den geringsten Anlass zur Freude oder Sorge. Fragt man nach seinem Amt, so heisst es: „Ich bin Zensor." Fragt man nach seinem Gehalt, so sagt er: ‚Gehaltsstufe der Minister Klasse C.' Fragt man ihn nach seinem Dienst, so sagt er: ‚Ich habe keine Ahnung.' Darf ein Mann, der das Tao besitzt, sich wirklich so verhalten? Uebrigens gibt es meines Wissens einen Satz: ‚Wenn jemand ein Commisso-

rium hat und nicht das Amt dazu erhält, dann geht er. Und wenn jemand nach seinem Amtsauftrag sich zu Wort zu melden hat und sein Wort nicht anbringen kann, dann geht er.' Hat denn nun Meister Yang sein Wort anbringen können? –
Sich nicht zu Wort melden, obgleich man die Möglichkeit hat zu reden, oder nicht gehen, wenn man keine Möglichkeit hat, zu Wort zu kommen, davon ist nicht eines angängig. Sollte Meister Yang etwa ein ,Gehaltsbeamter' sein? Bei den Alten gab es ein Wort: Beamter wird man nicht der Armut wegen. Aber hin und wieder geschieht es leider doch der Armut wegen! Das nennt man dann ,Gehaltsbeamte'. Für diese ziemt es sich aber, höhere Posten auszuschlagen und auf niederen zu verbleiben, auf hochbesoldete Stellungen zu verzichten und sich mit bescheidenen zu begnügen wie z.B. als Torhüter oder Nachtwächter. Auch Konfuzius, der einmal Intendantursekretär und einmal Domänenaufseher gewesen ist, hat sich nicht unterstanden, sein Amt zu vernachlässigen. Sondern seine ganze Sorge war damals, dass bei der Abrechnung alles stimmte und dass die Rinder und Schafe richtig gediehen. Was Meister Yangs Rang und Gehalt anlangt, so ist es doch ganz offensichtlich nicht gering oder ärmlich. Wie kann er sich da so verhalten!"
Nun sagte der andere: „Nein, so liegt der Fall nicht. Sondern Meister Yang hasst die Kritik an den Oberen. Er hasst die Art, in seiner Stellung als Beamter durch Aufdeckung der Fehler seines Fürsten sich einen Namen machen zu wollen. Daher erhebt er sehr wohl Vorstellungen und gibt Ratschläge. Aber er richtet es so ein, dass niemand davon erfährt. Im *Buch der Urkunden* heisst es: ,Wenn du einen besonders guten Gedanken oder Plan hast, dann geh' in den Palast und sage ihn deinem Fürsten im Geheimen. Und wenn du draussen danach verfährst, so sprich: Dieser Gedanke und dieser Plan, alles ist das Verdienst unseres Fürsten.' So auch Meister Yangs Einstellung." –

Meine Antwort darauf war: „Wenn so Meister Yangs Einstellung sein sollte, so wäre das noch viel irriger: Drinnen im Palast den Herrscher vermahnen und draussen es die Leute nicht wissen lassen, das ist die Aufgabe der Grosswürdenträger und Minister und nicht das, was sich für den Meister Yang gehört. Meister Yang war von Hause ein einfacher Mann, der sich zu den Kräutern der Einsamkeit zurückgezogen hatte. Der Kaiser hat ihn in Anerkennung seines redlichen Wandels ausgewählt und in dieses Amt gestellt, welches den Namen ‚Zensorenamt' führt. Da ziemte es sich für ihn wahrlich, sein Amt zu erfüllen und den späteren Geschlechtern der ganzen Welt zu zeigen, dass es bei Hofe einen treuen und aufrechten Beamten gegeben hat, der ein offenes Wort wagte, und einen Kaiser mit der schönen Tugend, nicht willkürlich seine Gunst zu verschenken und mahnenden Worten wie fliessendes Wasser zu folgen. Vielleicht, dass dann die Edlen auf den Bergeshöhen und in den Klüften, wenn sie davon hören, ergriffen werden, sich gürten und ihr Haar aufbinden, um sich aufzumachen und an den Hof zu begeben, ihre Reden zu äussern und darzulegen, dass sie unseren Herrscher zu Yao und Shun erhöben und ihm einen unendlichen Ruhm schüfen. Das Zitat des *Buches der Urkunden,* das ist Sache der Grosswürdenträger und Minister und nicht die Aufgabe des Meisters Yang. Ueberdies: Bringt man nicht mit der Gesinnung des Meisters Yang einen Herrscher erst dahin, dass er von seinen Fehlern nichts mehr hören mag? Das bedeutete ja, ihn geradezu zu solchen anreizen!" –

Nun sagte der andere: „Dass Meister Yang ohne den Wunsch nach Ruhm bei den Menschen berühmt wurde, dass er ohne den Wunsch, ins Amt zu kommen, vom Herrscher angestellt wurde, dass ihm nichts anderes übrig blieb, wenn er da seine Grundsätze nicht verleugnete und änderte, wie kannst du ihm daraus einen so schweren Vorwurf machen?" –

Darauf antwortete ich: „Seit alters her haben die Heiligen und Weisen alle keinen Wert darauf gelegt, berühmt zu werden oder als Beamte angestellt zu werden. Aber da sie sich Sorge um die Unruhe ihrer Zeit machten und um die Unordnung der Menschheit, brachten sie es, wenn sie das Tao besassen, nicht über sich, das Gute für sich allein zu nützen. Sondern sie hielten es für ihre Schuldigkeit, es der ganzen Welt mitzuteilen zu ihrem Besten. In unermüdlichem Streben haben sie ihr Leben eingesetzt bis zum Ende. So ist der Kaiser Yü an der Tür seines Hauses vorüber gegangen, ohne einzutreten. Konfuzius hat keine Zeit gehabt, seine Schlafmatte zu wärmen, und Meister Mo keine Möglichkeit, den Kamin zu schwärzen, um sich eine Mahlzeit zu kochen. Hätten jene zwei Heilige und jener eine Weise etwa nicht die Wonne gekannt, die darin liegt, es sich geruhsam zu machen? O doch! Aber sie achteten eben das Gebot des Himmels und fühlten Mitleid mit dem Elend der Menschen! Denn wenn der Himmel einen Menschen mit den Gaben und Fähigkeiten der Weisen und Heiligen bedacht hat, hat er das etwa getan, damit nur dieser für seine eigene Person einen Ueberschuss besässe? Nein, sondern er hat wahrlich gewünscht, dass dieser damit die Lücken der anderen ausgliche. Die Beziehung von Ohr und Auge zum Körper ist so gemeint, dass das Ohr das Hören, das Auge das Sehen zu besorgen hat. Erst dadurch, dass man in einem Falle durch Hinhören erkannt hat, was richtig und falsch ist, und durch Hinsehen, was gefährlich und eben ist, erlangt der Körper seine Sicherheit. Die Heiligen und Weisen sind die Ohren und Augen ihrer Mitmenschen. Und die Mitmenschen sind der Körper der Heiligen und Weisen. Sollte Meister Yang schon kein Weiser sein, so sollte er sich von den Weisen anleiten lassen, seinem Herrn zu dienen. Sollte er aber wirklich ein Weiser sein, dann müsste er unbedingt das Gebot des Himmels achten und mit dem Elend der Menschheit Mitleid fühlen. Wie darf er sich da die Musse nehmen zu geruhigem Leben!"

Nun sagte der andere: „Ich kenne einen Satz, dass der Edle es nicht liebe, sich über andere zu erheben, dass er das Kritisieren und das Herauskehren der Ehrlichkeit hasse. Was Sie da sagen, ist vielleicht ehrlich. Aber ist es nicht etwa ein Schimpf für die Tugend und eine Vergeudung von Redensarten? Sich darin gefallen, seine Worte zu erschöpfen, um die Fehler anderer ins Licht zu stellen, das war es, wofür Kuo Wu-tse von Ch'i hingerichtet wurde. Sie haben wohl davon gehört?"
Ich sagte darauf: „Der Edle wird, wenn er auf einem Posten steht, nur daran denken, in seinem Amt bis zum Tode durchzuhalten. Wenn er noch keinen Posten erlangt hat, wird er daran denken, seinen Ausdruck zu pflegen, um als Schriftsteller sein Tao strahlen zu lassen. Ich habe nur mein Tao strahlen lassen und nicht etwa als ‚ehrlich' mich über andere erheben wollen. Und was den Kuo Wu-tse betrifft: dem ist es nicht gelungen, einen anständigen Mann zu finden, als er sich bemühte, in einem verwirrten Staate seine Worte zu erschöpfen. Darum ist er hingerichtet worden. Im *Tso-chuan* heisst es: ‚Nur anständige Menschen vermögen, erschöpfende Worte anzunehmen.' Sie haben mich gefragt, ob man Meister Yang als einen Mann betrachten könne, der das Tao besitzt. Wenn es auch jetzt noch nicht dazu reicht, sollte Meister Yang es nicht dahin bringen, wenigstens als ‚anständiger Mensch' zu gelten?"

(Haenisch)

LIU TSUNG-YÜAN

Ein Gedankenfreund des Han Yü, gleich ihm ausgezeichneter Dichter und Prosaist, dessen Schriften bis vor kurzem zum eisernen Bestand chinesischer Bildung gehörten, ist Liu Tsung-yüan (773–819). Seine Neigung zum Buddhismus trug ihm manchen Tadel des konfuzianischen Freundes ein. Auch Liu sah indessen die Gefahren dieser Religion, die weniger weltanschaulicher als vor allem ökonomischer Art waren. In der Tat entzogen die Klöster dem Staate solche Mengen steuerfreien Landes, Münzmetalls – das zu Buddhastatuen umgeschmolzen wurde – und menschlicher Arbeitskraft, dass im Jahre 845 der Kaiser und seine Regierung sich zu energischen Gegenmassnahmen entschlossen: Nicht weniger als 4600 Klöster und 40 000 Schreine wurden zerstört, 265 000 Mönche und Nonnen sowie 150 000 Klostersklaven und -sklavinnen wurden säkularisiert und Millionen Morgen Ackerlandes konfisziert. Liu Tsung-yüan's Religiosität ist vielmehr von einer gewissen Zivilisationsmüdigkeit und einem Naturgefühl getragen, die im Buddhismus, vornehmlich in seiner Form des Zen, eine Bestätigung fanden.

DIE KLEINE FELSENSTADT

Von den Westbergen aus öffnet sich ein Weg nach Norden. Er überquert den Riedbergpass und senkt sich dann zu Tal.
Da gibt es zwei Wege. Folgt man dem einen, der in westlicher Richtung führt, so wird man nichts Besonderes finden. Der andere geht zunächst ein Stück nordwärts, dann wendet er sich gegen Osten. Nach kaum vierzig Schritten aber ist die Erde wie abgeschnitten, – von einem Flusslauf unterbrochen. Dort nun ist es, dass eine Anhäufung von Felsen das Ufer versperrt. Zuoberst haben sie die Form des Balkenwerks einer Turmschanze; zu Seiten laufen sie auf einen Wall, eine Befestigungs-

mauer, hinaus; ja es gibt sogar etwas wie ein Tor. Wenn man hineinspäht, gewahrt man völliges Dunkel; und wirft man einen Stein hinein, so tönt es dumpf, wie von Wasser, und der Widerhall klingt noch lange nach, ehe er endet.

Man kann auch in Windungen hinaufsteigen. Dann hat man einen Blick in weiteste Fernen. Obwohl kein Mutterboden vorhanden ist, wachsen dort herrliche Bäume und schönster Bambus; und was noch wunderbarer ist: sie stehen festverwurzelt! Ob dicht beieinander oder in Abständen, ob sie sich niederneigen oder emporstarren, – es ist, als hätte ein weise-wissendes Wesen sie angeordnet und aufgestellt.

Schon lange, ach, hab ich mich gefragt, ob es einen Schöpfer gibt oder nicht. Als ich nun hierher gelangte, ward ich in der Ansicht bestärkt, dass es ihn wirklich gibt. Dann wiederum kamen mir Zweifel: Warum er seinen Bau nicht im Herzen des Reiches aufgeführt hat, sondern hier unter Wilden und Barbaren, da hundert und tausend Jahre vergehen mögen, ehe er seine Kunst nur einmal an den Mann bringt. Das wäre in der Tat ein nutzloses Bemühen! Ein göttliches Wesen, – vorausgesetzt, dass ihm solches kaum anstehen dürfte, – existiert demnach doch nicht?

Jemand meinte, es sollten mit dieser Anlage die ehrenwerten Männer getröstet werden, welche die Ungnade des Kaisers herverschlug. Ein anderer meinte, der Genius dieses Himmelstrichs brächte eben keine bemerkenswerten Menschen hervor, sondern lediglich solche Dinge. Daher gäbe es hier im äussersten Süden so wenig Menschen und so viel Steine.

Beidem jedoch schenke ich keinen Glauben.

GELEITADRESSE FÜR DEN MÖNCH HAO-CH'U

Der Konfuzianer Han Yü, der mit mir befreundet ist, bemängelt seit jeher, dass ich an den Worten des Buddhismus Gefallen finde, und rügt, dass ich mit Buddhisten umherwandere. Als kürzlich Herr Li Sheng-ch'u

– er stammt aus Lung-hsi – von der östlichen Hauptstadt herkam, hat Han Yü wiederum ein Schreiben mitgeschickt, in dem er mir Vorwürfe macht. So sagt er, er habe aus meiner Geleitadresse für den Herrn Yüansheng ersehen, dass ich dem Buddhismus nicht ablehnend gegenüberstehe.

In der Tat gibt es im Buddhismus Dinge, die man nicht ablehnen kann. Gar häufig stimmen sie mit den kanonischen Büchern des Konfuzianismus, vom *Buch der Wandlungen* bis zu den *Gesprächen,* überein. In der Tat habe ich Freude an dem, worin der Buddhismus unserem natürlichen Fühlen entspricht und auch nicht vom Tao des Konfuzius abweicht.

Han Yü dürfte in seiner Liebe zum Konfuzianismus den Meister Yang Hsiung kaum übertreffen. Was aber Yang Hsiung über die heterodoxen Meister Chuang-tse, Mo Ti, Shen Pu-hai und Han Fei-tse schreibt: bei allen findet er etwas, das er annimmt. Der Buddhismus seinerseits dürfte doch weder die Extravaganz eines Chuang, noch die Schäbigkeit eines Mo, noch die Freibeuterei der Shen und Han erreichen.

Han Yü sagt: „Buddha war ein Barbar! Darum glaube ich nicht an sein Tao, sondern lehne es ab." Nun, wenn man das Barbarentum in Betracht zieht, dann müsste man die Schurken O Lai und Tao Chih rehabilitieren, weil sie im Lande geboren, und müsste den Chi Cha und Yu Yü, die Stützen ihres Herrschers, geringschätzen, da sie zugewandert waren. Das wäre freilich nicht, was man ‚Vom Namen absehen und auf die Sache eingehen' nennt.

Was ich für meine Person vom Buddhismus annehme, das stimmt mit dem *Buch der Wandlungen* und den *Gesprächen* überein. Selbst wenn die Heiligen des Altertums heute noch einmal lebten, sie könnten solches nicht ablehnen. Was Han Yü hingegen verurteilt, das sind lediglich die äusseren Merkmale davon. So sagt er: „Sie scheren sich den Kopf und tragen schwarze Kutten. Sie kennen nicht das Verhältnis von Gatte und Gattin, von Vater und Sohn. Sie betreiben nicht Ackerbau und

Seidenraupenzucht. Damit leben sie auf Kosten der andern." Was diese Dinge betrifft, so finde auch ich sie unerfreulich. Aber Han Yü lässt, während er an Äusserlichkeiten Anstoss nimmt, das Zentrale ausser acht. Das heisst den Stein erkennen, aber das Juwel, welches er birgt, nicht erkennen. Dies also ist der Grund, warum ich an den Worten des Buddhismus Gefallen finde.

Und wenn ich mit seinen Leuten umherwandere, so bedeutet das nicht, dass ich mich mit ihren Lehren unbedingt vertraut machen könnte. Abgesehen davon besteht die Mehrzahl derer, die im allgemeinen jenes Tao üben, aus Menschen, denen die Amtslaufbahn zuwider ist und die nicht einander an Können ausstechen wollen; die vielmehr Ruhe und Frieden lieben, indem sie sich an Berg und Wasser freuen. Mich macht das Hetzen und Jagen der Mitwelt krank, wie sie in ihrem Ringen um Siegel und Schärpe sich gegenseitig erdrücken! Daher denn verzichte ich auf das, dem jene nachgehen. Dies ist der Grund, warum ich es liebe, mit den Buddhisten umherzuwandern. –

Du nun, mein Hao-ch'u, hast Deine Natur zur Ruhe gebracht und Deine Gefühle befriedet. Du studierst Deine Schriften und bist zugleich mit den konfuzianischen Büchern vertraut. Gebirg und Wasser sind allein Deine Freude. Literarisch gebildet, betätigst Du Dich selbst literarisch. Dein Vater wie Deine Söhne, sie alle üben das gleiche Tao. Nachdem Du so, Dein Selbst nährend, in Musse und Abgeschiedenheit lebst; nachdem es nichts mehr gibt, wonach es Dich gelüstete, so bist Du weiser als die Lehren der Chuang, Mo, Shen und Han. Und von den hetzenden, jagenden, in ihrem Ringen nur um Siegel und Schärpe einander erdrückenden Zeitgenossen bist Du weit entfernt!

Was wiederum den Li Sheng-ch'u betrifft, so ist er doch mit Dir befreundet. Jetzt reisest Du zu ihm hin. Wie wäre es, wenn Du ihm diese meine Worte zeigtest, auf dass er sie seinerseits dem Han Yü zum Lesen schickte?

(D.)

FAN CHUNG-YEN

Nächst dem 4. vorchristlichen ist das 11. Jahrhundert die lebendigste Epoche der chinesischen Geistesgeschichte. Gefördert durch den Buchdruck, der, einige Jahrhunderte zuvor erfunden, nun zu breiterer Wirkung gelangt war, erwuchs diese Blüte der Philosophie, der Natur- und Geisteswissenschaft, der Dichtung und Literatur einer Aera des relativen, freilich unrühmlichen, Friedens.

Auf den Zusammenbruch des T'ang-Reiches war ein politisches Chaos gefolgt, das unter dem Namen der 'Fünf Dynastien' bekannt ist. Ein General, von seiner Truppe auf den Thron gehoben, hatte die Reichseinheit wiederhergestellt und als Kaiser T'ai-tsu im Jahre 960 die Sung-Dynastie begründet. Das aussenpolitische Problem, vor das diese Dynastie sich gestellt sah, lag in der Abwehr zweier Fremdvölker, der Kitan und Hsi-hsia, die den Norden Chinas besetzt hielten und denen nach erfolglosen Kämpfen die Sung zeitweise einen Tribut zu entrichten genötigt waren.

Die Schwächen von Verwaltung und Verteidigungspolitik in den ersten Jahrzehnten des neuen Jahrtausends zeigte Fan Chung-yen (989–1052) in mehreren Denkschriften auf. Als Sohn einer alten Beamtenfamilie vertrat er, der auch kurz buddhistische Studien betrieben hatte, den Typ des verantwortungsbewussten Konfuzianers. Seine Reformvorschläge decken sich zum Teil mit denen des späteren und berühmteren Wang An-shih (vergl. S. 181). Von des Kaisers Gunst und Ungunst ausgezeichnet oder verbannt, bekleidete Fan verschiedene Aemter, u.a. als 'Leiter textkritischer Untersuchungen im kaiserlichen Archiv', als unerschrockener Zensor, als Präfekt an mehreren Orten und, von 1040 bis 1043, als erfolgreicher General gegen die einfallenden Hsi-hsia.

Der Yo-yang-Turm, dem sein folgender Essay gewidmet ist, wurde schon von den Dichtern der T'ang Zeit be-

sungen. Er bildet einen Aussichtspunkt am Tung-t'ing-See, jener romantischen Landschaft in Mittelchina, deren 'Acht Ansichten' vor allem den Malern als beliebtes Thema dienten.

INSCHRIFT AUF DEM TURM VON YO-YANG

Im vierten Jahre der Regierungsepoche Ching-li (1044) wurde T'eng Tse-ching nach dem Kreise Pa-ling versetzt. Schon im nächsten Jahre war die Verwaltung geregelt und die Bevölkerung zufrieden. Nachdem so hundert Uebelstände beseitigt waren, ging er daran, den Yo-yang-Turm wiederherzustellen und ihn in der alten Weise weiterzubauen. Er liess Gedichte und Lieder von grossen T'ang-Dichtern und Zeitgenossen einmeisseln und beauftragte mich, eine Inschrift anzufertigen. Ich aber betrachtete das schöne Landschaftsbild von Pa-ling. Der Blick reicht über den ganzen Tung-t'ing-See; er umfasst die fernen Berge und schluckt den ganzen Strom – eine weitgedehnte Fläche, von keinem Ufer begrenzt. Im Morgenglanz und Abenddunkel bietet er tausend und zehntausend verschiedene Stimmungen. So also ist der Ausblick vom Yo-yang-Turm, und nach den Berichten meiner Vorgänger reicht er im Norden bis zu den Stromschnellen, im Süden bis zu den Flüssen Hsiao und Hsiang. Reisende und Dichter kommen hier oft zusammen, und in ihren Gefühlen bei Betrachtung der Natur ist kein Unterschied.

Wenn ein Dauerregen niederrieselt, der Himmel viele Tage sich nicht öffnet, ein trüber Wind zornig heult, die schmutzigen Wellen in die Luft geschleudert werden, Sonne und Gestirne nur im Verborgenen glänzen, die Bergspitzen nur undeutlich erscheinen, die Kaufleute nicht reisen können, weil Masten brechen und Ruder splittern, wenn der Abend hereindunkelt, Tiger heulen und Affen schreien – wenn man dann den Turm besteigt, so muss man in der Fremde an die Heimat denken, ihre Verleumdungen fürchten und das Auge füllt sich mit Tränen unter dem Gefühl tiefsten Kummers.

Wenn aber im sanften Frühling die Landschaft klar ist, die Wasserfläche regungslos verbleibt, das Licht des Himmels überall erglänzt, die jadegrüne Fläche sich unermesslich dehnt, die Möven am Ufer in Scharen fliegen, bunte Fische im Wasser schwimmen, Kräuter und Orchideen am Ufer duften, Schönheit und Frische überall ist, oder wenn ein langer Streifen Rauch in der Luft schwebt, der Mond tausend Meilen überglänzt, das fliessende Licht wie Gold schimmert, das ruhige Abbild des Mondes eine versenkte Nephritscheibe scheint und die Fischer im Wechselgesang sich antworten – besteigt man dann den Turm, so geniesst man höchstes Glück: Es weitet sich das Herz, die Seele ist beruhigt, Gunst wie Ungunst sind vergessen. Man greift zum Wein, lehnt sich in den Wind hinaus – unermessliche Seligkeit!

Ich suchte den Sinn der Menschlichkeit der alten Weisen: Sie handelten frei von Gunst und Ungunst. Warum wohl? Sie freuten sich nicht über die Dinge, sie trauerten nicht über sich selbst. Wenn sie in hohen Hallen und Tempeln lebten, sorgten sie sich um das Volk. Wenn sie an fernen Seen und Flüssen wohnen mussten, sorgten sie sich um den Herrscher. Sie sorgten sich, ob sie ins Amt gingen oder sich zurückzogen. Und zu welcher Zeit freuten sie sich denn? Mussten sie nicht sagen: Sich sorgen eher als die anderen, sich freuen später als die anderen? –

An wen soll ich mich anschliessen, wenn nicht an solche Menschen?

(H. Franke)

OU-YANG HSIU

Es ist kein Zufall, dass die Literatur jener Zeit sich der 'Alten Prosa' bedient. Seit Han Yü diesen ungekünstelten Stil als Ausdruck konfuzianischer Staatsmoral geheiligt hatte (vergl. S. 162), blieb er eng mit der jeweiligen Konstitution des Reiches verbunden: Während der Anarchie unter den 'Fünf Dynastien' vernachlässigt, gelangte die Alte Prosa in den geordneten Verhältnissen der Sung zu neuer und reichster Entfaltung.
Einer ihrer markantesten Vertreter ist Ou-yang Hsiu (1007–1072), der u.a. das Amt des Kriegsministers innegehabt und am Han-lin-Hof, jener höchsten Stufe der gelehrten Amtslaufbahn, gewirkt hat. Er schrieb eine Geschichte der T'ang-Dynastie sowie der 'Fünf Dynastien' und gab ein Werk über Bronze- und Steininschriften heraus. Seine selbstgewählten Pinselnamen 'Der Trunkene Alte' und 'Der stille Gelehrte Sechs-Eins' geben Zeugnis von der milden Weite, welche der Konfuzianismus unter den Sung erhalten hatte, wie für den musisch-müssigen Zug dieser Zeit.

DIE GESCHICHTE VON DEM STILLEN GELEHRTEN ‚SECHS-EINS'

Als ich seinerzeit in die Berge am Chu-Fluss verbannt wurde, nannte ich mich Tsui-weng, den Trunkenen Alten. Nun aber, da ich alt, gebrechlich und krank obendrein geworden bin und mich am Ufer des Ying-Flusses zur Ruhe setzen möchte, habe ich meinen Namen in Liu-i Chü-shih geändert, den ‚Stillen Gelehrten Sechs-Eins'.
Da fragte mich ein Besucher: „Was bedeutet eigentlich ‚Sechs-Eins'?" Und ich antwortete ihm: „In meinem Hause habe ich eine Bibliothek von zehntausend Bänden und eine Sammlung alter Inschriften auf Bronze und Stein von Urväter Zeiten an in tausend Mappen. Ich besitze eine Laute und ein Schachspiel, und daneben

steht immer ein Becher Weins!" – Der Besucher meinte daraufhin: „Das sind doch nur fünf ‚Einer'! Wie das?" – Ich antwortete ihm: „Und ich einsamer Alter inmitten dieser fünf Dinge, sind das etwa nicht sechs ‚Einer'?" Lachend entgegnete mein Gast: "Wollen Sie denn Ihrem Ruhme entfliehen, Meister, wenn Sie so oft Ihren Namen ändern? Davon hat doch Chuang-tse gesagt: ‚Mitten im Sonnenschein vor seinem eigenen Schatten davonlaufen wollen'. – Ich werde noch erleben, wie Sie, Meister, auf Ihrer hastigen Flucht ausser Atem geraten und vor Durst umkommen, aber Ihrem Ruhme entgehen Sie doch nicht!"
Ich sagte: „Sehr wohl weiss ich es, dass man seinem Rufe nicht entgehen kann; ich weiss aber auch, dass ich es nicht nötig habe, ihn zu fliehen. – Als ich diesen Namen bildete, hatte ich damit nichts weiter als meine Steckenpferde im Sinn."
Und als mein Besucher fragte: „Wieso Ihre Steckenpferde?", antwortete ich ihm: „Oh, es geht nichts über meine Steckenpferde! Wenn ich versunken bei meinen fünf Dingen sitze, dann mag der majestätische T'ai-shan-Berg vor mir stehen und ich sehe ihn nicht, – dann mag ein Donnerschlag den Hauspfosten zerschmettern, und ich merke es nicht. Auch das neunfache Echo in den weiten Gefilden am Tung-t'ing-See, auch der Anblick der Heroenschlacht in der Ebene von Cho-lu vermöchten nicht das Ausmass dieser Freuden auch nur annähernd auszudrücken. – Selbst meine ständigen Sorgen haben nicht vermocht, meine Freude inmitten dieser fünf Dinge zu überwuchern. – Ich bin wahrhaftig in viele Händel dieser Welt verstrickt gewesen. Am ärgsten waren zwei: Hofdienst und Staatsämter rüttelten an meinem Körper; Kummer und Sorgen zehrten an meinem Geist. Und längst wäre mein Körper auch ohne Kranksein erschlafft und mein Geist noch vor dem Herannahen des Alters erschöpft, hätte ich mich nicht bei diesen fünf Dingen erholt!
Drei Jahre lang bitte ich nun schon – dennoch – um

Urlaub vom Hofe. Dass der Himmelssohn sich eines Tages mitfühlend erbarme und meinen alten Knochen gnädig gewähre, mit diesen fünf Dingen zusammen heimzukehren zu Hütte und Feld, dass er mir diesen meinen innigsten Wunsch aus einem früheren Leben endlich erfülle: das ist's, was ich mit diesem Namen im Sinne habe!"

(Olbricht)

CHOU TUN-I

In der Geschichte der Philosophie wird Chou Tun-i (1017-1073) als einer der Mitbegründer des Neu-Konfuzianismus zur Sung-Zeit gerühmt, der in Chu Hsi (s. S. 218) seine Vollendung fand. Bei ihm wird wohl am deutlichsten, worum es dabei ging, um den metaphysischen Unterbau eines Lehrgebäudes, das bis dahin die Metaphysik geradezu abgelehnt hatte. Zweifellos änderte sich diese Auffassung unter dem Einfluss des Buddhismus, der zuerst und zuletzt nach einer Metaphysik fragte. Und so kann man von einer Philosophie im europäischen Sinne in China erst von der Sung-Zeit an sprechen. Die vollendete Synthese gelang Chou Tun-i, und die zehn Grundsätze seiner 'Tafel des Urprinzips' geben den klarsten Aufriss der chinesischen Weltauffassung überhaupt. Von seinen Schriften ist nicht mehr viel erhalten, aber allein der berühmte Sinnspruch 'Lotosliebe' verdeutlicht noch einmal diese Synthese und sein liebendes Erfassen auch der buddhistischen Lehre, zu deren Sinnbild schlechthin der Lotos geworden war, der sich aus den Niederungen schlammiger Teiche zu makelloser Reinheit entfaltet. Das Leben des Chou Tun-i verlief ohne schwere dramatische Spannungen in nicht sehr bedeutenden Beamtenstellungen und endete wie das vieler grosser und einsiedlerischer Geister Chinas in den Lu-shan-Bergen, in der Mitte des Landes.

DIE TAFEL DES URPRINZIPS

Das höchste Nichtsein ist zugleich das höchste Sein.
Bewegt sich das höchste Sein, so entsteht das Yang. Am Ende der Bewegung steht die Ruhe, das Yin. Am Ende der Ruhe entsteht wieder Bewegung. So sind Bewegung und Ruhe jedes der Ursprung des anderen. Unterschieden stellen Yin und Yang die beiden Pole dar.
Wandelt sich das Yang, und tritt Yin hinzu, so erzeugen sie Wasser, Feuer, Holz, Metall und Erde, jedes mit

einem eignen Wesen, und die vier Jahreszeiten treten ihren Lauf an.
Die fünf Elemente in ihrer Gesamtheit sind Yin und Yang, Yin und Yang in ihrer Gesamtheit bilden das höchste Sein, und das höchste Sein wurzelt im höchsten Nichtsein. Sind die Fünf Elemente hervorgebracht, hat jedes seine eigene Natur.
Das wahre höchste Nichtsein und die Essenz der Zwei (-Polarität) und Fünf (Elemente) vereinigen sich in unfassbarer Weise und gerinnen. Der Weg (Tao) des Himmels wird der männliche, der der Erde der weibliche. Ihrer beiden Wesen vereinigen sich, erregen einander und bringen durch ihre Wandlungen die Zehntausend Dinge hervor. Alle Dinge haben ihr Leben, verändern und wandeln sich ohne Ende.
Allein der Mensch erhält den feinsten Stoff und das meiste an Geist. Ist sein Körper entstanden, entwickelt sein Geist das Wissen, seine fünf Naturen erregen und bewegen sich, er unterscheidet Gut und Böse und tut alle möglichen Taten.
Der Heilige richtet sich nach der rechten Mitte, der Gradheit, Menschlichkeit und Gerechtigkeit, vor allem strebt er nach Ausgeglichenheit und erreicht dadurch das Höchste der Menschen. So gleicht seine Tugend der des Himmels und der Erde, sein Glanz dem der Sonne und des Mondes, seine Taten dem Ablauf der vier Jahreszeiten, und er hat Macht über Glück und Unglück wie die Geister und Dämonen.
Der Edle pflegt die Tugend und wird dadurch glücklich, der Niedrige widersetzt sich ihr und wird dadurch unglücklich.
Darum heisst es: erfasst man den Weg des Himmels, so spricht man von Yin und Yang, erfasst man den Weg der Erde, so spricht man von Weichem und Hartem, erfasst man den Weg des Menschen, so spricht man von Menschlichkeit und Gerechtigkeit. Fragt man nach dem Anfang und Ende, dann versteht man den Sinn von Leben und Tod.

Wahrlich gross sind die Wandlungen, und darin ist alles beschlossen. *(S.)*

LOTOSLIEBE

Liebenswerte Pflanzen und Bäume gibt es zahlreich im Wasser und auf dem Lande. Der Dichter T'ao Yüan-ming liebte einzig die Chrysanthemen. Seit den Kaisern der T'ang-Dynastie haben viele eine besondere Liebe zu den Päonien. Ich liebe allein den Lotos, wie er entsteigend aus Schmutz und Schlamm doch nicht davon berührt wird.
Aber er ist kein Blendwerk, denn er reinigt sich im klaren Gekräusel der Wellen. Im Inneren hohl, steht er doch äusserlich aufrecht da und verliert sich nicht in abschweifendes Gezweige. Weithin duftend, voll Nutzen und Reinheit, gerade und klar aufgerichtet, ist er weithin zu sehen, und kein Spott haftet an ihm.
Ich möchte sagen, dass die Chrysantheme wie ein einsamer Gelehrter ist, und die Päonie wie ein Mann mit Reichtum und Ehren. Der Lotos aber ist ein Edler, ein Aristokrat. Ach ja, seit T'ao Yüan-ming hat man von Liebe zu Chrysanthemen zwar nur wenig gehört. Wer aber teilt mit mir die Liebe zum Lotos? Die Liebe zu den Päonien passt so recht für die Masse.

(Eichhorn)

WANG AN-SHIH

Die dem chinesischen Geist eigentümliche Verbindung von politisch-moralischer Leidenschaft und literatischem Genie bestätigt sich in der Gestalt des Wang An-shih (1021-1086), der, bedeutend als Dichter, vorbildlich als Prosaist, seine tragische Grösse jedoch als Staatsmann und Sozialreformer gewinnt.
Aus einer nicht sonderlich begüterten Familie stammend, entzog sich Wang bis zum 46. Lebensjahre der Berufung in die Hauptstadt, wohin sein Ruhm als Literat – er pflegte den Stil des Han Yü – und tatkräftig-fortschrittlicher Verwaltungsbeamter gedrungen war. Seine im Provinzialdienst gewonnene Sachkenntnis schlug sich in dem 'Memorandum der Zehntausend Worte' nieder, das er im Jahre 1058 als ein Radikalmittel gegen die mannigfachen Missstände des Sung-Reiches dem Kaiser Jentsung vorlegte. Dieser, der dem resoluten, in vielem klarblickenden Idealisten nicht gewogen war, nicht zuletzt, weil dessen bemerkenswerte Vernachlässigung des Äusseren ihm affektiert und somit verdächtig erschien, liess die Schrift unbeachtet. Erst in dem jungen Kaiser Shen-tsung findet Wang An-shih einen aufgeschlossenen Gönner. Er wird Vizekanzler, 1070 Reichskanzler, und führt gegen den Widerstand der meisten Minister und Zensoren, die entweder von selbst ihr Amt niederlegen oder ausgeschaltet werden, sein Reformwerk durch. Es ist der vierte staatssozialistische Versuch in der Geschichte Chinas, dessen ersten wir unter Shang Yang (vgl. S. 94) erlebten; und es ist kein Zufall, dass Wang Anshih diesem ein Gedicht der Huldigung widmete.
Seine Massnahmen sind gegen den Monopolkapitalismus der Grosskaufmannschaft gerichtet. Den Bauern werden Kredite gewährt, die Besoldung der Beamten verbessert und eine Miliz neben dem stehenden Heere geschaffen. Aber die gehegten Erwartungen erfüllen sich nicht. Im Gegenteil, gerade die kleineren Bauern, unfähig, die staatlichen Kredite zurückzuerstatten, ge-

raten in äusserste Not. Zudem verstärkt sich die Opposition der Intelligenz, als der Kanzler das geistige Leben zu reglementieren versucht. 1071 legt Ou-yang Hsiu (vgl. S. 175) seine sämtlichen Ämter nieder. Su Tung-p'o (vgl. S. 197) warnt mit den Seinen wiederholt vor dem Diktator. Der wird 1074 entlassen, im nächsten Jahre wiederberufen und bittet 1076, enttäuscht von dem mangelnden Erfolg seines Lebenswerkes, verraten von dem engsten Mitarbeiter und gebrochen durch den Tod seines Sohnes, um den Abschied, der dem noch immer Hochgeehrten gewährt wird.
Der Grund für das Scheitern der Reformen kann, je nach dem Lager, in dem der Betrachter steht, als ein Unterliegen des Kleinhandels gegenüber dem reaktionären Grosshandel und seinem Anhang in der Regierung (Eberhard) oder als das einer moralisch sauberen, aber dem Radikalismus zuneigenden Tendenz gegenüber einer vielleicht bisweilen lässlichen, aber menschlichen Ordnung (Lin Yutang) interpretiert werden. Welchem der beiden Extreme sich das Urteil nähern mag: Es wird die schwierige, in der Wahl der wenigen Freunde nicht glückliche Persönlichkeit des Reformators selbst in Rechnung stellen müssen.

AUS DEM MEMORANDUM DER ZEHNTAUSEND WORTE

Ich, Euer Majestät unwissender und unfähiger Diener, bin mit dem Auftrage beehrt worden, an der Verwaltung eines Gerichtsbezirkes mitzuarbeiten. Nun da ich zur Berichterstattung an den Hof befohlen bin, halte ich es für meine Pflicht, Ihre Aufmerksamkeit auf gewisse Dinge zu lenken, welche die Regierung betreffen. Ohne meine Unfähigkeit zu bedenken, wage ich diesen Schritt und darf mich dabei auf die Erfahrungen berufen, die ich im Laufe meiner Tätigkeit als Beamter gesammelt habe. Ich würde es für ein grosses Glück halten, wenn meinen Vorschlägen Ihre Aufmerksamkeit zuteil würde und wenn Sie einen Weg sähen, sich diejenigen zueigen zu machen, die nach Ihrer Meinung vernünftig sind.

Es ist bekannt, dass Euer Majestät sorgfältig und wirtschaftlich handeln, mit grossem Wissen und grosser Weisheit begabt sind, mit Eifer und Tatkraft die täglichen Pflichten ausüben und ausschweifenden und zeitvergeudenden Vergnügungen ganz und gar abgeneigt sind. Ihre Liebe zum Volke wird von allen geschätzt. Die Art und Weise, wie Sie ganz öffentlich die Männer auswählen, die das Volk auf den höchsten Beamtenposten des Staates zu sehen wünscht, und wie Sie dann die Ernennungen ohne Rücksicht auf die Opposition verleumderischer und schlauer Blender durchführen, ist nicht einmal von den Herrschern des Goldenen Zeitalters übertroffen worden.

Wenn man sich das alles vor Augen hält, dürfte man wohl zu Recht annehmen, dass die Armut überall unbekannt wäre, und dass das Reich als Ganzes blühte und gediehe.

Das ist jedoch nicht der Fall. Es ist vielmehr nicht zu übersehen, dass die inneren Verhältnisse des Landes sehr fürsorglicher Ueberlegungen bedürfen, und dass der Druck feindlicher Streitkräfte auf unsere Grenzen eine fortgesetzte Bedrohung unseres Friedens darstellt. Die Mittel des Reiches nähern sich schnell der Erschöpfung, und die öffentliche Moral ist immer mehr im Schwinden. Treu ergebene und furchtlose Männer sorgen sich in wachsendem Masse um den Ausgang dieser unerfreulichen Entwicklungen . . .

Meine eigenen Beobachtungen veranlassen mich zu der Feststellung, dass niemals der Mangel an fähigen Beamten im Staatsdienst so gross war wie heute. Wenn vorgebracht werden sollte, dass diese Männer wohl vorhanden, aber in den Landbezirken versteckt seien, so möchte ich dazu sagen, dass ich, obwohl ich eifrig nach ihnen gesucht habe, in der Tat nur sehr wenige fand . . .

Für mich liegt das augenblicklich vordringlichste Bedürfnis in der Sorge für eine gute Beamtenschaft. Wir sollten sicherstellen, dass eine wachsende Anzahl dieser Beamten für den Staatsdienst zur Verfügung steht, so dass wir aus dieser umfangreicheren Gruppe eine genügend grosse Zahl für unsere Zwecke auswählen und uns damit die Möglichkeit sichern können, Männer in die ihnen angemessenen Positionen zu bringen. Unter dieser Voraussetzung dürfte es, mit Berücksichtigung der dafür erforderlichen Zeit und anderer Faktoren, und unter dauernder Beobachtung der Gebote der Menschlichkeit und Vernunft, nicht schwierig sein, die Regierungs- und Verwaltungsmethoden so zu reformieren, dass sie den von den Herrschern des Altertums festgelegten Richtlinien entsprechen...

I.

Ueber die Methode der Ausbildung

Es ist richtig, dass heute jede Provinz (Chou) und jeder Kreis (Hsien) eigentlich Schulen haben sollen. In Wirklichkeit sind diese Schulen jedoch nur ein Haufen Ziegel und Mörtel, denn es gibt dort keine Lehrer und es wird nichts Richtiges gelernt. Es ist richtig, dass in der Reichsuniversität Lehrkräfte vorhanden sind, aber sie wurden ohne jede Sorgfalt ausgewählt. Höfische Zeremonien, Musik und Verwaltungslehre haben keinen Raum in dem Lehrplan. Ich gebe zu, die Studenten haben eine unbestimmte Vorstellung davon, dass diese Dinge einen Teil der Verantwortlichkeit eines Mannes in öffentlicher Stellung ausmachen, aber sie begreifen nicht, dass dies gerade die Dinge sind, mit denen sie sich gründlich vertraut machen sollten.

In der Hauptsache besteht der Unterricht aus Erklärungen der klassischen Texte, die in Abschnitte und Sätze zerlegt werden. Das war jedoch nicht die Methode früherer Zeiten.

In neuerer Zeit ist eine neue Lehrmethode aufgekommen, bei der die Studenten sich durch Aufsatzschreiben für die Beamtenprüfungen vorbereiten. Bei dieser Methode muss man jedoch eine äusserst umfangreiche Literatur auswendig lernen und aufsagen können, und der Kandidat muss sich, wenn er Erfolg haben will, den ganzen Tag lang angestrengt dieser Aufgabe hingeben. Aber selbst wenn dabei Erfolge erzielt werden, dann qualifiziert sich damit der beste Student noch nicht für eine leitende Position und der weniger erfolgreiche nicht für einen anderen Beamtenposten. Selbst wenn sie in den Schulen so lange lernen, bis ihre Haare grau sind, und wenn sie den ganzen Tag die ihnen gestellten Aufgaben zu erfüllen versuchen, hätten sie nur eine ganz blasse Ahnung von dem, was später im Amt zu tun ist. Die augenblickliche Lehrmethode bildet nicht nur nicht den Menschentyp heran, den wir brauchen, sie verdirbt vielmehr den Studenten derart, dass er niemals ein tüchtiger Verwaltungsfachmann werden kann. Die Befähigung für die Verwaltung wird am besten durch Spezialisierung herangebildet, und sie wird durch eine zu grosse Zahl der Studienfächer vernichtet. So stellen wir fest, dass die Herrscher des Altertums ihre Handwerksmeister in den Betrieben suchten, ihre Landwirtschaftsfachleute auf den Gütern, ihre Wirtschaftler auf den Märkten und ihre Beamten in den Schulen. So hatte jeder die Gelegenheit, sich auf seinem eigenen Gebiete zu spezialisieren und brauchte als Vorbereitung für eine ganz bestimmte Tätigkeit nichts ausserhalb Liegendes zu studieren. Man war der Ansicht, dass ein anderes System der Erwerbung des erforderlichen Fachwissens abträglich sei. Die Studenten wurden auch daran gehindert, etwas anderes als die Methoden und Grundsätze der Herrscher des Altertums zu studieren, und die zahlreichen abweichenden Lehren der verschiedenen Schulen wurden unter strenge Strafen gestellt. Die heutigen Studenten sollten praktische Verwaltungsmethoden studieren. Aber sie erhalten entweder überhaupt keinen Unterricht oder sie werden bei der anstrengenden Pflege der Kunst des Aufsatzschreibens verbraucht. Die Alten widmeten ihre Zeit und Arbeitskraft im wesentlichen dem Studium der praktischen Verwaltung, und doch entwickelten nicht alle die gleiche Befähigung für das gleiche Gebiet. Heute werden dagegen Zeit und Arbeitskraft der Studenten in ganz andere Kanäle geleitet, und sie geben sich unnützen Studien hin. Man braucht sich nicht zu wundern, dass, wenn solchen Leuten Regierungsposten gegeben werden, sich nur wenige befähigt finden, ihre Aufgaben zu erfüllen.

Ich wiederhole noch einmal, dass das heutige System nicht nur den benötigten Menschentyp nicht hervorbringt, sondern ihn sogar für die Verwaltungsaufgaben ungeeignet macht.

Weiter wurden unter den Herrschern des Altertums die Studenten sowohl in Zivil- wie auch in Militärfragen unterrichtet. Man war sich auch darüber klar, dass man unter den Studenten einige finden würde, die für hohe Aemter befähigt waren, und dass andere nur für niedrigere Posten geeignet waren. Man trug der Tatsache Rechnung, dass die Menschen verschieden begabt und für verschiedene Arten von Arbeit unterschiedlich geeignet sind. Im Zusammenhang mit dem Militärdienst wurde niemandem, der nicht in diesen Dingen eine besondere Ausbildung genossen hatte, ein Posten gegeben, obwohl dagegen solche, die eine derartige Ausbildung durchgemacht hatten, alle einen ihren Fähigkeiten entsprechenden Posten erhielten. Die qualifizierteren Leute erhielten die wichtigsten zivilen Posten in Friedenszeiten oder die wichtigsten Offiziersstellen bei Grenzunruhen oder im Kriegsfalle. Die weniger qualifizierten Anwärter wurden an die Spitze der verschiedenen kleineren Verwaltungs- oder Militäreinheiten gesetzt. Auf diese Weise wurden die hohen Garnisonsposten und die wichtigen Länderverwaltungsstellen alle mit überragenden Persönlichkeiten besetzt, die zugleich Wissenschaftler und Heerführer waren.

Die Studenten betonen heutzutage ganz besonders den Unterschied zwischen zivilen und militärischen Angelegenheiten. In der Regel gestehen sie ein, von militärischen Dingen nichts zu verstehen, da sie sich ausschliesslich mit Fragen der Zivilverwaltung befassten. So kommt es, dass die militärischen Posten den sogenannten ‚Militärs' überlassen bleiben. Diese kommen oft aus dem Stande der ausgehobenen Söldner, die sich hauptsächlich aus den Taugenichtsen der Dörfer rekrutieren; denn wer tüchtig genug ist, sich in seinem eigenen Dorfe am Leben zu halten, bietet sich nicht der Armee an. Aber jene Garnisonsposten und andere Armeestellen sind von lebenswichtiger Bedeutung für das Land, und die Auswahl der richtigen Männer für diese Posten sollte die ungeteilte Aufmerksamkeit des Herrschers finden.

Im Altertum erlernten als äusserst dringliche Erfordernisse alle Beamtenkandidaten das Bogenschiessen und das Kampfwagenfahren. Auf der anderen Seite berücksichtigte man aber auch die individuellen Begabungen der Studenten, und es wurde kein Zwang ausgeübt, wenn man erkannte, dass jemand für ein bestimmtes Gebiet nicht geeignet war. Es wurde aber erwartet, dass sich alle gesunden Männer im Bogenschiessen übten; nur die Körperbehinderten waren von diesem Ausbildungszweig befreit.

So war das Bogenschiessen in den Bezirks- und Dorfschulen ein Pflichtfach, weil es für alle, die Beamte werden würden, eine notwendige Fertigkeit war. Es war notwendig für die Unterhaltung von Gästen, es diente dazu, den Charakter eines Mannes zu bestimmen, und es zeigte, wer ein guter Kollege sein würde. Bei Musikfestspielen und in Verbindung mit der Durchführung von grossen Zeremonien und Opferfeiern fand sich immer eine Gelegenheit für die Ausübung des Bogenschiessens. Im *Buch der Wandlungen* heisst es:

„Bogenschiessen trägt zum Schutze des Staates bei."

Daraus erhellt, dass die Alten das Bogenschiessen nicht nur als zeremonielle Fertigkeit betrachteten, sondern als eine der mächtigsten Stützen in Kriegszeiten, als ein

Mittel zur Sicherstellung des militärischen Prestiges und zum Schutze des Staates ...
Heutzutage wird jedoch diese ausserordentlich wichtige Verantwortung, die von sehr sorgfältig ausgesuchten Männern getragen werden sollte, ‚Taugenichtsen' aufgebürdet, die nicht einmal fähig waren, in ihren eigenen Heimatdörfern ein notdürftiges Auskommen zu finden. Darin liegt auch unsere dauernde Sorge um die Lage an den Grenzen begründet, und daraus erklärt sich auch unsere Besorgnis um die Zuverlässigkeit des Heeres, wenn der Staat einmal in Gefahr sein sollte.
Der Hauptfaktor für das Zustandekommen dieser Situation ist die Art und Weise, wie die heutigen Studenten das Waffenhandwerk als eine Schande betrachten, so dass wir unter ihnen niemanden finden, der reiten, schiessen, oder an irgendwelchen militärischen Uebungen teilnehmen kann. Das lässt uns keine andere Wahl als uns in der Sicherheitsfrage auf gemietete Truppen zu verlassen.
Weiterhin hat die Ansicht der Studenten, dass das Waffentragen eine Schande sei, seinen Grund darin, dass militärische Dinge in den Schulen nicht richtig unterrichtet werden, und dass man der Auswahl der Männer für militärische Posten nicht die nötige Sorgfalt angedeihen lässt.
Dies erläutert, warum wir nicht die richtige Methode der Unterweisung haben.

II.

Ueber die Besoldung der Beamten

Die heute den Beamten gezahlten Gehälter sind zu niedrig. Mit Ausnahme der sehr hochgestellten Beamten in Hofkreisen befassen sich alle, die grosse Familien zu ernähren haben, mit Landwirtschaft oder Handel, um sich durchzubringen.
Ich darf hervorheben, dass ein Mann von lauterem Charakter seine Integrität und seinen guten Namen

auch dann bewahren wird, wenn er in schlechten finanziellen Verhältnissen lebt. Es heisst auch allgemein, dass ein Mann von minderwertigem Charakter auch dann schlecht bleibt, wenn er reich wird. Aber für den Durchschnittsmenschen treffen diese allgemeinen Regeln nicht zu. In diesem Falle verleitet Armut zu moralischem Abstieg, und Reichtum verhilft zur Wahrung eines guten Namens.

Die Herrscher des Altertums wussten, dass die grosse Mehrzahl nicht durch Gewalt gezwungen werden konnte, irgendeine Verhaltensweise anzunehmen, und so wählten sie den mittelmässigen Mann und nicht sich selber als Mass-Stab. Sie versuchten, die Menschen ihrer natürlichen Veranlagung entsprechend weiterzuführen und liessen sich dabei von der Idee leiten, dass sie durch die Anwendung einer Methode, der der einfache Mann folgen und nach der er sich richten konnte, ihre Pläne im ganzen Reiche verwirklichen und ihnen Dauerhaftigkeit sichern konnten.

Bei der Höhe der augenblicklichen Gehälter ist es jedoch für den einfachen Mann unmöglich, ehrlich zu bleiben und Selbstachtung zu wahren, und es ist auch zwecklos, dies von ihm zu erwarten. So stellen wir denn fest, dass die hohen Beamten Bestechungsgelder und Geschenke anbieten und entgegennehmen, private Geschäfte machen und sich nicht daran stossen, dass sie für korrupt gehalten werden. Der Schwarm der kleineren Beamten ist auf vielfältige Art und Weise damit beschäftigt, zu Geld zu kommen; er befasst sich nicht nur mit Verkaufs- und Tauschhandel, sondern erniedrigt sich sogar zum Betteln. Wenn die Beamten erst einmal den Ruf der Korruptheit haben, werden sie nachlässig und bemühen sich nur noch, ihre Stellung zu halten. Wirkliche Ernsthaftigkeit und Hingebung an das öffentliche Anliegen werden unbekannt. Wenn die Beamtenpflichten in dieser Weise vernachlässigt werden, ist es natürlich der Regierung unmöglich, echte Fortschritte zu machen. Wenn aber noch Bestechung hinzukommt, wenn das Volk eingeschüchtert wird, um es mit ‚Geldstrafen' zu belegen, dann erkennen wir die Folgen der Feststellung, dass wir unsere Beamten nicht mit ausreichenden finanziellen Mitteln ausstatten.

Jeder, der sieht, dass es keine Bestimmungen über die Ausgaben für Heirat, Begräbnis, Unterstützung der Eltern, Kleidung, Lebensmittel und andere lebensnotwendige Dinge gibt, kommt dazu, Masslosigkeit für bewundernswert und Sparsamkeit für entehrend zu halten. Wenn jemand Reichtümer besitzt, führt er alles das in verschwenderischem Stile aus und folgt dabei nur seiner eigenen Phantasie. Da dies in keiner Weise von den Behörden untersagt wird, beginnt das Volk, es für völlig in der Ordnung zu halten. Ein Mann mit beschränkten Mitteln, der sich den herkömmlichen Lebensstandard nicht leisten kann, beleidigt dauernd seine Verwandten bei Anlässen wie Hochzeiten und Begräbnisse. So kommen die Leute dazu, Sparsamkeit für etwas zu halten, dessen man sich schämen muss. Die Reichen streben nach weiteren Reichtümern und verfallen völlig der Geldgier, während sich die Armen im Rahmen ihrer beschränkten Mittel ganz verausgaben bei dem Versuch, mit ihnen Schritt zu halten. So wird es für einen Beamten doppelt schwierig, ehrlich zu sein. Dies ist eine Erläuterung zu der Feststellung, dass wir nicht in der Lage sind, die Beamten durch die Gebote der Schicklichkeit zu beschränken.

Den Beamten der engeren Hofkreise ist es natürlich gut bekannt, dass Euer Majestät in der Lebensführung streng auf Sparsamkeit sehen, und dass Sie hoffen, dem ganzen Volke dadurch ein Beispiel zu geben. Aber diese Beamten sind in ihrem Familienleben rücksichtslos verschwenderisch, sie verletzen Ihre Gebote und tun damit dem Unterhalt und der Moral des Volkes Gewalt an. Obwohl dieses Verhalten schon ein ernstes Stadium erreicht hat, habe ich noch nicht gehört, dass einer von ihnen seinen Rang verloren hätte oder entlassen worden wäre.

Ich weiss, dass in diesen Tagen das Gesetz strenge Strafen für die Praktiken habgieriger Beamter vorsieht. Wenn aber auf der einen Seite solche Verbote erlassen werden und gleichzeitig Auswüchse und Verschwendung unbeachtet bleiben, dann wird der Nachdruck auf die falsche Stelle gelegt, das Unwesentliche wird für wichtig gehalten und das absolut Grundlegende erfährt keine Beachtung ...

III.

Ueber die Methode der Beamtenauswahl

Die augenblickliche Methode der Beamtenauswahl ist wie folgt:

Wenn jemand ein enormes Gedächtnis hat, ausgedehnte Teile der Klassiker hersagen kann und einiges Geschick im Verfassen von Aufsätzen besitzt, hält man ihn für besonders hervorragend und angesehen und wählt ihn für die höchsten Rangklassen der Staatsminister. Denjenigen, die nicht über ein gar so gutes Gedächtnis oder über so umfassende Wiedergabefähigkeiten verfügen, die aber doch mit Geschick Aufsätze schreiben können und Begabung für Dichtung und Reime zeigen, wird der Grad eines Chin-shih verliehen, und die Besten können auch in hohe Stellungen gewählt werden. Es sollte keiner Diskussion bedürfen, um aufzuzeigen, dass die Kenntnisse und Fertigkeiten, die diese Männer dartun, sie allein in keiner Weise geeignet machen, solche mit Autorität und Würde verbundenen Stellungen einzunehmen. Es ist jedoch die herrschende Meinung, dass diese so lange angewandte Methode sich als geeignet herausgestellt hat, Männer, die für diese Posten befähigt sind, zur Verfügung zu stellen. Es wird dann vorgebracht, dass eine Aenderung der Bestimmungen oder der Versuch, in dieser Sache den alten Vorbildern zu folgen, ganz unnötig sei. Ich behaupte, dass dies eine falsche Argumentation ist ...

Die Herrscher des Altertums liessen es sich angelegen

sein, die allergrösste Sorgfalt bei der Auswahl der Männer für Beamtenposten walten zu lassen. Denn wenn man die richtigen Männer herbeigeschafft hatte, konnten sie damit betraut werden, Männer von gleichem Geist und Eigenschaften zu finden, um andere Posten mit ihnen zu besetzen. Auf diese Weise wurden sämtliche Regierungsposten von Männern des richtigen Typus ausgefüllt.

Bei unserem augenblicklichen System ist es dagegen möglich, dass ein unwürdiger Mann in die wichtigsten Positionen kommt, und wenn es ihm gestattet wäre, den alten Mustern zu folgen, würde er Leute seiner eigenen Art in andere Hofstellungen bringen, und das würde schliesslich bedeuten, dass die grosse Mehrheit der Regierungsposten von Männern ausgefüllt wird, die der Ehre nicht würdig sind und die ihre Aufgaben nicht erfüllen können. Sollte dann einmal ein einzelner Beamter von wirklichem Wert und Befähigung den Weg zum Einfluss finden, dann würde er sehr oft in Verlegenheit geraten, wenn er niemanden findet, der ihm bei der Ausführung seiner Pläne behilflich ist . . .

Eine weitere Grundlage für die Auswahl ist die Kenntnis der Neun Klassiker oder der Fünf Klassiker, oder die spezielle Kenntnis eines Klassikers oder juristische Kenntnisse. Der Hof hat schon erkannt, dass diese Kenntnisse für die praktische Verwaltungsarbeit wertlos sind, und hat gewisse Aenderungen in das alte System gebracht. Es wird nunmehr eine Kenntnis der grundsätzlichen Ideen der Klassiker verlangt. Die Männer, die auf Grund dieses Systems hinzukamen, sind gegenüber den nach der alten Methode ausgewählten kein Gewinn. So wurde später wieder eine Aenderung durchgeführt, und man verlangte ein Verstehen der allgemeinen klassischen Ideen, um solche Leute, die in der Interpretation klassischer Texte und ihrer praktischen Anwendung bewandert waren, zu befördern. Aber diese Aenderungen sind von geringem Wert, denn die nach dieser Methode ausgewählten Leute sind immer noch die, welche ein immenses Gedächtnis und Geschick im Abfassen von Aufsätzen besitzen. Männer, die wirklich die Ideen der Herrscher des Altertums verstehen und die in der Lage sind, sie praktisch auf Probleme der Regierung anzuwenden, findet man nicht notwendigerweise durch dieses Verfahren.

Ein weiterer Beamtentyp verdankt seine Ernennung reiner Günstlingswirtschaft. Es handelt sich dabei hauptsächlich um die Söhne und Brüder von Leuten, die bereits im Amte sind. Sie haben weder in den Schulen Unterricht genossen, noch sind ihre Fähigkeiten von den Behörden geprüft worden. Bei vielen von ihnen können die eigenen Väter oder Brüder nicht für eine gute Moral bürgen. Und doch bekommen sie vom Hofe ihr Patent, und es wird ihnen Rang und Amt gegeben ...

IV.

Ueber die Ernennung von Beamten

Wie ich bereits aufgezeigt habe, ist die augenblickliche Methode der Beamtenauswahl schon im Prinzip falsch. Ich muss nun hinzufügen, dass bei der eigentlichen Ernennung eines Beamten nicht untersucht wird, ob er sich wirklich für den Posten, der ihm zugedacht ist, eignet. Es wird lediglich sein Examensjahr oder sein Abschneiden bei den Prüfungen beachtet; oder weiter wird, anstatt seine Eignung für einen bestimmten Posten festzustellen, nur die Zahl seiner bisherigen Dienstjahre berücksichtigt.

Auf Grund seiner literarischen Fähigkeiten wird etwa jemand zum Finanzbeamten gemacht, wird dann zum juristischen Dienst versetzt oder bekommt ein Amt im Ministerium der Riten. Es ist ganz natürlich, dass man nur sehr wenige Leute findet, die in jedem Amt ihre Pflichten erfüllen können. Das hat dazu geführt, dass sie in die Gewohnheit verfielen, gar nichts mehr zu tun. Wenn jemand einen Posten im Ministerium der Riten bekommt, stört ihn seine völlige Unkenntnis der Riten in keiner Weise, und zwar aus dem einfachen Grunde, weil er weiss, dass die Beamten dort niemals in ihren Amtspflichten unterwiesen worden sind. Das gleiche gilt für die Beamten, die in den juristischen Dienst aufgenommen werden.

Wir stellen fest, dass die Leute sich allmählich an die fehlende Unterweisung gewöhnt haben und dass sie infolgedessen ganz in herkömmliche Vorstellungen und Praktiken verstrickt wurden. Ich weiss, es trifft zu, dass der Hof in einigen Fällen gegen die Ernennung eines Mannes Einspruch erhoben hat, weil der Betreffende nicht die anerkannte *Ausbildung* hinter sich hatte; ich kenne aber keinen Fall, in dem jemand zurückgewiesen wurde, weil er nicht die *Befähigung* für einen bestimmten Posten mitbrachte.

Dann muss ich weiterhin Bezug nehmen auf das augenblicklich geübte Verfahren, die Beamten häufig an andere Orte zu versetzen. Eben weil die Männer nicht eine nennenswerte Zeit lang im gleichen Amte bleiben, können ihre Vorgesetzten sie oder ihre Fähigkeiten in keiner Weise richtig kennenlernen. Ferner wollen die Leute in untergeordneten Posten, da sie keine Zeit haben, ihre Vorgesetzten respektieren zu lernen, ihnen meist nicht gehorchen. Ein wertvoller Mann hat nicht genügend Zeit, seine Pläne in die Wirklichkeit umzusetzen, und ein unwürdiger Mann bleibt nicht lange genug auf einem Posten, dass sich seine üblen Anlagen offenbaren. Noch andere Uebel begleiten dieses System, wie zum Beispiel die Last, die mit dem ständigen Kommen und Gehen von Beamten auf die örtliche Bevölkerung fällt. Im Rechnungswesen und in den amtlichen Aufzeichnungen erscheinen zu viele Mängel, die auf diese dauernden Wechsel zurückzuführen sind. Das sind die kleineren Uebel, die diesem System anhaften. Es müsste zur Regel gemacht werden, dass Ernennungen für eine längere Zeitdauer vorgenommen werden, wobei denen, die grössere Gebiete zu verwalten haben oder besonders grosse Verantwortung tragen, eine entsprechend längere Zeit zuerkannt werden sollte. Nur dann können wir erwarten, dass ein Beamter einen wirklich wertvollen und konstruktiven Beitrag für den Staat leistet. Die gegenwärtige Praxis ist jedoch gegenteiliger Natur, und viele Beamte werden schon nach wenigen Tagen im Amte wieder versetzt . . .

Ein weiterer Mangel, den ich nun hervorheben muss, ist das fehlende Vertrauen, das man den Beamten nach ihrer Ernennung entgegenbringt. Von einer Vielzahl ins kleinste gehender Beschränkungen und Behinderungen umgeben, ist es einem Beamten einfach unmöglich, irgendwelche Pläne, die er vielleicht haben mag, durchzuführen. Dies ist einer der Hauptgründe, weshalb heute die Beamten im Staatsdienst meist für ihre Positionen ungeeignet sind. Nachdem Sie nun einmal die falschen Männer im Amt haben, sehe ich ein, dass diese, würden sie nicht auf solche Weise eingeengt, zu allerlei Gesetzlosigkeiten schreiten würden, sobald ihnen die geringste Freiheit gewährt wird. Das mag richtig sein; aber ich möchte hier ganz besonders betonen, dass es, wie die Geschichte uns lehrt, unmöglich ist, eine ordentliche Regierungsführung allein dadurch zu gewährleisten, dass man sich, um die Beamten zu beaufsichtigen, auf das Gesetz stützt, wenn jene nicht die richtigen Männer für ihre Aufgaben sind. Ebenso sinnlos ist es, eine wirksame Verwaltung zu erwarten, wenn zwar die rechten Männer am rechten Platz sind, sie aber von einer Vielzahl kleiner und störender Verbote eingeengt werden.

Warum eigentlich lehnt der Hof die Beförderung eines wertvollen und fähigen Mannes ab, nur weil er nicht die anerkannten Ausbildungsstationen durchlaufen hat? Warum opponieren die grossen Würdenträger gegen solche Ernennungen? Warum weiter fürchtet sich der Hof, wenn er weiss, dass ein Mann weder den Charakter noch die Befähigung für einen Posten mitbringt, ihn abzulehnen, nur weil er von den Amtsträgern keines Verbrechens beschuldigt worden ist? Warum schliesslich weigern sich die grossen Würdenträger, der Abweisung eines solchen Mannes zuzustimmen, obwohl sie wissen, dass er für das Amt, in dem sie ihn zu sehen wünschen, ungeeignet ist?

Der Hauptgrund für diese Verwirrung der Begriffe ist ein moralischer: es wird kein Unterschied gemacht zwischen dem Wertvollen und dem Unwürdigen, dem Fähigen und dem Unfähigen...

Ich glaube, dass diese Angelegenheiten von erstrangiger Bedeutung für Euer Majestät persönliche Aufklärung sind. Wenn ich zu diesen Dingen zu schweigen hätte und nur eine oder zwei Angelegenheiten von untergeordneter Bedeutung zur Erwägung vorlegte, dann würde dieses Verhalten nur Ihre Gedanken verwirren und für die Regierung des Landes keine praktische Unterstützung bedeuten. So zu handeln wäre meinen Vorstellungen von Loyalität fremd und daher vertraue ich darauf, dass Euer Majestät meinen Vorschlägen Aufmerksamkeit schenken und diejenigen, die Euer Majestät für nützlich und angemessen halten, übernehmen. Das wird, ich bin überzeugt, zum wachsenden Wohlergehen Ihres Volkes beitragen.

(Williamson / Bendig)

SU TUNG-P'O

Su Tung-p'o, der 'Li T'ai-po der Sung-Zeit', ebenso berühmt als Politiker wie als Staatsmann, Historiker, Essayist, Dichter, Kalligraph und Maler, war nicht allein ein Genie, sondern zugleich ein Charakter, der vom Strom der Welt oft unsanft herumgeworfen wurde. Seinem Leben (1036-1101) leuchtete die kaiserliche Gunst und die Liebe seiner Freunde, aber daneben trafen ihn Verbannung und Leid, er starb im Exil. Als Gegner der staatssozialistischen Reformen eines Wang An-shih (vgl. S. 181) wurde er u.a. in den Jahren 1080-4 nach Huang-chou am mittleren Yangtse verbannt. Nahe diesem Ort ragt ein steiler Felsen aus dem Fluss, die Rote Wand, unter der im Jahre 208 n. Ch. der Usurpator Ts'ao Ts'ao in einer Schiffsschlacht entscheidend geschlagen wurde. Su Tung-p'o fuhr oft mit einem Kahn dorthin und schrieb seine Eindrücke und Gedanken in mehreren Essays nieder, die zum Besten gehören, was die chinesische Prosa kennt. Diese Essays sind auch 'Stilübungen', die vor allem Klarheit, genaue Beschreibung, treffend verwendete Zitate und Anspielungen und eine persönliche wie allgemeine Betrachtung enthalten sollen. Die 'Erste Fahrt zur Roten Wand' gibt ein unübertroffenes Beispiel dafür, ihre Wirkung kann man nur mit Heine's Lorelei vergleichen; seither gehört die Rote Wand zu den am häufigsten verwendeten Themen auch der chinesischen Landschaftsmalerei. Su Tung-p'o war selbst Maler und entwickelte sich unter dem Einfluss seines Freundes Wen T'ung († 1079) zu einem bedeutenden Meister der Bambusdarstellung, über die Li K'an später eine aufschlussreiche Schrift verfasste. Kein Gegenstand versinnbildlicht dem Chinesen den Begriff des Edlen so rein wie der Bambus, kein andrer bot so gute Gelegenheit, die Bilder gleichsam 'niederzuschreiben', und die Kalligraphie – weniger im Sinne der schönen als der geistvollen Schrift – gilt dort als Mutter der Malerei mit allen Vorrechten vor der Tochter. Su Tung-p'o schrieb in seinen Tage- bzw. Notizbüchern, in Gedichten und Bildaufschriften auch Gedanken über die Kunst des Malens und Dichtens nieder. Diese Sentenzen, die weder systematisch geordnet, noch bisher hinreichend erschlossen sind, gehören ohne Zweifel zu dem Wertvollsten, was je in China über Kunst gesagt wurde. Sie enthalten im Kern eine, wenn nicht die ganze chinesische Aesthetik, zum Glück erfasst von einer Warte und einer Zeit aus, die über das buddhistische Gedankengut ebenso verfügte wie über das konfuzianische und 'taoistische'; selbst die wenigen Beispiele lassen Su Tung-p'o sehr deutlich als einen Zeitgenossen des Chou Tun-i (s. S. 178) erkennen.

ÜBER MALEREI

Schon oft sprach ich meine Ansicht aus, dass in der Malerei Figuren und Tiere, Gebäude und Geräte eine feste Form haben, aber Berge und Felsen, Bambus und Bäume, Wasser und Wellen, Nebel und Wolken haben keine feste Form, sondern ein festes inneres Gesetz. Jedermann nimmt einen Fehler in der festen Form wahr, aber selbst Kenner bemerken in Bildern oft nicht die Verstösse gegen das innere Gesetz. Manche Künstler finden es leichter, die Betrachter zu täuschen und sich einen Namen zu machen mit Bildern ohne feste Formen. Verstösst man indes gegen die Formen eines Gegenstandes, so beschränken sich diese Verstösse auf einzelne Teile und verderben nicht das Ganze, während das Bild von einem Maler, der das innere Gesetz verfehlt, als Ganzes dahinfällt. Gerade bei den Dingen, die keine feste Form haben, muss man umso mehr auf das innere Gesetz achten. In aller Welt gibt es tüchtige Handwerker, die die Formen bis ins kleinste genau wiedergeben können, aber in das innere Gesetz einzudringen, vermag nur der hohe Geist oder das ungewöhnliche Genie. Von Wen T'ung (Yü-k'o) kann man wirklich sagen, dass er in seinen (Bildern von) Bambus, Felsen und alten Bäumen dieses Gesetz erfasste. Indes, was ist

Leben, was Tod, was geknickt und erschlafft, was straff und strotzend, die Stämme, die Zweige, die Knoten oder die Blätter, die Blattränder oder -adern? Alles unterliegt tausend Veränderungen und zehntausend Wandlungen und hat sich nicht einander angeglichen, alles aber, was an seinem Platz steht, ist in Übereinstimmung mit der Schöpfung des Himmels, und der, der das Gewollte verabscheut, tritt damit in den Kreis der durchschauenden Geister.

Die Maler von heute zeichnen Knoten um Knoten und häufen Blatt um Blatt; wie kann daraus ein Bambus werden? Willst Du Bambus malen, so musst Du zuerst das Ganze in Deiner Vorstellung erfassen. Dann nimm den Pinsel, konzentriere Deine Aufmerksamkeit und sieh nur darauf klar, was Du malen willst. Beginne ohne Verzug, bewege den Pinsel und folge Deiner Vorstellung so unmittelbar, wie ein Habicht herabstösst, wenn ein Hase aufspringt. Zögerst Du einen Augenblick, ist alles verloren.

Dies lehrte mich Wen T'ung, doch konnte ich es nicht ausführen, obwohl ich weiss, dass ich es sollte. Ich weiss darum und kann es doch nicht tun; das Innen und Aussen ist nicht in Übereinstimmung, Herz und Hand gehen nicht zusammen. Dieser Fehler ergibt sich aus einer unzureichenden Ausbildung. Wer die Dinge tiefer durchschaut und sie doch nicht ganz erfasst, mag sie wohl im allgemeinen verstehen, und verliert sie doch, wenn sie in seine Hand kommen. So geht es nicht allein beim Malen von Bambus.

Tu Fu's Gedichte sind Gemälde ohne Formen, Han Kan's Malerei ist Dichtung ohne Worte. – Prüfe ich Wang Wei's Gedichte, so ist in seinen Versen Malerei; betrachte ich seine Gemälde, so sind es Verse.

Wer über Bilder urteilt nach der Ähnlichkeit der Formen,
Den muss man ansehen wie ein Kind;
Wer Verse schmiedet nach der Regel,
Erweist sich damit noch nicht als ein Dichter!
Dichten und Malen wurzeln im gleichen Gesetz,
Dem Werk des Himmels und der Ursprünglichkeit.

Geboren werden, wachsen, sich entwickeln und wieder vergehen, ist wie ein Schnalzen des Fingers; und wir wissen, dass die Schöpfung aller Dinge im Nichts ('Ohne-Ding') beginnt. *(S.)*

DIE ERSTE FAHRT ZUR ROTEN WAND

Im Herbst des Jen-hsü-Jahres (1082), am sechzehnten Tag des siebenten Mondes, unternahm ich mit meinen Gästen eine Kahnfahrt. Während wir an der Roten Wand entlang fuhren und ein kühler Windhauch kaum merklich das Wasser kräuselte, bewirtete ich meine Freunde mit Wein. Man trug die (meine) 'Lieder auf den leuchtenden Mond' vor und sang den Vers von der sittsamen Maid.

Allmählich stieg der Mond über den östlichen Bergen empor und trat zögerd zwischen die Sternbilder des Schützen und des Steinbocks. Weisser Nebel lagerte über dem Flusse, und des Wassers Schimmer verschmolz mit dem Himmel. Wir überliessen den Nachen, der einem Schilfrohre gleich dahinglitt, seinem Laufe. In die Unendlichkeit schien sich des Wassers Fläche auszudehnen, und wie vom Winde dahingetragen durch den Äther, nicht ahnend unserer Wanderung Ziel, war es, als würden wir auf Geisterschwingen, in hehrer Einsamkeit der Welt entrückt, emporgehoben zu der Götter Sitzen! Wir aber gaben uns dem Weine und der Freude hin und sangen unser Lied zum Takt der Ruderschläge:

Wir tauchen die Ruder, aus duftendem Holze ganz,
In lichten Äthers mild fliessenden Glanz;
Und weithin schweift der sehnende Sinn
Zu den Freunden daheim in die Ferne hin.

Der Gäste einer blies die Bambusflöte und gesellte ihre Laute zu des Liedes Melodie. Lieblich wie Vogelsang klangen seine Töne, bald liebend, bald grollend, bald schluchzend, bald klagend. Gedehnt, zogen sie sich schmiegsam hin gleich Seidenfäden und lockten die Drachen in den düsteren Schluchten zum Tanze, zu Tränen das arme, verlassene Weib in dem einsamen Nachen. Ich ward von Wehmut übermannt und fragte, indem ich mein Gewand ordnete, den Freund nach seiner Weise Sinn. Er aber sprach:

"Der Mond ist hell, der Sterne Glanz erblichen,
Und südwärts ist der Krähen Schar entwichen. –

War das nicht das Lied des Ts'ao Ts'ao? – Zwischen Hsia-k'ou im Westen und Wu-ch'ang im Osten, wo in dem Durcheinander von Bergen und Strömen das Grün so üppig prangt, war es nicht dort, dass Ts'ao Ts'ao von Chou Yü so hart bedrängt ward? Kaum hatte er Ching-chou zerstört, da zog er stromabwärts gen Osten. Schier endlos war der Zug seiner Schiffe, deren Fahnen und Wimpel den Himmel zu verhüllen schienen! Durch Trankopfer gebot er dem Strome, und mit geschwungenem Speere sang er seine Lieder, – wohl war er der Held seiner Zeit. Und jetzt, – –wo ist er? .. Und nun gar ich und ihr, die wir an des Flusses Inseln angeln und Reisig sammeln, – was sind wir anders als Gesellen der Fische und Krebse, Genossen der Elche und Hirsche? – Da sitzen wir in unserem flachen Kahne, der einem Blatt gleich dahintreibt, und reichen die Kürbisflasche von Hand zu Hand, – Eintagsfliegen, die vorübergehend zwischen Himmel und Erde weilen, ein Reiskorn inmitten des unermesslichen Meeres! – Wehe über die kurze Frist unseres Daseins! O wär' es doch dem langen Strome gleich an Unerschöpflichkeit! O dass ich mit beschwingten Genien durch die Lüfte ziehen, den Mond in seinem Laufe hemmen könnte, um des Lebens Dauer zu verlängern! – Dass solches nicht im Augenblick erreichbar, weiss ich nur zu wohl und übergab daher, was mir an Tönen übrigblieb, dem mitleidsvollen Winde."

Ich aber sprach: "O Freunde, kennet ihr denn nicht das Wasser und den Mond? Unablässig strömend, schwindet jenes doch niemals hin; bald ab-, bald zunehmend, wird dieser doch kleiner nicht, noch grösser. Will man sie nach ihrer Wandelbarkeit betrachten, so vermögen Himmel und Erde nicht einen Augenblick zu dauern, nach ihrer Unwandelbarkeit betrachtet, sind aber die Aussendinge wie auch wir selbst insgesamt unvergänglich. Was bliebe uns noch zu wünschen übrig? – Und ferner: Innerhalb Himmel und Erde hat jedes Ding seinen Herrn. Was nicht mein ist, und wär's auch nur ein Haar, kann ich mir nicht zu eigen machen. Aber der kühle Wind, der über den Strom dahinfährt, der helle Mond, der zwischen den Bergen hin durchblickt, – das Ohr empfängt ihn, und er wird zum Tone, das Auge begegnet ihm, und er wird zum Bilde. Was wir uns so zu eigen machen, bleibt unverwehrt, und was wir so geniessen, ist unerschöpflich. Das ist der nie versiegende Schatz des, der die Dinge geschaffen, dasjenige, des ich sowohl als ihr gemeinsam uns erfreuen."

Erfreut lächelten die Freunde und füllten abermals die reingespülten Becher. Als Fleisch und Obst verzehrt waren und Becher und Schalen wirr umherlagen, legten wir uns, einer an den andern gelehnt, im Nachen nieder und wurden nicht gewahr, wie der Osten graute.

(Grube)

GLÜCKWUNSCH FÜR DEN NEUGEBORENEN

Ein jeder Vater dieser Erde
Wünscht seinem Sohn, dass klug er werde.
Ich will dein Bestes, Sohn, und drum
Muss ich dir wünschen: Werde dumm!
Mir war die Klugheit nur zur Last.
Ich will, dass du es besser hast.
Du lebst gesund und immer heiter,
Rasch steigst du auf der Ehrenleiter,

Und Ruhm und Reichtum werden gross,
Wirst du nur dumm und rücksichtlos.

(Hundhausen)

DAS SÖHNLEIN

Da ist mein kleines Söhnlein,
Es kennt noch nicht das Leid.
Wo ich auch geh' und stehe,
Es hängt an meinem Kleid.

Fürwahr, es wird mir lästig,
Möcht' schelten es darum,
Da spricht die alte Mutter:
"Dein Söhnlein ist noch dumm.

Doch ist auch dumm dein Söhnlein,
Du bist es noch viel mehr.
Weshalb bist du nicht fröhlich,
Und brummst und murrst so sehr?"

Ich setze drauf mich nieder,
Beschämt durch dieses Wort;
Und vor mir fährt die Mutter
Beim Tassenspülen fort.

Wie sie die Frau des Liu Ling
An Güte überwog,
Die ihrem Mann engherzig
Das Geld für Wein entzog!

(Forke)

HSÜEH-TOU und YÜAN-WU

Verwirft Zen von Natur aus jede geschriebene Ueberlieferung als ein Hindernis, das dem unmittelbaren Erleben der Wahrheit entgegensteht, so liess es sich doch nicht vermeiden, dass im Laufe der Jahrhunderte Aufzeichnungen entstanden, in denen Worte und Taten der 'Väter' festgehalten waren. Aus solchen Väterberichten entwickelten sich in der – auf so manchem Gebiet intellektuell-reflektierenden – Sung-Zeit die sogenannten 'Probleme' (chines. Kung-an; sino-japan. Kô-an). Sie dienen dazu, gleichsam als eine Stütze für weniger auserwählte Geister, zum Erlebnis des Wu (japan. Satori), des grossen Innewerdens, hinzuführen. Sie sind also weder heilige Schrift noch Religionsphilosophie, sondern einzig ein Hilfsmittel, das, wie früher, unter den kraftvollen Zen-Meistern der T'ang-Zeit, der Griff an die Nase oder der Faustschlag ins Gesicht, den Geist des Schülers öffnen soll. Wie ein Schlag ins Gesicht wirken denn auch auf uns diese kurzen, fast unverständlichen Dialoge. Daisetz T. Suzuki, der profunde Kenner und Künder Zens, schreibt: "Das Kô-an ist weder ein Rätsel noch ein Witz. Es verfolgt ein sehr ernstes Ziel, nämlich die Aufrüttelung des Zweifels, den es bis auf die Spitze treibt.... Es gibt keinen logischen Weg der Deutung. Es ist ein Gefühl, als sei der gewohnte Gedankengang plötzlich abgeschnitten. Wir zaudern, wir zweifeln, wir werden unruhig und erregt, weil wir nicht wissen, wie wir diesen scheinbar unübersteigbaren Wall durchbrechen sollen. Wenn dieser Höhepunkt erreicht ist, wirft sich unsere ganze Persönlichkeit, unser ganzer Wille und unsere tiefste Natur, entschlossen, einen Ausweg zu suchen, ohne weitere Erwägungen zwischen Selbst und Nichtselbst, zwischen Dies und Das, unmittelbar gegen den Eisenwall des Kô-an. Dieses Anrennen unseres tiefsten Wesens gegen das Kô-an öffnet unerwartet einen bisher unerkannten Bezirk des Geistes. Intellektuell bedeutet dies die Ueberschreitung der

Grenzen des logischen Dualismus, aber gleichzeitig ist es eine Wiedergeburt, das Erwachen eines inneren Sinnes, der uns befähigt, in das tatsächliche Zusammenwirken allen Geschehens zu schauen."

Wie tief diese sprödesten aller Schriften – und ein chinesischer Text ist ohnehin immer ein Eisberg – in das Ungesagte tauchen, dafür möge das Problem der „Nonne Liu bei Wei-shan" stehen, das Wilhelm Gundert so meisterhaft ausdeutet.

Die in China wie in Japan weit verbreitete Problemsammlung Pi-yen-lu weist drei Schichten der Entstehung auf: Als Grundstock dienen die 'Väterberichte' aus dem 7.-10. Jh., der Blütezeit des Zen. Aus diesen wählte der Abt Hsüeh-tou (980–1052) hundert Musterbeispiele zur Unterweisung aus und dichtete zu jedem einen Gesang. Zu beidem fügte Meister Yüan-wu (1063–1135) Erläuterungen hinzu und liess das Ganze niederschreiben. Dies geschah in einem Klosterraum, der 'Zur meergrünen Felswand' (Pi-yen) hiess, nach welchem die Aufzeichnungen (Lu) ihren Namen erhielten. Sie waren bald so beliebt, dass der Nachfolger Yüan-wu's, im ursprünglichen, dem Schriftglauben abholden Zen-Geist, alle erreichbaren Manuskripte des Werkes verbrannte. Erst unter der Yüan-Dynastie wurde mit Hilfe zusammengesuchter Abschriften eine neue Ausgabe veranstaltet.

AUS DEM PI-YEN-LU (AUFZEICHNUNGEN AUS DEM ZIMMER ZUR GRUENEN FELSWAND)

Bodhidharma und Kaiser Wu von Liang

Hinweis

Hinterm Berge Rauch sehen und schon wissen: da ist ein Feuer; hinter der Hecke Hörner erblicken und alsbald merken: da sind Rinder; sich an einer Ecke gleich die drei andern deutlich machen; Augenmass für Gran und Unze: Das gehört für den Kuttenbruder zum täglichen Tee und Reis.

Hat einer gar die Menge der Strömungen abgeschnitten, dann mag er, sei's im Osten sei's im Westen, auftauchen oder verschwinden, mag kreuz und quer sich einmal widersetzen, ein andermal willfahren, mag geben und mag nehmen, ganz frei auf sich gestellt.
Jetzt aber sagt mir einmal: Von welcher Art sind denn die Menschen, die das in ihrem Tun und Lassen wirklich üben? – Nun, seht euch das Rankenwerk des Meisters vom Schneelochberg (= Hsüeh-tou)einmal an!

Das Hauptstück

Kaiser Wu von Liang fragte den Grossmeister Bodhidharma: „Was ist der höchste Sinn der heiligen Wahrheit?"
Ma sagte: „Offene Weite – nichts von heilig."
Der Kaiser: „Wer ist das mir hier gegenüber?"
Ma: „Ich weiss nicht."
Der Kaiser fand kein Verhältnis.
Schliesslich ging Dharma über den Strom nach Wei.
Später wandte sich der Kaiser an den Herrn Chih und befragte ihn.
Der Herr Chih: „Aber Euer Majestät wissen doch wohl, wer das ist? Oder nicht?"
Der Kaiser: „Ich weiss es nicht."
Der Herr Chih: „Das ist der Bodhisattva Avalokiteśvara, der das Siegel des Buddhageistes weitergibt!"
Da reute es den Kaiser, und schliesslich entsandte er einen Boten, ihn herzuladen.
Der Herr Chih: „Sagen Euer Majestät lieber nicht, dass Sie einen Boten schicken wollten, ihn zurückzuholen! Das ganze Land könnte ihm nachlaufen: er kehrte doch nicht wieder um."

Gesang

Heilige Wahrheit – Offene Weite –
Wie machst du aus, wohin das trifft?
Wer der Mann mir gegenüber?
Und die Antwort: Weiss es nicht.
Darauf entweicht er heimlich übern Strom.

Wie sollten um ihn her nicht Dornen wachsen?
Lief' ihm das ganze Land auch nach, er kommt nicht wieder.
Jahrhunderte, Jahrtausende gedenken sein umsonst.
Hört auf, an ihn zu denken!
Rein geht der Wind ums Erdenrund – wo fände er ein Ende?

Die Nonne Liu, genannt der Eiserne Mühlstein, bei Wei-shan

Hinweis

Wer hoch, hoch auf des Gipfels Spitze steht, ist für Dämonen und für die, die draussen stehen, unerkennbar. Wer tief, tief bis zum Meeresgrund hinabgestiegen ist, den suchen selbst die Blicke eines Buddha-Auges vergeblich. Und doch kann es einem, selbst wenn er Augen hat wie Sternschnuppen und eine Fassungskraft von Blitzesschnelle, ergehen wie der Wunderschildkröte mit dem schleppenden Schwanz. Was ist in solchem Fall zu tun? Seht euch dies Beispiel an!

Das Hauptstück

Liu, der Eiserne Mühlstein, erschien bei Wei-shan.
Shan sagte: Alte Kuh, du kommst!
Die Mühle sagte: Demnächst ist auf dem T'ai-shan das grosse Opferfest. Ihr geht doch wohl hin, Ehrwürdiger?
Wei-shan lockerte die Glieder und legte sich hin.
Da ist die Mühle fortgegangen.

Gesang

Ritt ein Reiter auf eisern gewappnetem Ross
in die mächtige Burg hinein.

Hoch vom Throne wird ihm Botschaft:
„Alle Lande rein!"

Noch den Skorpion im Faustgriff, forscht
der Reiter den Burgherrn aus.

Tief in Nacht die stillen Strassen,
reitet er fort allein. *(Gundert)*

Erläuterung

Als ein Musterbeispiel dafür, wie ein Zen-Text gelesen werden muss, möge hier die Deutung durch Wilhelm Gundert fast ungekürzt folgen:

Zu: Hinweis

Wer die Frucht der Versenkung gekostet hat, der lebt im Zustand der Stille, in der alle Gegensätze schweigen, höher als alle Höhen, tiefer als alle Tiefen. Sobald aber auch nur ein Wort fällt und eine Frage aufgeworfen wird, so ist schon die Welt der Gegensätze wieder da, und selbst die geistig Hochstehenden haben es schwer, sich diesen Verstrickungen reinlich zu entziehen. Mancher meint, das Geheimnis zu besitzen, und verrät doch unwillkürlich durch sein ganzes Verhalten, dass er noch im Gegensätzlichen befangen ist. Aber es gibt auch Menschen, die in der Abgeschiedenheit so zu Hause sind, dass sie sich durch keine Störung ablenken lassen. Von einem solchen gibt das Folgende ein Beispiel.

Zu: Das Hauptstück

Wir werden dem Sinn dieses 'Problems' am ehesten nahekommen, wenn wir den Gegenstand zweischichtig behandeln, d.h. ihn zunächst einmal oberflächlich so nehmen, wie er sich dem flüchtigen Leser prima facie darstellt, und erst dann fragen, was etwa noch dahinter stecken mag.
Zunächst entfaltet sich vor uns eine Szene voll köstlichen Humors. Wei-shan ist ein Fürst nicht nur im Reich des Geistes; er ist zugleich der Pionier und König des Berglands, das ihm seinen Namen gab. Er ist, chinesisch gesprochen, ein 'alter Tiger', an den sich so leicht niemand heranwagt. Aber die Nonne Liu, der Eisenmühlstein, kennt solche Hemmungen nicht. Ihr brennt eine Streitfrage auf der Seele, die muss ausgefochten werden, und als Partner genügt ihr kein Geringerer als

der grosse Meister. Entschlossen greift sie zum Pilgerstab, strebt die zwei Wegstunden weit hinüber zum Kloster und tritt vor den Abt.

Von Wei-shan ist uns überliefert, dass er dem Rindvieh besonders zugetan war. Er stand in enger Verbindung mit den Bauern seiner Parochie, die als fromme Spender (Dânapati) dem Kloster Stiftungen machten, und scheint unter diesen die Familie Yüeh besonders geschätzt zu haben. Denn er pflegte zu sagen: „Ich alter Mönch werde in hundert Jahren ein Wasserbüffel im Hause Yüeh am Fuss des Gebirges sein und dort den Pflug ziehen. An meinen Rippen unten links wird stehen: Mönch Ling-yu vom Wei-shan. Ihr könnt mich dann also den Mönch vom Wei-shan nennen; der bin ich nämlich. Und ihr könnt mich ebenso jetzt den Wasserbüffel nennen; der bin ich nämlich."

Nun steht vor ihm die Nonne Liu, das leibhafte Entweder-Oder, und droht, ihn zu zermalmen. Aber Wasserbüffel bleibt Wasserbüffel. Und auch die alte Nonne ist nicht nur Mühlstein. In ihr steckt auch die Rindviehruhe. Sie will nur gerufen sein. „Alte Kuh, d u kommst!" Ein Gruss der geistigen Verwandtschaft und des Friedens, Signal der allgemeinen Abrüstung.

Die streitbare Nonne ist betroffen. Was immer sie im Schild geführt haben mag, sie bringt es nicht mehr klar heraus. Zu Hieben hat die Kraft bereits versagt. Aber noch streckt sie nicht ganz die Waffen. Dass Wei-shan so erstaunt fragt: du kommst! empfindet sie immerhin als kleinen Stich. Die Begriffe Kommen und Gehen spielen seit Nâgârjuna und Âryadeva für die Gegenüberstellung von Nirvâna und Samsâra, von Erleuchtung und Irrwahn, dieselbe Rolle wie 'Werden und Vergehen'. Für den, der in der vollen Erkenntnis steht, gibt es weder Kommen noch Gehen. Wei-shan neckt sie also mit ihrem Kommen. Nun denn, sie kann es ihm mit Gehen heimgeben.

In der Luftlinie wohl 1200 km weit im Norden, schon nahe der Grossen Mauer, erheben sich im nordöstlichen

Winkel der Provinz Shansi die fünf Gipfel des Wu-t'ai-shan, zwischen denen die Heilsuchenden seit frühester Zeit Erlösung und Erhebung gefunden haben, wo man die Erscheinung des grossen Bodhisattva Manjusri erlebt, wo hunderte von Klöstern und heiligen Malen stehen, wohin aus China, Tibet und der Mongolei die Pilger strömen und hohe geistliche Besucher aus Korea, Japan, ja selbst von Indien ein und aus gehen. An dieser heiligsten Stätte des ostasiatischen Buddhismus soll demnächst das grosse Opferfest gefeiert werden, bei dem die Schar der versammelten Mönche den Buddhas, Bodhisattvas und Heiligen, allen Wesen von den Göttern herab bis zu den unerlösten Toten und allem Getier durch feierliches Rezitieren der Sutren geistliche Opferspende nebst Gaben an Speisen, Kleidern, Blumen und Weihrauch darbringt: da geht Ihr doch wohl hin, Ehrwürdiger? Mindestens diesen einen Pfeil noch abzuschiessen, kann sich die Nonne nicht versagen.
Und der Pfeil trifft. Der Wasserbüffel fällt um und liegt ausgestreckt am Boden. Nur dass sein Umfallen leider die Wirkung hat, die Gegnerin vollends zu entwaffnen. Wo Meinungen ihr entgegentreten, da wankt und weicht sie nicht, da schlägt sie den stärksten Mann aus dem Feld. Aber der Wasserbüffel hat überhaupt keine Meinung. Hier gibt es für den eisernen Mühlstein nichts zu mahlen. Vom grossen T'ai-shan-Fest ist keine Rede mehr. Und von der Nonne Liu bleibt nur die Büffelkuh übrig, die der Wasserbüffel zu Beginn begrüsst hat. Es bleibt ihr keine andere Wahl, als der Nichtigkeit ihres Kommens noch die Nichtigkeit ihres Gehens hinzuzufügen. Schweigend nimmt sie den Weg wieder unter die Füsse, und über den Wei-Bergen ist Ruhe.
So ungefähr könnte man sich den Vorgang dramatisch vorstellen: voll feiner Spitzen, voller Überraschungen, voll von Ironie und Humor. Es ist gegen diese Betrachtungsweise auch gar nichts einzuwenden, und Yüan-wu, der Kommentator, stellt selbst auf seine Art diese Dramatik fleissig ans Licht. Aber, sagt er in seiner Erörte-

rung zum Hauptstück, „das allein ist noch nicht Zen". Über die Schicht der Gegensätze, aus denen die Dramatik ihre Wirkung holt, lagert sich eine höhere, die alle Gegensätze versöhnt zur Einheit. Und nur um diese geht es im Kung-an. Es gilt also, in der geschilderten Szene nach Hinweisen zu forschen, die in diese höhere Sphäre hinaufzeigen. Dafür gibt Yüan-wu einige Andeutungen.

Im Gleichnis des Hymnus reitet der kampflustige General einfach in die mehrfach ummauerte Stadt hinein und dringt ohne Widerstand bis zum Burgherrn vor. Wie wäre das möglich, sagt Yüan-wu, ohne des letzteren Einverständnis? Die beiden wissen sich von vornherein im Höchsten eins. Was die Nonne herführt, ist nicht allein ihr alter Drang zum Disputieren. Das spielt nur auf der Oberfläche. Auf Wei-shans Friedensgruss lenkt sie alsbald ein und begnügt sich mit einem harmlosen Geplänkel.

Sie macht Wei-shan den Vorschlag, das Fest auf dem Wu-t'ai-shan zu besuchen, und zwar gleich in den nächsten Tagen. Was denkt sie sich dabei eigentlich, sagt Yüan-wu, wo doch der T'ai-shan vom Wei-Gebirge mehrere tausend Li weit entfernt ist? Ihre Frage kann gar nicht ernst gemeint sein! Der Disput geht also überhaupt nicht um das T'ai-shan-Fest. Im Vordergrund steht nur noch die Neckerei um Kommen und Gehen. Der Grund aber, aus dem dieses Spiel aufsteigt, ist die beiden gemeinsame Existenz im Tiefsten, das zugleich das Höchste ist, und von welchem aus gesehen die Welt mit ihrem Wechsel von Kommen und Gehen nur ein täuschendes Widerspiel der ewigen Wahrheit darstellt. In diesem einen aber verstehen sich der Meister und die Nonne längst.

Worüber streiten sie dann also? Über gar nichts. Sie tun nur so. Darum gibt Yüan-wu den Schlüssel zu dem Sinn der Szene mit dem Wort: 'eine Zusammenkunft ohne Gegenstand', oder: 'ein Treffen, bei dem nichts los ist' (wu-shih-hui). Und er spielt dann selber etwas geheimnisvoll mit den Gegensätzen wu-shih und yu-shih, woraus sich als sein Gedanke entnehmen lässt, dass gerade da, wo 'nichts los' ist, unter Umständen in ganz anderem Sinn wirklich 'etwas los' sein kann (yu-shih). Er sagt seinen Schülern: „Wenn euch durch die Übung des Zen die Dinge durchsichtig geworden sind, werdet ihr bemerken, dass solche Leute sich ganz allgemein der Redeweise gewöhnlicher Menschen bedienen. Aber wer es nicht versteht, bleibt an den Worten hängen und merkt nicht, was dahinter steckt. Man muss schon eng miteinander vertraut sein, um diesen Ton zu verstehen."

Es handelt sich also zwischen Wei-shan und der Nonne Liu letztlich um ein Spiel auf höchster Ebene, das Fragen aus der Welt der Gegensätze nur dazu aufnimmt, um sich ihrer Bedeutungslosigkeit und Lässlichkeit zu freuen. Es weht um beide Paradiesesluft.

Zu: Gesang

Hsüeh-tou's einstrophiges Gedicht aus vier Versen zu je sieben Worten beschreibt den Besuch der Nonne Liu bei Wei-shan im Bild eines prächtigen Gleichnisses, das beherrscht ist von dem Gegensatz zwischen Krieg und Frieden.

1. Die Nonne Liu kommt zu Wei-shan: kampflustig wie ein Reiteroberst, der im Dienst seines Kaisers in eine mehrfach ummauerte Burgstadt hineinreitet, um Ordnung zu schaffen.

2. Wei-shans Gruss 'Alte Kuh, du kommst!' – ein Gruss des Friedens, gesprochen im Geist der höchsten Wahrheit, und darum von derselben Autorität, wie eine kaiserliche Botschaft, entwaffnend wie die Nachricht, dass das Reich bereits von Rebellen gesäubert, für den Reiterobersten also nichts mehr zu tun ist.

3. Die Nonne fragt den Meister, ob er nicht zum Opferfest auf dem Wu-t'ai-shan gehen wolle. – Dem Reiterobersten ist das Konzept verdorben. Auf den Kampf, den er sich erhoffte, muss er verzichten. Aber noch ist er nicht ganz beruhigt. Die Stachelpeitsche in der Hand,

kann er es sich nicht versagen, den Burgherrn ins Verhör zu nehmen.
4. Wei-shan legt sich hin, und die Nonne Liu geht fort. – Das Verhör war ein Schlag in die Luft. Der Friede bleibt ungestört. In der Stille der Nacht tritt der Reiteroberst den Rückweg an. Ganz allein und unverrichteter Dinge, aber nun von dem allgemeinen Frieden selbst umfangen, reitet er seinem Standort zu.

HUI K'AI

Die Problemsammlung 'Der Pass ohne Tor' ist etwa hundert Jahre jünger als das Pi-yen-lu. Ihr Sammler-Verfasser, Hui-k'ai (1184–1260), ein Hauptvertreter des Zen im Reiche der Süd-Sung, lehrte an mehreren Klöstern und widmete sich zugleich in schlichter Selbstbescheidung der Feldarbeit. Noch zu seinen Lebzeiten wurde sein Werk, das Wu-men-kuan, nach Japan gebracht, wo es sich bis heute grossen Ansehens erfreut. Hui-k'ai schrieb die Erläuterungen zu den Problemen selbst. Sie sind, wie schon die des Pi-yen-lu, im folgenden weggelassen, da sie dem Europäer von heute das Verständnis eher erschweren als erleichtern würden.

AUS DEM WU-MEN-KUAN (DER PASS OHNE TOR)

Buddha zeigt die Blume

Bei seiner Predigt auf dem Geierberg drehte einst der erhabene Buddha Shâkya Muni eine Blume und zeigte sie der versammelten Schar. Damals schwiegen alle. Nur der erhabene Kâśyapa verzog sein Gesicht und lächelte. Buddha sprach: Ich besitze das Auge der rechten Lehre, das wunderbare Nirvâna-Bewusstsein: die Wirklichkeit ist ohne Gestalt, dies ist die wunderbare Lehre. Die besondere Ueberlieferung ausser der Sûtrenlehre, nicht in Worten niedergelegt, vertraue ich dem Mahhâ-Kâśyapa an.

Gesang

Die grosse Schlange kommt, dreht die Blume
Und zeigt sie schon.
Kâśyapa verzieht sein Antlitz,
Menschen und Himmel bleiben dunkel.

Chao-chou's „Wasch' die Ess-Schalen!"

Einst bat ein Mönch den Chao-chou: „Meister, ich bin

noch ein Neuling; zeige mir den Weg!" Chao-chou sprach: „Hast du schon dein Frühstück beendet?" Der Mönch sprach: „Ich habe mein Frühstück beendet." Chao-chou sprach: „Geh' und wasch' die Ess-Schalen!" Da kam der Mönch zur Einsicht.

Gesang

Es ist zu sonnenklar.
Deshalb begreifen sie es so langsam,
Wisse: die Flamme ist Feuer.
Oft schon hast du die Mahlzeit bereitet.

Tung-shan's „Drei Pfund"

Einst fragte ein Mönch den Tung-shan: „Was ist der Buddha?"
Tung-shan sprach: „Drei Pfund Hanf".

Gesang

„Drei Pfund Hanf" legen es offen.
Das Wort ist vertraut, die Bedeutung ist vertraut.
Aber wer darüber theoretisiert,
Der bleibt ein Theoretiker.

Das Alltägliche ist der Weg

Den Nan-ch'üan fragte einst Chao-chou: „Welches ist der Weg?" Nan-ch'üan sprach: „Das alltägliche Bewusstsein ist der Weg." Chao-chou sprach: „Muss man sich dorthin wenden oder nicht?" Nan-ch'üan sprach: „Wer sich dorthin zu wenden anschickt, verstösst dagegen." Chao-chou sprach: „Aber wenn einer sich nicht anschickt, kann er den Weg nicht wissen." Nan-ch'üan sprach: „Der Weg gehört weder zum Wissen noch zum Nichtwissen. Das Wissen ist Täuschung, das Nichtwissen ist ohne Belang. Wenn einer wirklich zum zweifelsfreien Weg gelangt, ist die grosse Lehre mit einem Mal klar und weit. Wie dürfte man darüber disputieren?" Bei diesen Worten kam Chao-chou plötzlich die Erleuchtung.

Gesang

Im Frühling blühen hundert Blumen; im Herbst
scheint der Mond.
Im Sommer weht ein kühler Wind: im Winter
fällt der Schnee.
Wer in der Mussezeit nicht am Bewusstsein hängt,
Hat die gute Gelegenheit des Menschen.

Die Worte lassen

Einst fragte den Meister Feng-hsüeh ein Mönch: „Wer spricht, ist davon entfernt, wer schweigt, weicht davon ab: wie kann man es ohne anzustossen begreifen?" Feng-hsüeh sprach: „Ich denke immerfort, im Lande südlich vom Yang-tse-chiang, wo im Monat März die Rebhühner singen, blühen hundert duftende Blumen."

Gesang

Vor jedem aufwühlenden Spruch,
Vor jedem ausdrückenden Wort ist es begriffen.
Wenn du vorausgehst mit viel Geschwätz,
Unwissender du,
Wirst du in grossen Irrtum verstrickt.

Das Umstossen des Wasserkruges

Meister Wei-shan wurde anfangs im Kloster des Pai-chang in der Küche verwandt. Pai-chang beabsichtigte, den Herrn für das Kloster Ta-wei zu erwählen. Und er sprach zu dem vom obersten Sitz sowie zu der ganzen Schar: „Wer fertig ist, mag gehen." Pai-chang wies dann auf einen Wasserkrug, der am Boden stand, warf die Frage auf und sprach: „Nennt ihn, aber Wasserkrug dürft ihr ihn nicht nennen. Wie wollt ihr ihn also nennen?" Der vom obersten Sitz sprach: „Holzschuhe kann man ihn nicht nennen." Pai-chang fragte den Wei-shan; Wei-shan stiess den Krug mit dem Fuss um und ging hinaus. Pai-chang lachte und sprach: „Der erste Sitz wird dem Wei-shan anvertraut." So befahl er ihm, und das Kloster wurde eröffnet.

Gesang

Den Korb und den Schöpflöffel hat er von sich geworfen.
Mit einem Mal hat er die Geschwätzigkeit durchbrochen.
Pai-chang's schwere Fesseln vermochten ihn nicht zu halten.
Mit der Spitze des Fusses hat er umgestossen und ist herausgeschritten; die Buddhas sind zahlreich wie Hanfgräser.

Ueber die Spitze der Stange hinausschreiten

Meister Shih-shuang sprach: „Wie kann einer über die Spitze der 100-Meter-Stange noch einen Schritt hinausschreiten? Ein trefflicher Meister aus alter Zeit sagt: Wenn einer, der auf der Spitze der 100-Meter-Stange hockt, in die Erleuchtung eingeht, so ist das noch nicht die Wahrheit. Er muss über die Spitze der 100-Meter-Stange noch einen Schritt hinausgehen und seinen Leib ins Weltall hineinstürzen."

Gesang

Wenn er das Auge der Erleuchtung schliesst
Und ein falsches Mass anerkennt, –
Gibt er den Leib hin und wirft das Leben weg. –
Ein Blinder führt eine Schar von Blinden.

(Dumoulin)

CHU HSI

Man hat Chu Hsi (1130-1200) den chinesischen Thomas von Aquin genannt, den grossen Scholastiker der Sung-Zeit, der die klassischen Schriften des Konfuzianismus verbindlich kommentierte und zugleich mit der Metaphysik eines Chou Tun-i (S. 178) und dessen Zeitgenossen zu einem grossen System zusammenfasste. Sicher ist er in einem anderen Mass mehr Philosoph im eigentlichen Sinne als K'ung-tse selbst. Über die Bedeutung seiner Leistungen kann man aber bei dem gewaltigen Umfang seiner erst teilweise erschlossenen Schriften noch kaum urteilen. Wohl ohne seine Absicht sind seine Auslegungen der Klassiker zur Staatsphilosophie Chinas schlechthin erklärt worden, so dass seinen Werken das Schicksal eines Kanons der Orthodoxie nicht erspart blieb. Sein liebenswürdiger Charakter, der sich einem Amte zwar stellte, sich aber nach Möglichkeit davon fern hielt, seine ausgebreitete Gelehrsamkeit, sein feiner, klarer Stil, auch in der Polemik stets verbindlich, rückt ihn in die Nähe eines Erasmus. Wie allen grossen Geistern Chinas ging es auch ihm in der Hauptsache darum, auf die Menschen helfend zu wirken, und die hier mitgeteilte Schrift, keins seiner Hauptwerke, bietet ein Beispiel dafür.

AUS DEN NEUN GEBOTEN FÜR DEN KAISER

1. Gebot: Gründliches Lernen, um den Charakter richtig zu bilden.

Alles unter dem Himmel wurzelt in einem Menschen. Die Herrschaft über dieses einen Menschen Person aber ruht in seinem eigenen Charakter. Darum, wenn des Herrschers Charakter völlig richtig ist, dann gibt es in der ganzen Welt nichts Unrichtiges. Wenn des Herrschers Charakter aber gänzlich verkehrt ist, dann gibt es nichts in der ganzen Welt, was nicht auch verkehrt wäre... Wenn daher die weisen Herrscher der alten Zeit ihren segenspendenden Einfluss in der Welt offenbaren wollten, haben sie stets die richtige Bildung ihres Charakters zur einzigen Voraussetzung gemacht. Doch die natürliche Güte des ursprünglichen Charakters ist von äusserst zarter Art, dagegen sind die Anfechtungen, die aus dem Eigennutz und der Begierde hervorgehen, unzählig. Man versuche einmal, was man davon allein im Zeitraum eines einzigen Tages spürt: Das Verlangen nach Musik, Schönheit, Duft und Wohlgeschmack, Wasserpartien und Reitausflügen, Häuserpracht und Reichtum, all das tritt an die Person des Herrschers heran, mit jedem Tag neu, mit jedem Mond mehr. Wenn sich zwischendurch das Denken einmal von einer lauteren Seite zeigt und sich eine gute und rechtschaffene Regung bemerkbar macht, nun so ist das vielleicht etwas mehr als nichts und kaum etwas. Wahrlich, ohne die Arbeit gründlichen Lernens, die den Charakter des Herrschers entfaltet und klärt, so dass er nicht fehlgeht in Recht und Unrecht, in verkehrt und richtig, ferner, wenn er nicht fest davon überzeugt ist, dass die Regierung von seinem Ich abhängt und keinen Augenblick davon zu trennen ist, wie soll es anders möglich sein, dass die Rechtschaffenheit dieses Charakters über die Sonderregungen des Eigennutzes und der Begierde obsiegt und er, der Herrscher, den unendlichen Wandlungen der Natur entspricht? ...

2. *Gebot: Der Kaiser soll sich persönlich vervollkommnen, um die Familie in Ordnung zu halten.*

Das Reich hat seine Grundlage in der Dynastie; die Dynastie aber hat ihre Grundlage in der kaiserlichen Familie. Wenn daher die Familie des Herrschers in Ordnung ist, dann gibt es auch im Reiche keine Regellosigkeit. Ist aber die Familie des Herrschers in Unordnung, dann hat man niemals das Reich in geregelten Zustand bringen können. Wenn darum zur Blütezeit der Drei Dynastien heilige und edle Fürsten die Regierung auf einen Zustand der Vollkommenheit führen konnten, so lag dies stets lediglich daran, dass sie ihre

Familien in Ordnung hielten. Nun, wenn die Männer ihren richtigen Platz ausser dem Hause, die Frauen ihren richtigen Platz im Hause haben, wenn zwischen Gatte und Gattin die Trennung scharf gezogen ist, dann ist Ordnung in der Familie. Wenn die Hauptfrau dem Manne gleichgeordnet ist, unter ihr aber die Nebenfrauen zu gehorchen haben, wenn zwischen der rechtmässigen Gattin und den Konkubinen eine feste Scheidung besteht, dann ist Ordnung im Hause. Wenn der Kaiser die tugendhaften Frauen bevorzugt und sich vor Wohlklang der Stimme und Schönheit des Aussehens hütet, wenn er in seiner Nähe nur Würde und Selbstzucht duldet, dagegen Spiel und Tand daraus entfernt, dann ist Ordnung im Hause. Wenn Haremsangelegenheiten nicht nach aussen dringen, dagegen politische Angelegenheiten nicht in den Harem hineingezogen werden, wenn Bittgeschenke ihren Weg nicht zur Person des Kaisers finden dürfen und Bittbesuche kein Gehör finden, dann ist Ordnung in der Familie. Aber innerhalb der Haremspforte überdeckt oft Zuneigung die Pflicht, deswegen mag der Kaiser auch herrliche und glänzende Gaben besitzen, er lässt sich mitunter gleichwohl in Schlemmerei und Wollust verstricken, versinkt in leidenschaftliche Liebe und kann keine Selbstbeherrschung üben. Wahrlich, ohne richtige Charakterbildung, ohne persönliche Vervollkommnung, ohne sich bei jeder Handlungsweise von Anstand und Pflichtgefühl leiten zu lassen, ohne der Familie Anlass zu geben, dass sie sich seinen Vorzügen unterwirft und Respekt vor seiner Würde hat, wie soll es anders möglich sein, richtige Zustände im Harem zu schaffen, den Bitten und Anliegen der Familie Einhalt zu tun, die fernere und nähere Verwandtschaft im Zaume zu halten und die Entstehung von Unglück und Wirren zu verhindern? Das *Buch der Urkunden* sagt: „Das Krähen der Henne am Morgen bedeutet den Ruin des Hauses", und im Tso-chuan steht geschrieben: „Glückliches Gedeihen geht stets von der Familie aus.

Der Anfang zum Verfall liegt immer im Harem".

3. Gebot: Der Kaiser soll Schmeichler und Günstlinge fernhalten, um treue und ehrliche Leute in der Nähe zu haben.

Wenn das P'eng-Kraut zwischen Hanf wächst, steht es, auch ohne dass man es zu stützen braucht, aufrecht; weisser Sand wird im Schlamm, ohne dass man ihn zu färben braucht, schwarz. Daher heisst es in einem Ausspruch Chia I's: „Wenn man ständig mit ehrlichen Leuten zusammenlebt, kann man nicht anders, als selber ehrlich zu werden, gleichwie jemand, der in der Gegend von Ch'i geboren ist und aufwächst, nicht anders als im Ch'i-Dialekt sprechen kann; wenn man dagegen ständig mit unehrlichen Leuten zusammenlebt, kann man nicht anders, als selber unehrlich zu werden, gleichwie jemand, der in der Gegend von Ch'u geboren ist und aufwächst, nicht anders als im Ch'u-Dialekt sprechen kann". Wenn darum die Kaiser der alten Zeit ihre Person vervollkommnen wollten, um die Menschen dadurch zu regieren, dann haben sie unbedingt die Schmeichler und Günstlinge entfernt, um treue und ehrliche Leute um sich zu haben. Wahrlich, edle und niedere Menschen vertragen sich miteinander sowenig wie Eis und glühende Kohle, passen sowenig zusammen wie Lavendel und Stinkmorchel. Wo der Niedere Raum gewinnt, muss unbedingt der Edle weichen, wo aber der Edle in Gunst steht, muss notwendigerweise der Niedere zurücktreten ...

4. Gebot: Der Kaiser soll parteiische Neigungen unterdrücken, um die Gerechtigkeit hochzuhalten.

Unparteiisch breitet der Himmel seine schützende Decke, unparteiisch trägt die Erde ihre Last, unparteiisch lassen Sonne und Mond ihren Glanz leuchten. Wer Herrscher ist, befolgt darum gehorsam bei seiner Fürsorge für das Reich das unparteiliche Wesen der drei: Himmel, Erde und Gestirne.

Demnach lässt er seine Gnade gleichmässig allen Wesen zukommen, seine Liebe allumfassend sein und höchste Gerechtigkeit ohne Grenzen walten, dann wird es auch niemand in der Welt geben, der sich nicht von Herzen freute, sich ihm aufrichtig unterwürfe und unter seinem Walten friedlich lebte. Wenn er aber umgekehrt das Neue begünstigt und das Alte verwirft, dann wird natürlich sein willkürliches und parteiisches Empfinden und seine engherzige, beschränkte Urteilsweise im Volke sofort Beunruhigung und einen Geist des Widerstands hervorrufen. Auch ist es ganz unmöglich, dass dann seine Gunst- und Missgunstbezeugungen, die Berufungen und Absetzungen der Beamten mit Sinn und Vernunft im Einklang stehen. Es kommt dann zu Störung der staatlichen Regierungspläne, Untergang der Dynastie, Hemmung aller segensreichen Einflüsse des Throns, vollständiger Verwirrung der Regierung, und an Schaden entsteht daraus Unsagbares ...
Dass Kaiser T'ai Tsung von der T'ang-Dynastie den P'ang Hsiang-shou mit den Worten zurechtwies: „Früher als Prinz war ich Herr über einen einzigen Palast. Heute als Himmelssohn bin ich Herr über die ganze Welt. Als Herr der Welt kann ich meine Sorge nicht einseitig einem einzelnen Palast schenken. Wenn ich dich heute wieder mit einem wichtigen Amt betrauen wollte, dann würde dies unfehlbar dazu führen, dass die Besten der Nation keinen Eifer mehr entfalten würden," das geschah eben aus diesem Grunde.

5. *Gebot: Der Kaiser soll Sinn und Vernunft leuchten lassen, um den Aberglauben zu beseitigen.*

Der Himmel hat ein klares Tao, sein Wesen liegt so deutlich zutage! Dem Guten sendet er hundertfachen Segen herab, dem Missetäter hundertfachen Fluch. Der Menschen Glück und Unglück, beides ziehen sich die Menschen daher selber zu. Noch nie erlangte man, ohne Gutes zu tun, durch Flehen und Gebete Glück. Noch nie erntete man, ohne Böses zu tun, durch Verteidigung des Rechten Unglück. Was ferner das Dasein von Kaisern betrifft, so empfangen sie doch wahrhaftig den Auftrag des Himmels deshalb, um Herren zu sein über Himmel-, Erd- und Ahnentempel, über die Götter des Erdbodens und Ackerbaues, über Geister und Menschen. Wenn der Kaiser es fertigbringt, durch Vervollkommnung seiner guten Eigenschaften zu regieren und dem Millionenvolke Ruhe und Förderung zu verschaffen, wozu braucht er dann auf Bittopfer zu bauen, wenn es sich darum handelt, die Schäden von Naturkatastrophen zu beseitigen; wozu braucht er sich auf Gebete zu verlassen, wenn es sich darum handelt, Glück und Wohlstand herbeizuführen? Wenn er aber umgekehrt verfährt, dann zieht er sich die Rache des Himmels zu, die Menschen sind gegen ihn verstimmt, und die Geister grollen ihm. Mag er auch wünschen, die bösen Dämonen zu vertreiben, um reinen Persönlichkeiten Platz zu machen, so ist es doch umsonst. Ueberdies haben die alten Herrscher die Riten festgesetzt. Vom Himmelssohn herab bis zum einfachen Mann aus dem Volke gibt es in betreff der „Dankopfer für die Eltern als Quelle unseres Daseins" für jedermann dauernde Satzungen, gibt es hinsichtlich der Opfertiere und- geräte, des Zeitpunktes und Tages der Opfer für jedermann unvergängliche Bestimmungen. Zu Lebzeiten hat man die Riten und die Musik, nach dem Tode die Wiedergänger und Geister. Das eine Tao ist alldurchdringend, und anfänglich gab es in ihm keine Unterscheidungen. Jedenfalls, was nicht in den Riten enthalten ist, das ist auch den Göttern nicht angenehm. Wenn man darum andern Geistern opfert, so sind das unreine Opfer; unreine Opfer aber bringen kein Glück.

Das heilige *Buch der Riten* hat eine klare Sprache, und nicht deshalb ist es geschaffen, um die unreinen Opfer zu verbieten, sondern nach der Natur des Tao kann es gar nicht anders sein. Bisweilen, in Augenblicken seelischer Verwirrung, scheint es so etwas wie Vorbedeutungen zu geben. Aber es liegt nur ein Mangel an Beherrschung des Geistes vor. In der Aufregung hegt man Angst und Zweifel. Dann gebraucht man Zauberer und Beschwörungsformeln, und die Magier stürzen sich auf die Gelegenheit, um ihren Geisterspuk und ihre betrügerische, irreführende Schwarzkunst zu treiben. Haben sie es einmal getan, dann gibt es nichts, was von nun an ihrem Unheilstiften nicht erreichbar wäre. Die Fälle aus alter und neuer Zeit, in denen es dadurch zu Wirren und Unheil im Lande kam, sind gar nicht aufzuzählen. Die Erinnerung daran liegt gar nicht so weit ab. Wahrlich, wenn der Herrscher keine gründliche Bildung erlangt, die ihm Klarheit über das Wesen der natürlichen Bestimmung verschafft, und vermöge deren dieses Herz bis auf den Grund von Zweifeln frei bleibt, so dass das, an dessen Dasein er glaubt, auch wirklich da ist, und das, an dessen Nichtexistenz er glaubt, auch wirklich nicht vorhanden ist, wie will er hoffen, dadurch, dass er sich an die Riten klammert, ein Mittel zu haben, um die Ursache des Zaubereiunfugs zu beseitigen? Nach der Politik der alten Kaiser mussten alle, die einem Irrglauben anhingen und dadurch die Regierung in Unordnung brachten, die falsche Dämonen und Geister einführten und dadurch das Volk irreleiteten, ohne weiteres des Todes sterben. Das war tiefe Berechnung. In eines Weisen Schrift steht: „Wer sich über die Natur von Himmel und Erde klar ist, der lässt sich nicht durch Geister und Gespenster täuschen. Wer sich über das Wesen der lebendigen Schöpfung klar ist, der lässt sich nicht durch Uebernatürliches irreführen." Demnach ist es nicht sehr schwer zu erkennen, was für ein Unfug jenes Treiben ist.

6. Gebot: Der Kaiser soll Erzieher auserwählen, um den Thronfolger zu leiten.

Chia I hat einmal gesagt: „Die Herrschaft über die Welt ist an den Thronfolger geknüpft. Die Tüchtigkeit des Thronfolgers hängt von seiner frühzeitigen Unterweisung und Erziehung ab, sowie von der sorgfältigen

Auswahl seiner nächsten Umgebung. Ist die Erziehung erfolgreich und seine Umgebung die richtige, dann steht es auch mit dem Thronfolger richtig, und das Reich ist gesichert."

Um von der Art der Erziehung und Unterweisung zu reden, so müssen Elternfurcht, Güte, Anstand und Gerechtigkeit die Grundlage bilden, im einzelnen aber hat sich ihr Inhalt bis auf die Kleinigkeiten in Haltung, Miene, Sprechen und Atmen, bis auf die Einzelheiten von Kleidung und Handhabung der Gebrauchsgegenstände zu erstrecken, auch das Geringfügigste und Unwesentlichste, alles hat seine Regeln und Vorschriften. Sowie ein einziger Verstoss dagegen vorkommt, verzeichnet ihn der Geschichtsschreiber in den Annalen, und der Reichskanzler entzieht dem Kronprinzen die Fleischkost. Ferner muss es geben das Banner der Reformvorschläge, die Holztafel für Tadel und Kritik, die Pauke für Beschwerden, der Blinden Lieder, des Geschichtsschreibers Aufzeichnungen, die Minister des Handwerks, die Vorleser, die Zensoren, die Berichterstatter der Volksmeinung, sie alle müssen dahin wirken, dass die Bildungseinflüsse dem Charakter des Thronfolgers eine derartige Vollendung geben, dass er das Tao so trifft, als ob es seine Natur wäre, und dennoch nicht wagt, in seinem Eifer nachzulassen...

Wenn unter der nächsten Umgebung des Thronfolgers, die von früh bis Abend mit ihm zusammen lebt, wohnt, aus- und eingeht, keine unrechte Person ist, dann hat man noch nicht erlebt, dass er auch nur eine einzige Schlechtigkeit begangen hätte. Das war auch die Ursache, dass die Herrscher der ‚Drei Dynastien' mehrere Jahrhunderte hindurch ununterbrochen im Besitze des Tao sein konnten, ohne des Reiches verlustig zu gehen. Damals, als Chia I lebte, hat es ihn natürlich geschmerzt, dass diese Einrichtung nicht mehr auf der Höhe war, aber wenn man die Erlasse des Kaisers Chao Ti nachprüft, dann hat man damals die Worte Chia I's noch gekannt und betätigt, und es kam vor, dass man sich der Gedanken der früheren Kaiser noch entsann. Seitdem aber hat sich im Laufe der Zeit die Art und Weise der kaiserlichen Prinzenerziehung immer mehr gelockert und vereinfacht. Tatsächlich besteht ihr Unterricht nur in der Arbeit des Auswendiglernens und Schreibens von Schriftstücken, ohne dass in ihnen der Sinn für Güte, Elternfurcht, Anstand und Gerechtigkeit entwickelt würde. Was dagegen Haltung, Miene, Redeweise, Atem, Kleidung und Handhabung der Gebrauchsgegenstände betrifft, so ist es, obwohl man in deren genauer Regelung ein Uebermass von Verkehrtheiten erreicht hat, nie dazu gekommen, etwas davon zu beschneiden. Für untergeordnete Stellen sind die Beamten vollzählig, da aber, an dem wichtigen Amt eines Kronprinzenerziehers, fehlt es; hinsichtlich der Schrifterklärer und Vorleser ist den Riten vollauf Genüge getan, aber die nutzbringende Einrichtung von Sittenaufsehern ist nicht vorhanden. Wenn ferner zwischen dem Thronfolger und seiner Umgebung, die von früh bis Abend bei ihm aus- und eingeht und mit ihm zusammen lebt und wohnt, keine Vertraulichkeit bestehen soll, so bilden heutzutage die Umgebung des Thronfolgers lediglich nahestehende Eunuchen, Hofausfeger, Trabanten und ähnliche Leute. Wahrlich, wenn man die hohe Verantwortung bedenkt, welche die Kaiser von Geschlecht zu Geschlecht einander überliefern müssen, über ihnen die wichtigen Aufgaben des Ahnentempels, der Erd- und Getreidegötter, unter ihnen die Sorge für das Leben der zahllosen Erdbevölkerung, vor ihnen die schweren Aufgaben, die ihre Vorgänger in Angriff genommen und ihnen zur Fortführung hinterlassen haben, hinter ihnen die Sorge für einen langen Bestand der Dynastie durch Kinder und Enkel: dennoch werden die Mittel, welche dem Thronfolger Beistand und Erhaltung gewähren, derartig nachlässig und oberflächlich gehandhabt! Das ist so, als ob man zu Hause eine Vollmondperle oder einen Nachtlichtjaspis besässe und würde sie am Rande einer Strassenkreuzung Räubern und Dieben zur Beute

überlassen. Müsste man da nicht äusserst besorgt um sie sein?
Im *Buch der Lieder* steht geschrieben: „Der Feng-Fluss trägt Hirse. Wie kann König Wu untätig sein; er gebe seinen Enkeln gute Ratschläge, um ihre Söhne zu behüten und zu schützen!"

7. *Gebot: Der Kaiser soll mit Sorgfalt Träger einer höchsten Verantwortung erwählen, um eine oberste Reichsleitung sichtbar erkennen zu lassen.*

Des Herrschers Aufgabe ist es, einen Reichskanzler zu wählen. Des Reichskanzlers Aufgabe ist es, den Herrscher in der richtigen Bahn zu leiten. Wenn jeder von beiden seine Aufgabe erfüllt, dann ist die Reichsleitung in richtiger Ordnung und der kaiserliche Hof geachtet. Die Regierung der Welt muss von einer einzigen Stelle ausgehen, und es darf nicht der Uebelstand herrschen, dass es eine Mehrheit von Regierenden gibt. Was nun die Wahl des Kanzlers betrifft, so verfehlt der Herrscher seine Aufgabe, wenn er sich solche Leute aussucht, die ihm zu Gefallen sind, und nicht solche, die ihn in der richtigen Bahn leiten; wenn er solche Männer heranzieht, die er gern leiden mag, aber nicht solche, vor denen er Respekt haben muss. Und was die richtige Leitung des Fürsten betrifft, so verfehlt der Reichskanzler seine Aufgabe, wenn es ihm nicht darauf ankommt, ob Thronvorschläge an sich verwerflich sind oder nicht, sondern er sein Können darein setzt, eiligst beizupflichten und des Fürsten Meinung untertänig anzunehmen; wenn ihm nicht das am Herzen liegt, Entscheidungen für ganze Generationen und Anordnungen für die ganze Welt zu treffen, sondern er seine Kunst darin erblickt, sich persönlich beliebt zu machen und seine Gunst beim Throne zu befestigen. Wenn beide gegenseitig ihre Aufgabe verfehlen, dann ist die Reichsleitung nicht in Ordnung, das Gefüge des Reichs nicht fest, dagegen bekommen die nahen Vertrauten in der

Umgebung des Kaisers die Möglichkeit, unter der Hand Ansehen und Macht des Thrones an sich zu bringen und Missbrauch damit zu treiben, mit Aemtern zu handeln und aus der Gerechtigkeit ein Geschäft zu machen. Das führt dahin, dass die Regierung von Tag zu Tag mehr in Verwirrung gerät, und die Macht der Dynastie mit jedem Tag mehr dahinschwindet...

Wenn nun der Kaiser solche Männer erwählen will, die ihn in der richtigen Bahn leiten können, und vor denen er Respekt haben muss, dann kommt es vor allem darauf an, dass er sich Beamte von Selbstachtung aussucht und die Verantwortung, die er ihnen auferlegt, unbedingt schwer ist. Ist ihre Verantwortung schwer, dann müssen sie entschlossen sein, Thronvorschlägen gegenüber entweder eine ablehnende oder zustimmende Haltung einzunehmen, muss es ihnen am Herzen liegen, Entscheidungen für ganze Zeitalter, Anordnungen für die ganze Welt zu treffen. Aber ausserdem müssen unparteiisch aus dem ganzen Reiche ehrliche, freimütige Männer, die den Mut zum Sprechen haben, auserlesen und als Hofzensoren und Kabinettsbeisitzer verwendet werden, um an den kaiserlichen Beratungen teilzunehmen, damit des Kaisers Verlass für Verstand und Herz, für Ohr und Auge immer bei weisen Beamten und grossen Staatsmännern und nicht bei der niederen Masse ruhe, und die Entscheidung über die Beförderung der Tüchtigen und die Bestrafung der Untauglichen stets an kaiserlicher Regierungsstelle erfolge, aber nicht von privater Seite ausgehe.

Dass unter solchen Voraussetzungen das Ansehen des Kaisers nicht fest begründet dastehen, die Macht der Dynastie nicht stark, das Gefüge des Reichs nicht straff, die Rechtspflege nicht lauter, die Volkskraft nicht reich, das Heerwesen nicht wohlgeordnet sein sollte, das kann ich nicht glauben. Im *Buch der Urkunden* steht geschrieben: „König Cheng hatte Respekt vor dem Reichskanzler." In den *Gesprächen* des Konfuzius heisst es: „Gefügige Beamte sind nicht treu."

8. Gebot. Entfaltung der obersten Staatsgrundsätze, um die Volksmoral zu heben.

In der unendlichen Weite zwischen den vier Meeren lebt die zahlreiche Masse der Millionenbevölkerung. Jeder einzelne unter den Menschen hat seine Gedanken, wünscht, seinen eignen Weg zu gehen. Aber eine gute Regierung versteht, das Volk allgemein zusammenzuhalten und es gleichmässig und einheitlich zu ordnen, so dass jedermann ihrer Leitung folgt und keiner wagt, anders zu handeln, als es der kaiserliche Wille wünscht. . Was heisst nun oberste Staatsgrundsätze? Scharf unterscheiden zwischen edler und unedler Gesinnung und danach die Trennung zwischen hoch und niedrig festsetzen. Genaue Feststellung von Verdienst und Unrecht, um die Verteilung von Lohn und Strafe gerecht zu gestalten. Was heisst Volksmoral? Wenn die Menschen dahin gebracht sind, dass sie sich alle dessen bewusst sind, dass man vor dem Guten Ehrfurcht haben und es üben muss, dass man dagegen vor dem Schlechten Abscheu haben und es ausrotten muss. Die Entfaltung der obersten Staatsgrundsätze geschieht nun in der Weise, dass die hohen Würdenträger unablässig an ihnen festhalten und sich nicht unterstehen, sie preiszugeben, dass die Zensoren zur Aushilfe darüber wachen, dass keine Parteilichkeit stattfindet, dass der Herrscher andererseits durch grössten Gerechtigkeitssinn und durch einen höchst rechtschaffenen Charakter sich selbst auf dem Thron geachtet macht und seine Gnade gleichmässig über dem Volke walten lässt. Demnach müssen die Edlen erhöht, die Andersgesinnten aber erniedrigt werden; wer Gutes tut, muss seinen Lohn empfangen, wer Uebles tut, dem muss Strafe zuteil werden. Dann wird in der Leitung der zehntausend Staatsgeschäfte kein Missgriff vorkommen . . .

9. Gebot. Sparsamkeit im persönlichen Aufwand zwecks Stärkung des Reichsvermögens.

Ich habe vernommen, unter den Aussprüchen der alten Herrscher über die Regierung findet sich auch das Wort, dass der Kaiser die Liebe zum Volke durch Sparsamkeit in seinem Aufwand betätigen soll. In der Tat ist es das Volk, von dem das gesamte Vermögen der Dynastie herrührt. Wenn nun keine Sparsamkeit geübt wird und an den notwendigen Mitteln Mangel herrscht, dann trifft es natürlich das Volk, wenn ungerechte Steuern und grausame Fronen das Notwendige erzwingen sollen. Der Herrscher mag zwar ein menschenfreundliches Herz besitzen, doch spürt das Volk nichts von seinen Wohltaten. Wenn der Herrscher darum seine Liebe zu den Menschen betätigen will, so muss er vor allem Sparsamkeit im persönlichen Aufwand üben. Dies ist ein unabänderliches Gebot der Vernunft.

Das ist das Allgemeinste, was über den Gegenstand zu sagen war, und nur ein kleiner Bruchteil aus seinem gesamten Inhalt. Die Art des Gegenstandes ist ja so, dass er sich nicht mit einem Worte erschöpfend behandeln lässt.

(Kuhn)

CHOU MI

Geister gingen immer dem Geist voran und begleiten ihn auf weite Strecken, wenn er längst in das Licht des Bewusstseins getreten ist. Selbst die römische Nüchternheit des Konfuzianismus hielt vom Geisterwesen zwar Distanz, hat es aber kaum geleugnet; war doch das ignorierende Schweigen seines Gründers: "Wovon der Meister nicht sprach, waren Wunder, Gewalt, Wirren und Geister" noch eine mildeste Form der Anerkennung. Zutage treten die Gespenster denn auch vor allem in der volkstümlichen Literatur, den Novellen, Romanen wie den privaten Aufzeichnungen.

Eine Sammlung solcher 'Pinselnotizen' (Pi-chi) liegt in den Niederschriften des Chou Mi (1232–1308) vor. Das Leben ihres Verfassers ist eng verflochten mit den politischen Umwälzungen der Zeit: Im Jahre 1126 war Pienliang, die Hauptstadt der Sung-Dynastie, von einem tungusischen Volk des Nordens, den Dschurdschen, erobert und der Kaiser mitsamt seinen Ministern und Generalen gefangengenommen worden. Ein kaiserlicher Prinz hatte von einer neuen Metropole, dem heutigen Hang-chou, aus die Dynastie als 'Südliche Sung' weitergeführt. Zu den Familien, die die Umsiedelung nach dem Südosten des Reiches mitgemacht hatten, gehörte die des Chou Mi. 1261 wird er Beamter; seiner Laufbahn – er bringt es bis zum Inspizienten der staatlichen Kornkammern – ist indessen keine Dauer beschieden; denn ein weiteres Nomadenvolk war aus dem Norden in China eingebrochen: die Mongolen. Sie besiegten in überlegener Taktik die Dschurdschen, nahmen 1276 die Hauptstadt der Sung und verfolgten diese auf ihrer Flucht in den äussersten Süden. 1279 ertränkte sich der letzte Kaiser, ein Knabe, zusammen mit seiner Mutter und dem Kanzler, im Meer.

Zu den Beamten, die getreu dem konfuzianischen Ethos nicht zwei Dynastien dienen wollten, zählte Chou Mi. Vierzigjährig verlässt er den Staatsdienst und widmet sich auf dem Gut eines Freundes im Kuei-hsin-Viertel von Hang-chou literarkritischen, archäologischen und kunstgeschichtlichen Arbeiten. Den grössten Teil seines Werkes nehmen indessen die 'Pinselnotizen' ein, deren Inhalt vom kosmetischen Rezept bis zum Kriminalfall, von der Landschaftsbeschreibung bis zur Spukgeschichte reicht. Die 'Allerlei Erkenntnisse aus meinem Heim in Kuei-hsin' stellen eine der interessantesten Sammlungen dieser Gattung dar. Sie bilden in ihrer Unbefangenheit eine bedeutsame Ergänzung zur offiziellen Literatur und hohen Philosophie.

AUS DEM KUEI-HSIN-TSA-CHIH

Die Brücke zwischen Ost und West

In den Westlanden gibt es einen Ort von grösster strategischer Bedeutung, der liegt in der Wüste an einem weiten Meer, dessen Wasser so kochend heiss ist, dass niemand sich ihm nähern kann. Das ist die Stelle, die der Himmel als Grenze zwischen China und den Barbarenländern festgesetzt hat. Das ganze Altertum hindurch hatten die jenseitigen Gebiete nie einen Verkehr mit dem Reich der Mitte. Eines Abends aber geschah es, dass ein riesenhafter toter Tierkörper angeschwemmt wurde, der das Meer in seiner ganzen Breite verstopfte. Die Länge des Skeletts betrug an die fünfzig Meilen, und so verband es wie eine Brücke die beiden Ufer miteinander. Die Hohlräume in den Markknochen aber erwiesen sich als so gewaltig, dass ein Mann samt Pferd hindurchgehen konnte. Auf diese Weise entstanden die ersten Beziehungen zwischen dem Westen und dem Reich der Mitte. Man hat sich in jenen Ländern darauf geeinigt, von jedem Durchreisenden zu verlangen, dass er die Knochen mit Fett oder Oel einreibt, damit sie recht lange elastisch bleiben. Denn man lebt in ständiger Sorge, sie könnten allmählich vermodern und abbrechen. Und dann käme der Verkehr mit China ja wieder zum Erliegen.

Bergsturz und Gewitterkobold

Jenseits der äusseren Befestigungsanlagen von Ch'ung-ch'ing befindet sich ein Berg, der recht steil ist. Dort zeigte sich eines Tages plötzlich eine Höhle, die so beschaffen war, dass durch ihre Oeffnung kaum ein einziger Mensch hindurchkam, innen darin aber wohl ein paar hundert Platz hatten. Auf die Kunde hin eilten die Leute aus der Umgegend so schnell sie konnten zu dem Loch, um es mit Erde und Geröll wieder zu verstopfen. Das geschah gerade an einem Tag Anfang des Sommers. Auf einmal zog am Himmel ein schweres Gewitter auf, und es begann zu regnen. Das grell zuckende Licht der Blitze drang bis hinein in die Höhle, wohin sich die Leute geflüchtet hatten, und allen wurde es unheimlich. Nun war bei ihnen auch ein alter Mann, der sprach: „Das hat gewiss zu bedeuten, dass unter den Menschen in der Höhle hier einer ist, der vom Blitz erschlagen werden soll." Darauf nahm er einem jeden die Mütze ab und hielt sie einzeln nacheinander an einem Bambusstab aus der Höhle hinaus. Plötzlich erschien drinnen ein Gewitterkobold, packte eine der Mützen und verschwand damit. Nun drangen alle auf den Mann, der seine Mütze verloren hatte, ein und warfen ihn zur Höhle hinaus. Und schon stand da auch wieder der Kobold, nahm ihn bei der Hand und lief mit ihm davon. Nach etwas über hundert Schritten liess er ihn auf einem Acker niederfallen. Der Mann war wie von Sinnen und glich einem Betrunkenen – niemand wusste, was das bedeuten sollte. Als endlich das Gewitter nachgelassen hatte, machte man sich zu der Höhle auf, um nachzusehen, wie es die drinnen überstanden hätten. Da entdeckte man, dass der Berg eingestürzt war und die Höhle gänzlich verschüttet hatte. Alle Menschen darinnen waren erdrückt worden und keiner dem Unglück entronnen. Nur der eine, der seine Mütze verloren hatte, war mit dem Leben davongekommen.

Der Flutendrache

Die Wassersnot im Jahre Jen-ch'eng (1292) hat allerorts drachenartige Wesen entstehen lassen; häufig zeigen sie sich in ganzen Rudeln bis zu zehn und mehr Stück. In Hu-chou ereignete sich Folgendes: Es wohnte dort auf einer Anhöhe ein reicher Grundbesitzer, der befahl einigen von seinen Dienern, ihn mit einem Boot auf die Felder hinauszurudern, damit er die Schäden an den Dammwegen zwischen den Aeckern besichtigen könne. Das Boot hatte gerade einen breiten Wassertümpel erreicht, da kam es auf einmal nicht mehr weiter. Es schien so, als sei es auf eine seichte Stelle aufgelaufen. Die Leute ruderten und stakten aus Leibeskräften, aber das Schiff bewegte sich um kein Haar vorwärts. Man nahm daher an, dass ein verborgener Stein das Boot am Weiterfahren hindere, und so befahl der Grundbesitzer einem der Burschen, ins Wasser zu springen und das Schiff mit den Schultern hochzustemmen. Da aber entdeckte man, dass das Boot geradewegs auf das Rückgrat eines Drachen aufgefahren war, und die Fährstange direkt zwischen den Schuppen des Drachenpanzers steckte. Alle waren entsetzt und völlig ratlos; endlich verliess man das Boot, und der Grundbesitzer befahl dem Diener, der am besten schwimmen konnte, ihn auf den Rücken zu nehmen und ans Land zu bringen. Hals über Kopf flüchteten alle nach Hause. Kurz danach begann der Drache mit den Füssen zu schlagen und bäumte sich hoch auf. Dabei wurden hunderte von Mou bebauten Landes vollständig überflutet. Schwere Krankheiten befielen hinterher sämtliche Personen, die in dieser Gegend lebten; ein Mann starb sogar.

Zaubereisen

Es soll ein Metall geben mit Namen „Zaubereisen". Jeder, der ein Sück davon am Gürtel trägt, ist gegen Schwert- und Lanzenstiche gewappnet. Man hat es gelegentlich an Schafen ausprobiert und sich dabei von seiner Kraft überzeugen können. Angeblich wird bei denen, die solch Eisen mit sich führen, die Hautstelle, die Schwert oder Lanze berührt, hart wie Eisen, so dass nichts hindurchzudringen vermag. Man behauptet sogar, dass ein jeder, der ein Stückchen von dem Metall – und sei es auch nur bohnengross – zerkleinert seinem Körper einverleibt, gegen alle scharfen Waffen gefeit sei; die Klingen fänden an ihm keine weiche Stelle mehr. – Ich weiss nicht, ob etwas Wahres an dem Gerede ist. Allerdings habe ich mir sagen lassen, dass Herr Chang Ken-tse ein bisschen von diesem eigenartigen Metall in seinem Besitz hat.

Der fortgeschwemmte Sarg

Im Bezirk Le-p'ing lebte einmal ein Mann – seinen Namen habe ich vergessen – der war ehemals Diener bei einem Pferdephysiognomiker gewesen. Später wurde er eines Tages krank und starb. Als er nun in die Unterwelt kam und sich umguckte, wer da alles darinnen sass, bemerkte er auch seinen früheren Herrn, den Pferdephysiognomiker. Er hatte den Kopf erhoben, machte Kotau und bat heulend um Erlösung. Bald darauf wurde der Diener versehentlich aus der Unterwelt entlassen. Gerade als er nun wieder auf Erden erwachte, hörte er, wie aus dem Maule eines Pferdes ihn eine Stimme anrief, welche sprach: „Du, der du das Glück hattest, zu den Menschen zurückzukehren, bitte sprich du mit meinen Söhnen. Mein Häuslein ist an einer Ecke schon ganz vom Wasser unterspült. Man müsste es schleunigst ausbessern. Ich bitte Dich, denk an meine Kinder und lass sie für mich beten. Es wird dir später angerechnet werden." Auf das hin begab sich der Mann gleich nach seiner Wiederbelebung zum Hause des verstorbenen Pferdephysiognomikers und meldete die Sache. Aber an dem Gebäude, das jener bewohnt hatte, gab es keinerlei Wasserschaden. Doch ein Jahr später, da stürzte herab von den Bergen eine riesige Wasserflut, und der Zufall wollte es, dass die Grabstätte des Pferdephysiognomikers just inmitten des Wogenpralles stand. Durch die gewaltigen Wassermassen wurde der Sarg herausgeschwemmt und trieb alsbald mit der Strömung fort. Kein Mensch wusste zu sagen, wohin er gekommen war. Die Fluten trugen ihn nämlich über vierzig Meilen weit fort. Des trockenen Holzes wegen schwamm er so gut wie ein Floss, auch war er recht haltbar gebaut. Endlich entdeckte ihn ein Fährmann. Er staunte nicht wenig über die prachtvollen Verzierungen und war sich gewiss, dass es sich hier nicht um einen einfachen Mann handeln könne. Er zog den Sarg also auf sein Schiff und nahm ihn mit, um ihn zurückzugeben. Bald darauf traf er die Angehörigen des Pferdephysiognomikers, die unterdessen Nachforschungen hatten anstellen lassen. Sie gaben dem Fährmann eine hohe Belohnung, nahmen den Sarg und bestatteten ihn an einem anderen Platz.

Der Nagelstein

In der Stadtmauer von Ch'ang-an ist ein sogenannter „Beamten-Nagel-Stein" eingelassen. Er ist von blauschwarzer Farbe und so hart wie Eisen. Die jungen Doktoren, die auf eine Amtsstellung warten, pflegen den Versuch zu machen, einen langen Nagel in den Stein hineinzuschlagen. Geht er sofort hinein, so bedeutet das, dass der Betreffende sehr bald einen schönen Posten erhält. Geht er nicht gleich hinein, dann muss er mit Schwierigkeiten rechnen. Kann er ihn aber überhaupt nicht hineinbekommen, so bleibt ihm aller Erfolg versagt. Der Stein ist über und über mit Nägeln bedeckt.

Der Patriot

Chien Ts'ai-wang, ein Mann, der aus Ssu-ch'uan stammte, war Landrat im Kreis Hu-chou. Als der Einmarsch der Mongolen unmittelbar bevorstand, schwur sich Chien in unerschütterlichem Todesmut, sein Leben auf jeden Fall fürs Vaterland zu opfern. Er liess sich ein riesiges Schild aus Zinn anfertigen und da die Worte eingravieren: „Der treue Untertan der Grossen Sung, Chien Ts'ai-wang". Ausserdem nahm er zwei Silberplatten und liess auf ihnen folgende Inschrift einschlagen: „Wenn einer meinen Leichnam findet, so hoffe ich, dass er mir ein Begräbnis zuteil werden lasse, und dass ich auch noch ein Totenopfer bekomme unter der Bezeichnung: ‚Der treue Untertan der Grossen Sung, Chien Ts'ai-wang'. Dies Silber ist für die Kosten des Begräbnisses." Alle Tage liess er sich mit dem Schild und den zwei Silberplatten am Gürtel sehen; offensichtlich wartete er nur noch darauf, dass die Nordarmee vor der Stadt auftauche, um sich dann ins Wasser zu stürzen und zu ertränken. Er hatte auch überall in der Umgegend Opfer darbringen lassen. Ein jeder im ganzen Kreis und sogar die Leute, die als Reisende durch die Stadt kamen, sahen ihm voll Mitgefühl nach. Als dann im ersten Monat des Jahres P'ing-tse (1276) in aller Frühe die Mongolenarmee in die Stadt einrückte, wusste keiner, wohin Herr Chien gekommen war. Es hiess allgemein, er sei ins Wasser gegangen. Doch siehe da – ein paar Tage später ritt er auf einmal in der Tracht der mongolischen Soldaten hoch zu Ross in der Stadt ein. Da kam heraus, dass er einen Tag vor der Besetzung sich heimlich aus der Stadt geschlichen und das Heer aus dem Norden willkommen geheissen hatte. Es gelang ihm dann doch tatsächlich, wieder Landrat in dem gleichen Kreis zu werden, den er schon vorher gehabt hatte. – Nun, die Spottsänger in der Gegend brauchten um Stoff nicht verlegen zu sein.

Der Höllenrichter

Im Kuei-ching-Viertel von Hu-chou lebte ein Mann namens Chou Mi-t'o. Sein Name rührte daher, dass er in der Hand das Siegel Amitâbhas trug. Er war ein anständiger und gutherziger Mensch und auch sehr fromm. Eines Tages wurde er plötzlich krank und starb. Da aber seine Brust nicht kalt werden wollte, getraute man sich nicht, ihn zu begraben. Zwei Tage später kam auf einmal wieder Leben in ihn, und das erste, was er sagte, war: „Dass ich jetzt wieder am Leben bin, habe ich einzig und allein dem ehemaligen Präsidenten Ch'en zu verdanken." Dann begann er Folgendes zu erzählen: „Nach meinem Tode kam ich zu einem Amtsgebäude, da standen die Unterweltsgefangenen Kopf an Kopf und schauten zu einem Richter empor: Das war der Präsident Ch'en Pen-chai. Als er mich erblickte, rief er aus: ‚Du gehörst doch zu meinen früheren Pächtersleuten! Wie in aller Welt kommst denn du hierher?' Und er nahm sein grosses Hauptbuch und machte darin die folgende Eintragung: ‚Der Mann hier ist als äusserst fromm bekannt. Seine Festnahme beruht auf einem Irrtum; er hat nur zufällig den gleichen Vor- und Nachnamen wie der Mann, der eigentlich vorgeführt werden sollte. Es ist dafür zu sorgen, dass er wieder heim auf die Erde kommt.' Einen Augenblick später erwachte ich wieder zum Leben." Leute, die sich in solchen Sachen auskennen, mögen wohl sagen: So etwas ist leichter erzählt als geglaubt. Indessen – kurz darauf geschah es, dass der Inspektor der Provinzialgerichte Söse Temür, als er von Chia-hsing nach Cha reiste, seinen Begleiterstab fragte: „Lebten hier früher in der Sung-Zeit nicht zwei Leute namens Ma Yüan-chai und Ch'en Pen-chai?" „Ja, tatsächlich", war die einstimmige Antwort. Da berichtete er, dass während seiner Tätigkeit in Chia-hsing ein als Schreiber beschäftigter Angestellter überraschend verschieden war, nach Ablauf einer Nacht jedoch wieder zu sich kam und Folgendes erzählt hatte: Als er in die Unterwelt gelangt sei, hätten zwei Höllenbeamte ein grosses Buch aufgeschlagen und nach seinen Verfehlungen geforscht, ihn sodann aber wieder zurückgeschickt. Ein Unterbeamter habe ihm erklärt, das seien die beiden Richter über Gut und Böse gewesen. Der Richter über die bösen Taten hiesse Ma Yüan-chai, der über die guten Ch'en Pen-chai. – Da muss man sich nun schon wundern; denn diese Angaben stimmen doch haargenau mit denen von Chou Mi-t'o überein.

Der Meergeist und die Sonne

In Yang-chou lebt ein Mann namens Chao Tu-t'ung, der war früher Hauptmann. Damals fuhr er einmal in Erfüllung einer militärischen Aufgabe zu Schiff nach Shantung. Dort aber geriet sein Fahrzeug in hoch wachsende Schlingpflanzen, und da er sich trotz aller Bemühungen nicht aus dem Gewirr befreien konnte, blieb ihm nichts anderes übrig, als mehrere Monate lang an der gleichen Stelle liegen zu bleiben. In dieser Zeit beobachtete er eines Morgens, wie die Sonne aus dem Meer auftauchte. Da sah er, dass es ein Mann war, der, das riesige Sonnenrad auf Kopf und Nacken tragend, emporstieg. Er war am ganzen Körper feuerrot und hatte Augen von klarer grüner Farbe. Je weiter die Sonne in die Höhe stieg, desto mehr schrumpfte der Mann in sich zusammen, bis er schliesslich ganz verschwand. All die Monate über hatte Herr Chao jeden Morgen den gleichen Anblick.

Der Schmetterling

Herr Yang Hao hatte nach seiner Verheiratung mit einem jungen Mädchen aus der Familie Chiang im Laufe der Jahre einige Kinder bekommen. Voriges Jahr nun ereilte ihn der Tod. Am Tag nach seinem Hinscheiden erschien auf einmal ein seltsamer Schmetterling, der war etwa so gross wie eine Hand. Schaukelnd, taumelnd – so strich er beständig in der Nähe von Frau Chiang hin und her, und erst als der Tag zur Neige ging, verschwand er. Als dann später auf die Todesnachricht hin die Verwandten des Herrn Yang sich einstellten, um ihn zu beweinen, da kam der Schmetterling noch einmal. Ohne Unterlass umflatterte er Frau Chiang; ob sie ass oder trank, ob sie sich erhob oder niederliess, immer war er um sie. – Ja, das war wohl Herr Yang, der sich noch nicht von seiner jungen Frau und seinen kleinen Kindern trennen konnte. So hatte er sich denn in einen Schmetterling verwandelt, nur um noch einmal heimzukehren.

Birnenwein

Kürzlich hat mir Herr Li K'an folgende Geschichte erzählt: Im Besitz seiner Familie befand sich ehemals ein Birnbaumgarten. Es waren riesige Bäume dort; jeder brachte bei der Ernte zwei Wagen voll Birnen. Einmal aber gab es ein so gutes Birnenjahr, dass allerorts die Ernte zwei und drei mal so reich ausfiel wie gewöhnlich. Man konnte Birnen nirgends mehr an den Mann bringen. Es wurde so arg, dass man sie sogar zum Schweinefüttern benutzte; man kann sich vorstellen, wie billig sie geworden waren. Nun hatte Herr Li in seinem Garten eine sogenannte 'Bergbirne' von ganz vorzüglichem Geschmack, bei der es ihm leid tat, sie fortzuwerfen. Er nahm daher einen grösseren Trog, tat ein paar hundert von diesen Birnen hinein, bedeckte sie mit einem irdenen Gefäss und verkittete die Öffnungen, um sie für länger aufzubewahren. Später wollte er sie herausholen und essen. Bald aber dachte er nicht mehr daran. Als er ein halbes Jahr später wieder in den Garten kam, wurde ihm hinterbracht, dass den Leuten in der Umgegend hin und wieder Weingeruch aufgefallen sei, und dass man den Hausverwalter verdächtige, sich heimlich Wein zu keltern. Herr Li liess bei dem Verwalter nachforschen, aber bei ihm war nichts zu finden. Da fiel ihm endlich das Gefäss ein, worin er seine Birnen verwahrt hatte. Er öffnete es und siehe da, sie waren zu einer Flüssigkeit geworden – wunderbar kühl, von klarem Aussehen, süss und lieblich – kurz, zu einem wirklich hervorragenden Wein. Nahm man davon, so war man im Nu betrunken. – Für den arabischen Traubenwein nimmt man zum Vergären einzig und allein Trauben, man vermischt sie nie mit anderen Früchten. Dass man auch Birnen vergären kann, hatte ich noch nicht gewusst. Das habe ich jetzt zum ersten Mal gehört.

(Bauer)

WEN T'IEN-HSIANG

Wen T'ien-hsiang (1236-1283), der mit sechsundvierzig Jahren lieber in den Tod ging, als einem neuen Regime zu dienen, war ein Minister und Feldherr des letzten Sung-Kaisers. Er kämpfte hart gegen die Mongolen, die China eroberten. Indes hatte Kublai-khan, der neue Kaiser, für seinen tapferen Gegner die höchste Anerkennung und versuchte wiederholt, ihn in seinen Dienst zu stellen. Wen T'ien-hsiang blieb bei seiner Weigerung: "Ich bin durch die Gnade der Sung Minister geworden und kann nicht zwei Herren dienen. Wollt Ihr mir eine Gunst erweisen, die einzige ist der Tod." Aus Furcht vor Unruhen seinetwegen wurde er dann im Gefängnis hingerichtet. In seinem Gürtel fand man die berühmten Zeilen: "K'ung-tse sagt: Vollende die Menschlichkeit; Meng-tse sagt: Halte fest an der Gerechtigkeit! Wenn durch volle Gerechtigkeit die Menschlichkeit verwirklicht wird, welchen Zweck hat es dann noch, die Schriften der Heiligen und Weisen zu studieren? Ich hoffe, dass ich jetzt und in Zukunft mich nicht zu schämen brauche." Aus seinem Nachlass kennt man noch einige 'fu', Abhandlungen in rhythmisch gebundener Prosa, und Gedichte.

DAS FU VOM GEIST DER GERECHTIGKEIT

Zwischen Himmel und Erde ist ein grosser Strom, der sich überall hin ergiesst, und der sich mit flüchtig wechselnden Gestalten vermischt. Unten auf der Erde bildet er die Flüsse und Berge, oben am Himmel bildet er die Sonne und die Sterne. Wenn er Menschen berührt, wird er unermesslich; es ist ein Geist, der ganz die blaue Wölbung des Himmels erfüllt.

Wenn sich das Wesen der kaiserlichen Regierung in seiner Reinheit des Friedens erfreut, ergiesst dieser Strom sich ruhig am Hofe des Herrschers; in unruhigen Zeiten zeigt sich seine Kraft, und die, die sich von ihm inspirieren lassen, werden einer wie der andere in den Annalen erwähnt.

Überall, wo dieser Strom sich ergiesst, ist die klare Reinheit lebendig. Dieser Geist der Gerechtigkeit ist das gleiche wie das Wesen von Sonne und Mond – wie könnten Leben und Tod die Mühe wert sein, darüber zu sprechen? Nur dieser Geist stützt den Sockel der Erde, auf ihm ruhen die Säulen, die die heilige Wölbung tragen; die Richtsätze menschlicher Beziehungen schöpfen aus ihm ihr Wesen, nichts als er ist die Grundlage von Wahrheit und Gerechtigkeit.

Ach! Ich bin unter einem bösen Stern geboren; alle, die um mich waren, haben mir geschadet, und ich bin ins Gefängnis geworfen worden. Später wurde ich in den äussersten Norden geschleppt. Todesstrafen, wie die des Zersägtwerdens oder des Kochens in Kesseln, wären mir lieb gewesen; ich habe versucht, zum Tode verurteilt zu werden, ohne dass es mir gelungen wäre.

In der Gefangenschaft war meine dunkle Behausung so einsam, dass Irrlichter mich umspielten; selbst im Frühling blieb der Hof ohne Sonne und ganz schwarz. Eines Morgens wurde ich krank von den Unbilden und Entbehrungen, die ich zu leiden hatte; schon glaubte ich zum Leichnam zu werden, den man in den Graben wirft. Doch habe ich lange Zeit meine Krankheit ertragen, und die üblen Krankheitserreger verliessen mich von selbst, ohne dass jemand mich gepflegt hätte. Ach, ich habe kein anderes Land des Friedens und der Freude als diese morastige Erde; wie könnte ich an irgendein Mittel denken, das die Unbilden mir fernhält?

Doch in meinem Unglück erleuchtet mein Herz mich immer, und droben am Himmel sehe ich weisse Wolken treiben. Meine Seele ist auf ewig betrübt, mein Schmerz ist grenzenlos wie der blaue Himmel. Tag für Tag vertiefen die Weisen sich in die Vergangenheit; Gesetze und Tugendvorschriften gibt es nicht mehr. Im kalten Wind unter einem Schutzdach schlage ich meine Bücher auf, um zu lesen, und die Tugend unserer Vorfahren ersteht vor meinen Augen.

(Margouliès / Kuntze)

NI TSAN

China entdeckt erst jetzt seine grossen Dichter. Allzu lange hatte das Formale, die Regel und das gelehrte Beiwerk den Masstab des Ruhmes gegeben, so dass man fast danach zu fragen vergass, ob ein Gedicht ein echtes Gefühl ausspräche oder nur die kenntnisreiche Variation über erprobte Themen darstelle. Noch für lange Zeit wird diese Frage im Einzelfall offen bleiben müssen, aber dass Ni Tsan (1301-74) zu den unmittelbarsten und echten Lyrikern Chinas gehört, bei aller Formenstrenge und einer nicht immer leicht verständlichen Fülle von Anspielungen, ist heute sicher. Er war stets berühmt als einer der grossen Maler Chinas, auch da als einer der reinen Lyriker der Landschaft, aus der er, strenger als irgend ein anderer, alles figürliche und erzählerische Beiwerk verdammte. Sein scheuer, zurückhaltender Charakter bei offensichtlich schwacher Gesundheit und nervöser Anfälligkeit galt geradezu als Musterbeispiel des versponnenen Lyrikers, sowohl in der Malerei wie in der Dichtung. Und doch lebte in diesem zarten Gehäuse ein revolutionärer Geist im Künstlerischen wie im Gesellschaftlichen, ebenso wie etwa in Lessing oder Mozart. Ni Tsan war es, der in zäher, kompromissloser Standhaftigkeit den reinen, nur dem eignen Ideal verpflichteten Künstler in China durchsetzte, nachdem Jahrhunderte lang Kaiser und Akademien den Ton aller Kunstübung bestimmt hatten. Von seinem Leben berichtet hier die kurze Biographie in den offiziellen Annalen der Ming-Dynastie; seine Gedichte sind vielfach Aufschriften auf eignen Bildern oder solchen von Freunden. Man schrieb sie später ab und fasste sie in Sammlungen seiner Werke zusammen.

LEBENSBESCHREIBUNG DES NI TSAN

Ni Tsan, mit Beinamen Yüan-chen, stammte aus Wu-hsi. Seine Familie war sehr vermögend. Er selbst war ein trefflicher Dichter, guter Kalligraph und Maler. Aus allen Gegenden besuchten namhafte Gelehrte sein Haus; an seinem Wohnort hatte er ein Landhaus, welches 'Reine Einsamkeit' hiess und abseits vom Staub der Welt lag. Dort bewahrte er mehrere tausend Bände Bücher auf, die er alle eigenhändig durchgesehen und korrigiert hatte. Alte Dreifüsse, musterhafte Handschriften, wertvolle Zithern und seltene Gemälde waren überall aufgestellt. Zu allen Jahreszeiten war das Landhaus von Grün umgeben. Hohe Bäume und grosse Bambussträucher standen in üppiger Pracht. Darum nannte er sich selbst: Einsiedler von Wolken und Wald. Oft trank und dichtete er mit seinen Gästen. Waren Leute darunter, die die Reinlichkeit schätzten, so wurde das Handwaschbecken nicht aus den Händen gelassen. Bei rohen und gewöhnlichen Gästen wurde eine Art Reiskessel bereitgestellt; gingen sie, so musste ihr Platz abgewaschen werden. Alle, die die Schlichtheit in der Malerei anstrebten, besuchten Tsan, der so auf seine Zeitgenossen einwirkte.

Zu Anfang der Regierungsperiode Chih-cheng (1341-1367), als im Reich tiefer Friede herrschte, verteilte er plötzlich sein ganzes Vermögen an seine Verwandten. Darüber wunderten sich alle Leute. Nicht lange, und es brachen Feindseligkeiten aus, wobei die reichen Familien viel Unglück zu erdulden hatten. Doch Tsan fuhr, mit einem Regenhut aus Bambus, auf einem kleinen Boot zwischen dem See T'ai-hu und den drei Mao-Flüssen hin und her. So blieb er als Einziger frei von Missgeschick. Der Usurpator Chang Shih-cheng suchte mehrmals, ihn an sich zu ziehen, doch Tsan entfloh auf einem Fischerboot und entkam. Changs jüngerer Bruder Shih-hsin bot ihm Geld für ein Gemälde. Tsan jedoch ging scheltend davon. Den Tag darauf machte Shih-hsin mit Freunden und Gästen eine Fahrt auf dem See, als er aus dem Schilf einen eigenartigen Wohlgeruch vernahm. Er vermutete Tsan dort, durchsuchte die Fischerboote und fand ihn schliesslich. Er schlug auf ihn ein, doch Tsan sprach kein einziges Wort.

Als in Wu wieder Friede herrschte, war Tsan alt. Er trieb sich in gelber Mütze und ländlicher Kleidung in der Gesellschaft von Landstreichern umher.
Er starb im 7. Jahr der Regierungsperiode Hung-wu (1374), vierundsiebzig Jahre alt. *(H. Franke)*

GEDICHTE

Beim Ordnen von duftenden Narzissen und Pflaumenblüten

Der Pflaumenbäume Wipfel sind von weisser Schönheit,
Und zarte Gräser tanzen mädchenhaft.
Der Bäume purpurner Brokat prangt üppig;
Alles ist Glanz nun in der Frühlingszeit.
Ich breche Blüten, die ich in die Ferne senden möchte,
Doch fürchte ich, die Blumen sterben unterwegs.
So ordne ich sie in den Jadekrug voll Wasser;
Ihr Duft umspielt mich, um nur langsam zu verwehen.

Herbstabend

Kühl ist der Abend dieses sommerwarmen Herbsttags.
Ich trinke Tee und schlafe bis zum Morgen tief in meiner Einsamkeit.
Der reine Wind schüttelt die Bäume im Hof,
Und eine frierende Grille klagt im betauten Gras.
Des Morgens schaue ich fröhlich dem strömenden Wasser zu,
Des Abends blicke ich voller Erwartung nach Westen.
Von des menschlichen Treibens Komödie weiss ich nichts mehr;
Nur noch die grünen Berge sehe ich in Liebe an.

Im Landhaus

Im Wasser spiegeln sich fünf Trauerweiden;
Mein Fenster füllt ein Kirschbaum aus.
Wie blankgeputzt hängt in den Ranken der Bergmond.
Zur Zither sing ich; in den Kiefern seufzt der Wind.

Bildaufschrift

Unter gebogenen Zweigen von hohen Weiden mein kleiner Pavillon,
Zwischen leuchtenden Wassern und farbigen Bergen mein abgelegenes Heim.
Ich bin noch nicht alt, doch hab' zum Dichten ich Musse;
Ich habe kein Geld, doch weit wie das Nordmeer steht mein Weinbecher vor mir.

Auf ein Bild mit Bäumen und Bambus

Im Fluss der Uferbäume Spiegelbild, tuschig und ungenau;
Über dem Fluss in grünen Bergen die sinkende Abendsonne.
Mein Fühlen schmerzlich-ungebärdig; niemand ist da, zu dem ich sprechen könnte,
Nur vom nahen Wasser der Widerschein spielt mir in Brauen und Bart.

Ein gleiches

Ein lichter Hain von schlankem Bambus, daneben würdig alte Bäume.
Am Wasserfall der moos'ge Felsen hat sich mit Blüten geschmückt.
Der tausend Tage alte Wein allein vermag die Trauer nicht zu scheuchen;
Doch weicht sie vor dem kleinen Pinsel, weisst Du ihn meisterhaft zu führen.

Auf ein Landschaftsbild

Der Tao-Gelehrte haust im Pflaumenblütendorfe;
Ein Steinkrug Kiefernweins gärt neben seinem Fenster.
In der Trunkenheit malt er mit emsigem Pinsel der Berge Farbe hin.
In treibendem Schneedunst und Wolkenhauch, zartfarben und unnachahmbar.

Pinselübung an einem Frühlingstag

Froh seh ich, dass der neue Wein gelb ist wie kleine Gänse,
Und schon umkost der Frühlingswind mein Grasdach.
Im zweiten Monat brechen in Kiang-nan die Weidenknospen auf,
und Bäume rauschen um mein kleines Boot im Abendlicht.
Moos spriesst, die Holzschuh-Tritte in den Bergen tönen nicht mehr;
Knospen und Blüten hängen von der Mauer meiner Klause.
Mit gutem Wein schliess ich mich ein zu einer Trunkenheit von tausend Tagen;
Was in der Welt geschieht, soll mich nicht kümmern und mich nicht unnütz traurig stimmen.

Stimmung

In meiner Riedhütte lese ich Bücher.
Der Herbst ist tief, und viele Blätter gelb.
Über der Ebene erblickt man ferne Berge.
Singend, im groben Wollkleid, mache ich mich auf den Weg.
Einöden dehnen sich, nur hie und da ein Dörfchen.
Ein alter Landmann, bambustragend, geht vorüber.
Zerrissen fällt das Mondlicht durch die Bäume;
Des kühlen Wassers Fläche unbewegt und ohne Wellen.
Hier fernab möchte ich mich niederlassen, mein Empfinden zu verbergen;
Was ausser diesem einen Leben hab ich denn?
Man sollte nur nach seiner Freude streben;
Denn wozu führen Reichtümer und Ehren?

Im Boot

Die Wasser der Wildnis dehnen sich kalt, verlassen liegen die Ufer.

Der duftenden Kräuter üppiges Blattwerk weiss schon um
den kommenden Frühling.
Am Himmel segeln weisse Wolkenwogen über die fünf
Seen dahin,
Ich liebe der leichten Möwen Geleit, die meiner Abgeschiedenheit Freund sind.

Zufällig entstandenes Gedicht

Ich sitze und schaue dem Moose zu, das mein Kleid überwachsen möchte.
Der Teich und die Frühlingswasser schimmern im letzten Abendglanz.
Im verlassenen Dorfe wird es Nacht, kein Lärmen mehr
von Wagen und Pferden.
Freundschaftlich geleiten zerrissene Wolken die heimwärts
fliegende Kranichschar.

(Helga Kuntze)

T'AO TSUNG-I

Schon bald nachdem die Mongolen das nur mangelhaft gerüstete Sung-Reich unterworfen, – wobei ihnen die technischen Errungenschaften ganz Asiens, darunter schwere Belagerungsgeschütze, zur Verfügung gestanden, die Spezialisten aus aller Herren Länder, bis zum fernen Paris, gedient hatten, – erkannten sie die Sonderstellung, die dieses Reich mit seiner hohen Kultur und Zivilisation innerhalb ihres weltweiten Staatsverbandes einnehmen musste. 1260 bestieg Kublai, der Eroberer Chinas und Enkel Dschingiskhans, in der neuen, seinem Stammland nahen Hauptstadt Khanbaliq, dem späteren Peking, den Kaiserthron. 1271 gab er seiner Dynastie den chinesischen Namen Yüan – ein Zeugnis für die Sinifizierung, der alle Eroberer dieses Landes erlegen sind.

Bekannt ist die religiöse Toleranz Kublais. "Anhänger der drei grossen Weltreligionen, Christentum, Islam und Buddhismus, erfreuten sich der gleichen Gunst des Herrschers in solchem Masse, dass ein jeder von ihnen glaubte, der Gross-Khan zähle im stillen zu seiner Gemeinschaft." (Stange). Er selbst bekannte sich wie die meisten Mongolen zum Buddhismus, liess hingegen auch dem Konfuzianismus manche Förderung widerfahren. Allein der Taoismus ward unter ihm schwer getroffen: Sämtliche taoistischen Bücher ausser dem Tao-Tê-Ching sowie medizinischen und pharmakologischen Werke fielen einem Autodafé zum Opfer.

Von der Reaktion auf die religiöse Entwicklung des Kaiserhauses sprechen die folgenden Anekdoten aus dem Cho-keng-lu, den 'Aufzeichnungen in den Pausen der Landarbeit', einer Sammlung von Pinselnotizen, deren Verfasser um 1320 geboren und kurz nach 1400 gestorben ist. Noch zu seinen Lebzeiten wurde das Werk zum ersten Mal gedruckt. Wir dürfen in ihm die ausführlichste Quelle zur Kulturgeschichte der Mongolenzeit erblicken.

AUS DEM CHO-KENG-LU

Die Tugend der Kaiserin

Der Kronprinz Seiner Majestät des jetzigen Kaisers hat seine Residenz im Ostpalast. Dort hatte eine kaiserliche Verfügung ihm eigens die „Halle der Grundprinzipien" als Ort für seine Unterweisung und Lektüre bestimmt. Eines Tages erschien unvermittelt der Kaiserliche Präzeptor bei der Mutter des Kronprinzen und eröffnete ihr: „Früher haben die Kronprinzen die Lehre Buddhas studiert, um der Erleuchtung teilhaftig zu werden. Der jetzige Kronprinz aber studiert die Lehren des Konfuzius. Ich fürchte, dadurch wird der Kronprinz in seinem innersten Wesen Schaden erleiden." Die Kaiserin sagte: „Obgleich ich tief im Palast lebe und nichts vom Tao und seiner Kraft verstehe, so habe ich doch gehört, dass von alters her bis in die Gegenwart das Reich, wenn Ordnung herrschen soll, mit Hilfe der Lehre des Konfuzius regiert werden muss. Es wäre eine Ketzerei, wollte man darauf verzichten und nach andrem streben. Die Lehre Buddhas mag gut sein, doch ist sie überflüssig, denn man kann nicht damit das Reich regieren. Warum sollte also der Kronprinz nicht diese Schriften studieren?"

Der Kaiserliche Präzeptor fand sich damit ab und zog sich zurück.

Der Empfang der konfuzianischen Weihen

Eines Tages befahl Kaiser Shih-tsu (= Kublai) dem Lien Hsi-hsien, sich durch den Kaiserlichen Präzeptor die buddhistischen Weihen erteilen zu lassen. Er erwiderte darauf: „Euer Untertan hat bereits die Weihen des Konfuzius empfangen." Der Kaiser fragte: „Gibt es denn bei eurem Konfuzius auch Weihen?" Die Antwort war: „Als Untertan muss man loyal, als Sohn pietätvoll sein. Das sind die Weihen der konfuzianischen Schule, weiter nichts!" Der Kaiser freute sich darüber.

Die drei Religionen

Als Po-chu-lu Ch'ung in der Han-lin-Akademie tätig war, hatte man die Klassikerexegesen vor dem Kaiser gerade eingestellt. Der Kaiser fragte ihn: „Welche von den drei Religionen ist am höchsten zu schätzen?" Er erwiderte: „Der Buddhismus ist wie gelbes Gold, der Taoismus wie weisser Jade, der Konfuzianismus wie die fünf Getreidearten." Der Kaiser sagte: „Also ist der Konfuzianismus die niedrigste?" Er antwortete: „Wenn man kein gelbes Gold und keinen weissen Jade hat, was schadet das? Kann die Welt aber auch nur einen Tag auf die fünf Getreidearten verzichten?" Der Kaiser war hocherfreut darüber.

Die fünf Grundtugenden des Zensors

Chou Ching-yüan erfreute sich eines weiten Rufs und verstand sich auf Literatur. Als er im hauptstädtischen Zensorat tätig war, wurde er auf eine Dienstreise nach der Provinz Chekiang geschickt. Dort verkehrte er Tag für Tag mit seinen Freunden. Sein Amtsschreiber ärgerte sich darüber und, in der Absicht, ihn zu sticheln, schrieb er gross an die Wand: „An dem und dem Tag hat der Zensor den und jenen besucht; an dem und dem Tag kam Herr Soundso zu Besuch." Als der Zensor das sah, liess er den Schreiber sofort kommen und sagte: „Ich habe ausserdem noch den Herrn Soundso besucht; warum hast du vergessen, das aufzuschreiben?" und er liess ihn die Liste vervollständigen. Dann fuhr er fort: „Der Grund, warum die Menschen die Bücher studieren, ist der, ein Gebildeter zu werden. Ein Edler wird darum immer auf Einhaltung der fünf Grundtugenden bestehen – Güte, Rechtlichkeit, Höflichkeit, Klugheit und Aufrichtigkeit. Gesetzt den Fall, ich würde heute den Verkehr mit meinen alten Freunden abbrechen, so hiesse das, dass ich zwar Zensor wäre und doch keine der Tugenden hätte. Lieber verzichte ich darauf, Zensor

zu sein, denn man darf die menschlichen Beziehungen nicht untergehen lassen."
Beschämt zog sich der Schreiber zurück.

Herr Hsiao

Hsiao Chü war ein Mann aus Peking und tat in jungen Jahren Dienst als Angestellter einer Bezirksverwaltung. Eines Tages, als er dem Bezirkspräfekten ein Schriftstück vorlegte, fiel diesem zufällig ein Pinsel auf die Erde. Der Präfekt bedeutete Hsiao, er solle ihn aufheben, doch Hsiao tat, als habe er nicht verstanden, und fuhr fort, seinen Vortrag über die Dienstgeschäfte zu halten. Nachdem dies dreimal passiert war, sagte Hsiao: "Ich habe Vortrag zu halten über die Angelegenheiten des Herrschers. Einen Pinsel aufzuheben, ist Sache des Bürodieners, nicht eines Behördenangestellten."
Als der Präfekt daraufhin böse wurde, nahm Hsiao seinen Abschied und lebte fünfzehn Jahre als Privatmann seinen Studien und sammelte eine grosse Schar Schüler um sich. Der Vizekanzler Äsän hörte von seiner Trefflichkeit und empfahl ihn dem Kaiser Kublai, aber Hsiao ging nicht hin. Da machte man ihn zum Schulinspektor in Shansi. Später unter den Kaisern Ch'eng-tsung, Wu-tsung und Jen-tsung stieg er zu hohen Ämtern am Hofe auf.

(H. Franke)

FANG HSIAO-JU

Wie Wen T'ien-hsiang (s. S. 242) wird Fang Hsiao-ju (1357-1402) als Beispiel des bis in den Tod getreuen und für seine Überzeugungen eintretenden Beamten gerühmt. Er war schriftstellerisch höchst begabt, wurde der Erzieher kaiserlicher Prinzen, Mitglied der Hanlin-Akademie und hätte als Ratgeber seines Kaisers sicher eine glänzende Laufbahn genommen. Aber die Empörung eines nicht erbberechtigten Prinzen, des späteren, tüchtigen Kaisers Yung-lo, fand in ihm einen erklärten Gegner. Auch Yung-lo versuchte, ihn in seinen Dienst zu nehmen, liess ihn aber in rasendem Zorn über seine schroffe Weigerung auf dem Markt in Stücke hauen und seine Schriften verbrennen. Ein paar Abschriften seiner Schüler blieben erhalten.

LEBENSREGELN FÜR DIE JUGEND

Sitzen

Sitze aufrecht. Deine Haltung sei ernst. Falte die Hände vor der Brust. Den Kopf in die Höhe zu strecken, ist ein Zeichen von Hochmut, ihn zu senken, ein Zeichen von Traurigkeit. Sitze nicht mit gespreizten Beinen, noch lehne auf eine Seite: sei fest und ruhevoll wie ein Berg. Lass dies eine ständige Gewohnheit sein.

Stehen

Beine sollten gerade sein wie Bäume, Hände würdig wie die Schwingen eines Vogels. Bist du ehrerbietig im Innern, wirst du würdig sein im Äusseren. Lass dich nicht durch die Erscheinung verwirren. Handle so, dass dein Leben ein Beispiel ist – dann kannst du hoffen, ein Weiser zu sein.

Gehen

Deine Gangart sei ruhig, gesetzt, deine Haltung leicht. Dein Schreiten sei begleitet von Menschlichkeit und Gerechtigkeit. Verlasse in deinen Handlungen nie den

Weg der Menschlichkeit und Gerechtigkeit; – denn dies ist der Weg, der unwandelbare.

Schlafen

Der Leib wird ermüdet zur Tageszeit – lass ihn ruhen zur Nachtzeit. Lass ruhen den Geist und stille so die Leidenschaften der Natur. Habe keinen schlechten Gedanken. Liege nicht mit dem Gesicht nach unten wie ein Buckliger, noch liege mit dem Gesicht nach oben wie ein Toter. Deine Tugend friedfertig zu nähren, ist die Grundlage aller Erneuerung.

Verbeugen

Falte deine Hände und schreite vor. Sei würdig, um deine Ehrerbietung zu zeigen. Erhebe die Hände langsam zum Gruss. Dein Blick sei fest und irre nicht umher. Brüste dich nicht in Stolz, noch wandle in Leichtfertigkeit. Vermeide Taktlosigkeit und Schande, sei aufrecht in deinem Tun.

Knien

Die Alten hatten neun Zeremonien des Kniens. Heute gibt es nur noch eine einzige. Der höhere Mensch unterscheidet sich von dem niederen durch sein Knien. Knien wir weniger als wir sollten, bringen wir Ungemach über uns durch unseren Hochmut. Knien wir öfter als wir sollten, sind wir gefallsüchtige Schmeichler. In Ausübung deiner Pflicht tue nicht mehr und nicht weniger, als was sich schickt.

Essen

Willst du lieber Leckereien kosten und dabei hintergangen werden oder einfaches Gemüse mit Befriedigung essen? Ein gutbezahlter Beamter zu sein, nur um wie eine leblose Statue dazusitzen, ist nichts gegen einen Mann von Fähigkeiten mit einem kleinen Einkommen. Wenn dein Ehrgeiz nicht nach Reichtum und Ehre geht, was kann es dir schaden, wenn du arm und niedrig bist?

Trinken

Das Übel des Weines ist: Einen vorsichtigen Mann überspannt zu machen, einen ernsten Mann jähzornig, einen ehrbaren Mann geschmacklos und einem Manne, der zum Leben bestimmt ist, vor seiner Zeit das Grab zu bereiten. Er, der eine Familie hat oder eine Nation führt, sei bedacht, sich davor zu bewahren.

Sprechen

Gesprochene Worte können gut oder schlecht sein. An einen Menschen gerichtet, können sie angenehm oder aufreizend sein. Worte erhalten oder stürzen Nationen. Geschrieben in ein Buch, können sie weise oder dumm sein. Ja, sollten wir uns nicht in acht nehmen mit unseren Worten?

Lachen

Wenn dein Inneres voll Freude ist, stelle nicht deine Zähne beim Lachen zur Schau. Wenn du einen Menschen ungewohnte Dinge tun siehst, mache ihn nicht leichthin lächerlich. Dies würde unsere Tugend beleidigen und ein Mittel des Schlechten sein. In die Hände zu klatschen und unbändig zu lachen, ist das Tun eines Schauspielers oder eines Marktschreiers.

Geben

Wenn mein Nachbar ein Recht hat zu nehmen, dann ist mein Geben Wohltat. Wenn wir in unserem Geben nicht Rechtlichkeit verfolgen, schaden wir anderen, indem wir sie mit Gewinn verlocken. Ungerechtfertigte Gunstbezeugungen gehören nicht zum Tun eines wohltätigen Mannes. Wenn es recht ist zu geben, können zehntausend Pfund Gold gegeben werden. Wenn es nicht recht ist zu geben, ist es schade um jeden Pfennig.

Erhalten

Wenn ich kein Recht dazu habe, will ich keinen Pfennig

nehmen. Wenn es aber recht ist, sehe ich keine Schande darin, 1000 Wagen anzunehmen. Sei der Gegenstand gross oder klein, sich rein und redlich zu halten, ist der einzig wichtige Punkt. Auf Unrechtschaffenheit als auf eine giftige Schlange zu sehen, ist der Weg zur Pflege des wahren Lebens.

(M. Hürlimann)

T'ANG YIN

Wie Ni Tsan (s. o.) ist T'ang Yin (1470-1524) als einer der grossen Maler Chinas seit alters berühmt. Dass er auch Gedichte schrieb, meist auf eigne Bilder, auf die seiner vielen Freunde, aber auch als reine Poesie, wusste man zwar, kümmerte sich indes wenig darum. Seit einigen Jahren rückt man ihn freilich in die erste Reihe der Dichter der Ming-Zeit. Von den früher bekannteren Namen hebt er sich scharf ab durch seine starke Anschaulichkeit, Klarheit, eine oft drastische Ironie und in jedem Falle ein lebendiges, echtes Empfinden, das auch und gerade in der wörtlichsten Übersetzung deutlich wird. Die Biographen berichten, dass er sich den T'ang-Dichter Po Chü-i und dessen Methode zum Vorbild genommen habe, jedes Gedicht seiner Putzfrau vorzulesen und alles zu verwerfen, was dieser unverständlich blieb. Selten tritt das rein Menschliche in China so zu Tage wie in der sehr formschönen und -strengen Dichtung eines T'ang Yin, die den Bogen spannt von einer genialisch-übermütigen Jugend über die Resignation eines äusserlich erfolglosen Lebens bis zu dem buddhistisch gefärbten Pessimismus des, wie viele Dichter, mit vierundfünfzig Jahren Vollendeten. Während die beiden längeren Gedichte und die "Selbstbetrachtung" in Anthologien häufiger anzutreffen sind, entstammen die anderen sämtlich eigenhändigen Aufschriften auf eignen Bildern.

Ein Jahr

Ein Jahr hat dreihundertsechzig Tage,
Frühling, Sommer, Herbst und Winter, jeder neunzig.
Winters Kälte, Sommers Hitze sind schwer zu tragen,
Die Kälte wie ein Messer, die Hitze wie ein Rost.
Den dritten Frühlingsmond, den neunten Herbst nennen wir milde;
Die Luft ist lau, Winde und Regen viel.

Ein Jahr, zählen wir's nach, hat wenig gute Tage;
Und wie selten treffen wir auf einen schönen Anblick?
Erleben wir unversehens Schönheit und einen Festtag,
Sind Freude und Vergnügen zusammen.
Wer dann nicht hohe Kerzen anzündet, dem duftenden Becher zu leuchten,
Der lebt vergeblich in dieser Welt.
Die Alten verstanden das sicher;
Sie liessen Kerzen bringen und schwärmten durch die Nacht.
Eine Frühlingsnacht ist tausend Goldstücke wert,
Doch weiss ich, auch diese schaffen sie nicht wieder.

Ein Leben

Dass jemand siebzig Jahre wird, ist seit alters selten.
Zuerst verfliegen die Jugendjahre, dann das Alter,
Und die Lichtblicke darin sind nicht häufig;
Vielmehr gibt es Hitze und Kälte mit Last und Ärger.
Ist das Mittelherbstfest vorbei, scheint der Mond nicht mehr hell,
Ist das Ching-ming-Fest vorüber, sind die Blumen nicht mehr schön.
Vor Blumen und unter dem Mond soll man laut Lieder singen,
Die goldenen Becher füllen und sie leeren.
In der Welt gewinnt man vom Geld oft nicht genug,
Und bei Hof kommen die Beamten oft nicht voran;
Und hat ein Beamter viel Geld, dann bedrängen sein Herz oft Sorgen,
Und früh entfallen seinem Haupt die grauen Haare.
Frühling, Sommer, Herbst und Winter sind im Handumdrehn vorbei;
Glocken begleiten die gelbe Abenddämmerung, und Hähne künden den Morgen.
Sieh Dir nur ein wenig die anderen vor uns an;
Kaum verging ein Jahr, und sie liegen unter dem wilden Rasen.

Wieviele hohe und niedere Grabhügel sind in den Feldern;
Ein Jahr und ein halbes, und niemand pflegt sie mehr.

Aprikosen

Neues Rot umwölkt die Bäume stark wie das Morgenrot,
Jahr für Jahr und immer wieder im zweiten Monat.
Duftender Schnee im ganzen Hof, ein kurzer Frühlingstraum;
Wie unter weitem Himmel die Menschen in der Ferne, so eilen die Gedanken.

Pflaumen

Gehst Du über die Brücke in der Schlucht,
Entfalten dort die Pflaumen trotz der Kälte ihre Blüten.
Ihr unsichtbarer Duft hat sich noch nicht erhoben,
Doch zittern ihre feinen Schatten hin und her.

Wilde Berge und verstreute Nebel

Die regellosen Berge und verstreuten Nebel geben umwölkte Gipfel frei;
In der Ferne höre ich den hängenden Fisch-Gong eines Buddhaklosters.
Auf den Stab gestützt wandre ich müssig einher, und setze mich nieder;
Eintönig klopft der Specht im Wald.

Tal mit Giessbach

Schnelle Strudel scheuern die grünen Klippen,
In den leeren Bergen schallt ihr Echo weit.
Nur ein Wanderer reinen Herzens
Geht dahin und fürchtet nicht die Nacht.

Regensturm

Tobender Wind und prasselnder Regen verdunkeln das Ufer des Stromes,

Tausend Stimmen erklingen im Berge, selbst der Sommer wird kühl.
Nur der Hirtenknabe trabt gemächlich auf seinem Rinde daher,
Er kehrt heim, mit dem gleichen Hut bei Kälte und Hitze.

Klippen und Wasserfall

Das Rauschen der Kiefern übertönt den klingenden Herbstwind;
Die Wolkenberge und glänzenden Gipfel lassen den Himmelsraum leer erscheinen.
Was sitzt der einsame Wanderer noch allein?
Weil sich sein Herz erfüllt von Gedanken an Gedichte.

Dem Giessbach zuhören

Richtest Du Dein Gefühl auf Bäche und Berge, entsteht unendliche Freude;
Doch suchst Du einen Ausdruck dafür, so schwankst Du hin und her.
Unter dem hohen Himmel die Kiefern in ihrer Farbe sind tausend Jahre alt;
Drum sitze und lausche dem Ton der Bäche, bis die Abendsonne sinkt!

Herbstwald und junge Wildgänse

Der Einsiedler schreckt beim Heimweg die jungen Wildgänse auf;
Am Abend ruhig dahinwandernd, erzürnt ihn der störrische Esel.
Am Fenster vergleicht er alte Schriften und macht daraus ein müssiges Spiel;
Der Staub der Hauptstadt ist versunken, und die Gedanken eilen schnell.

Am Nü-chi-berge

Im Vorland des Frauentisch-Berges durchqueren Wege die Wildnis;
Das Brausen der Kiefern, das zur Seite aufbrandet, vereint sich dem Rauschen der Quellen.
Inmitten der Stille gehe ich ihm nach und leihe ihm voller Musse mein Ohr,
Empfinde dadurch einen Aufschwung, und so erwächst der Geist des Alls.

Den Stab auf die Bachbrücke setzen

Inmitten von Bambus und Bäumen verhüllen Wolken die Hütte.
In der Verborgenheit ein Einsiedler zu sein, ich schäme mich meiner Freude daran.
Im Bachtal schäumen die Quellen auf wie tausend Fuss Schnee;
Ich wünschte, Du kämest hierher, Dein Herz vom Staub der Welt zu befreien.

Hoher Bambus

Den Bambushain durchfliesst ein Bach und schlängelt sich in munteren Windungen dahin.
Der kleine Pavillon verdeckt den Bambus und auch die Quelle.
Ein reiner Wind erfüllt das Lager, mein Kopf ruht auf dem Bücherpacken.
Gleichgültig um die Welt den blauen Himmel sehen, was gibt es mehr zu wünschen!

Selbstbetrachtung

Die 'Pfirsichblüten von Tu-ch'u' schwimmen im Becher wie Schnee,
Das 'duftende Gras von Pa-ling' ist wie der Nebel von Träumen.

Auf dem Weg der Zukunft bleibt kein Ruhm, mein Ärmel
trocknet die Tränen,
Mein unseliges Geschick war bereits drei Leben lang
vorherbestimmt.

Hsi-chou, dem Freunde

Du hast gebechert, getanzt und wild gesungen, fünfzig
Jahre lang;
Du hattest unter Blumen Deine Freude und schliefst
unter dem Mond.
Du machtest der Welt nicht die Mühe, Deine Namen
und Vornamen zu überliefern;
Doch wer hätte geglaubt, in Deinem Gürtel sei nicht
Geld genug für Wein?
Du schämtest Dich, Dich in den Büchern einen Gelehr-
ten zu nennen,
Doch jedermann glaubte und sagte, Du seist ein Genie.
Hättest Du ein wenig gearbeitet, Du hättest Posten ge-
funden, die Dir Musse liessen,
Und hättest, ohne Deinem Innern zu schaden, ein Stück
Deines früheren Himmels gehabt.

(S.)

WANG YANG-MING

Wang Shou-jen, bekannter mit seinem Pinselnamen Wang Yang-ming (1472-1528) ist vermutlich der grösste Philosoph Chinas, wenn immer Selbständigkeit und Eindringlichkeit des Denkens die Grösse des Philosophen bestimmen. Wir können es nur vermuten, denn seine Schriften sind erst zum kleinen Teil erschlossen, und wären sie alle übersetzt, so müssten wir viel mehr als bisher von den alt- und neukonfuzianischen, den buddhistischen und japanischen Philosophen wissen, mit denen er sich ständig auseinandersetzte, und die ihn erklärten und zum Vorbild nahmen. Auch könnte man die platonischen und neuplatonischen Fragestellungen bis in alle Verästelungen nicht genau genug kennen, um ihn ganz zu verstehen. Die von seinen Schülern aufgezeichneten Gesammelten Lehrvorträge (Ch'uan-hsi-lu) wirken mehr als eine andere Schrift wie platonische Dialoge, und auch das Leben dieses Mannes gleicht einem ins Grosse gesteigerten Beispiel der griechischen Denker der klassischen Zeit. Er stammte aus einer vermögenden Familie mit alter Kultur in Chekiang, verbrachte eine Jugend voller anregender Interessen, zeitweise in einem buddhistischen Kloster, um die Meditationsübungen zu erlernen, und bestand erst 1499 als Zweitbester sein Staatsexamen. Drohende Kriegsgefahr veranlasste ihn, nebenher Strategie zu studieren. Die folgende Laufbahn als Staatsmann gibt ein Beispiel für seinesgleichen in China, das an Dramatik kaum übertroffen werden kann. Er war Provinzrichter, wurde selbst, weil er gegen den politischen Klüngel für verleumdete Kollegen eintrat, zu vierzig Bambushieben verurteilt und in eine Fiebergegend strafversetzt, begnadigt, als Militärbefehlshaber berühmt durch die Überwindung des Prinzen Ch'en Hao, der in Mittelchina eine sehr gefährliche Rebellion angezettelt hatte. Dann wurde er mit seinen Schülern als häretischer Freigeist verfolgt, war aber unabkömmlich und starb als Vize-

könig von Südwest-China, als Herr über ein Viertel des Reiches. Seine Lehren wurden von den Orthodoxen noch lange angegriffen, ja man schrieb seinem Einfluss die intellektuelle Schuld am Untergang der Ming-Herrschaft zu, im gleichen 17. Jahrhundert, als sich in Japan die Yomei-Schule (nach der japanischen Aussprache seines Namens Yang-ming zur Festigung einer Staatsethik bildete.

Wang Yang-ming trägt zu vielen Problemen eine Antwort bei, die die Philosophen aller Zeiten erörtern, zur 'Identitätsformel' des Parmenides: 'Sein und Denken ist eins' -hier nur mit seinem häufiger zitierten Blütenbaumgleichnis angedeutet-, zum Gedanken der all-einen Weltseele und Weltvernunft, zu dem Denken vor aller Erfahrung, das bei ihm als 'Intuition' zur 'List' der Schöpfung wird, und ein Kernstück seines Philosophierens, über die Einheit von Erkennen und Handeln, liest sich wie ein Beitrag zum platonischen Protagoras-Dialog, in dem Sokrates die Frage stellt: "Hegst nun auch Du eine ähnliche Meinung von ihr (der Erkenntnis), oder scheint es Dir, dass sie etwas Edles und Schönes sei und fähig, den Menschen zu beherrschen, und dass, wenn jemand nur das Gute und Böse richtig erkannt hat, er dann auch von nichts dazu vermocht werden kann, irgend etwas anderes zu tun, als was die Erkenntnis ihm gebietet, sondern dass vielmehr die vernünftige Einsicht hinreiche, dem Menschen zu helfen?" (352 C), um zu erweisen, dass Wissen und Tugend eins ist.

ERKENNTNIS UND HANDELN SIND EINS

Weil ich die Ermahnungen unseres Lehrers über die Einheit von Erkennen und Handeln nicht erfasst hatte, sprach ich mit Tsung-hsien und Wei-hsien darüber hin und her und kam zu keinem Schluss. Darauf ging ich zu unserm Lehrer und befragte ihn darüber. Er sagte: „Mache einen Einwand." Ich sagte: „Alle wissen, dass man den Eltern Ehrfurcht und den älteren Brüdern Achtung schuldet, und doch sind sie nicht imstande, dieses in ihren Handlungen zu tun. Bedeutet das nicht, dass in Wirklichkeit Erkenntnis und Handeln zwei verschiedene Dinge sind?"

Der Lehrer antwortete: „Diese Unterscheidung ist eine Schuld der Eigensucht und stellt nicht Erkenntnis und Handeln in ihrer eigentlichen Bedeutung dar. Es gibt keine Erkenntnis, die nicht in Handlung umgesetzt werden könnte, weil eine solche Erkenntnis in Wahrheit keine ist. Als die Weisen und Heiligen die Menschen Erkenntnis und Verhalten lehrten, geschah das, um sie zu ihrer eignen eigentlichen Natur hinzuführen, und nicht zu dem, was Du da andeutetest. Die 'Grosse Lehre' lehrt das wahre Erkennen und Verhalten, das alle verstehen können. Nimm zum Beispiel an, es liebt jemand das Schöne und verabscheut üble Gerüche. Das Schöne zu sehen, ist ein Akt des Erkennens, das Schöne zu lieben, ein Akt des Handelns. Indes ist richtig, dass jemand, der das Schöne sieht, es zugleich liebt und sich nicht erst, nachdem er es gesehen hat, dazu entschliessen muss. Einen üblen Geruch wahrzunehmen, schliesst eine Erkenntnis ein, ihn zu verabscheuen, eine Handlung. Und freilich verabscheut man einen üblen Geruch zugleich, indem man ihn wahrnimmt, und braucht sich nicht erst dazu zu entschliessen, nachdem man ihn bemerkt. Jemand mit verschlossener Nase mag einen übelriechenden Gegenstand vor sich sehen, aber er riecht ihn nicht. Unter diesen Umständen geht es eher um ein Nicht-Wahrnehmen als um ein Verabscheuen. Von niemandem kann man sagen, dass er versteht, was Kindesehrfurcht und brüderliche Achtung ist, bevor er sich nicht selbst ehrfürchtig gegenüber den Eltern und achtungsvoll gegenüber den älteren Brüdern verhalten hat. Dass jemand über Ehrfurcht und Achtung zu reden weiss, genügt noch nicht, dass man sagen kann, er versteht sie. Man kann auch z.B. auf den Schmerz hinweisen; es muss jeder selbst Schmerz erfahren haben, bevor er weiss, was Schmerz ist. Oder er muss gefroren haben, um zu verstehen, was Kälte, gehungert haben, um zu verstehen, was Hunger ist. Wie kann also Erkenntnis und Handeln etwas Verschiedenes sein? Ihrer ursprünglichen Natur nach sind sie eins, solange selbstsüchtige Wünsche sie nicht trennen. Der Weise belehrt jeden, dass er selbst handeln muss, bevor man sagen kann, dass er ein Verständnis hat. Solange jemand nicht handelt, versteht er nicht. Wie wichtig ist diese Aufgabe! Warum willst Du darauf bestehen, dass Erkenntnis und Handeln etwas Verschiedenes seien, während die Weisen sie als eine Einheit ansehen? Wenn man nicht den Sinn wohlbegründeter Wahrheiten verstehen will, sondern nur die eine oder andere nachplappert, was soll das?"

Ich sagte: „Die Alten sprachen es aus, dass Erkenntnis und Handeln zwei verschiedene Dinge sind, und jedermann begreift das leicht. Einerseits erwirbt man Erkenntnis, anderseits Praxis. So gewinnt man einen Ausgangspunkt für seine Aufgaben."

Der Lehrer antwortete: „Nur verfehlst Du damit das, was die Alten meinten. Ich sagte, dass die Erkenntnis zum Handeln führt, und dass das Handeln die Ausführung einer Erkenntnis in sich einschliesst. Die Erkenntnis steht am Anfang des Handelns, und das Handeln ist die Vollendung der Erkenntnis. Indem man das begreift, ist darin eine Handlung eingeschlossen, auch wenn man nur von Erkenntnis spricht; und ebenso ist, wenn man von einer Handlung spricht, darin eine Erkenntnis eingeschlossen. Und wenn die Alten von einer Erkenntnis und einem Handeln sprechen, so taten sie es, weil es genug Menschen auf der Erde gibt, die törichterweise nur nach ihren Wünschen handeln und niemals verstehen, darüber nachzudenken oder Überlegungen anzustellen. Diese sind unwissend und unbekümmert; für sie ist es notwendig, die Erkenntnis zu erörtern, damit sie korrekt handeln. Es gibt andere Menschen, die unklar und eitel philosophieren und nicht daran denken, sich danach zu richten; sie lieben gleichsam die Schatten und das Echo. Es war nötig, dass die Alten das Handeln erörterten, denn nur dies können solche Menschen wirklich begreifen. So mussten sich die Alten einer Sprache bedienen, um Vorurteile zu beseitigen und Missbräuche zu berichtigen. Versteht jemand den Gedanken, so genügt ein Wort. Heute machen allerdings viele aus Erkenntnis und Handeln zwei verschiedene Dinge und gehen darin immer weiter, in der Annahme, dass man erst Erkenntnis haben muss, bevor man handeln kann. Jeder sagt: „Ich gehe in der Untersuchung und Diskussion der Erkenntnis weiter; ich warte, bis die Erkenntnisse perfekt sind, und werde dann beginnen, sie in die Tat umzusetzen." Bis zum Ende ihres Lebens werden sie verfehlen, etwas zu tun und zu verstehen! Ihr Irrtum ist nicht gering und kam auch nicht an einem Tage. Indem ich sage, dass Erkenntnis und Handeln eine Einheit bilden, biete ich für diese Krankheit ein Heilmittel an. Ich verzettele mich nicht in Abstraktionen, noch oktroyiere ich eigne Ideen, denn Erkenntnis und Handeln sind ihrer ursprünglichen Natur nach so, wie ich sie beschreibe. Wenn Du den Sinn davon verstehst, magst Du ohne Schaden von ihnen als von zwei Dingen sprechen, die in Wirklichkeit eins sind. Verstehst Du ihn nicht, ist es unnütz und leeres Gerede, wenn Du sagtest, sie seien eins." *(Henke/S.)*

Als der Meister einmal in Nan-chen wanderte, wies einer der Freunde auf einen blühenden Baum inmitten der Felsgründe und fragte: „In der ganzen Welt, so sagt Ihr, gibt es kein Ding ausserhalb unseres Geistes. Nehmen wir den blühenden Baum hier, der in den tiefsten Bergen steht: von selbst lässt er die Blüten aufgehn; von selbst lässt er die Blüten niederfallen. Welch eine Verbindung wäre zwischen meinem Geist und ihm?" Der Meister sagte: „Solange Du die Blüten noch nicht anschautest, waren sie mit Deinem Geist gemeinsam zur Ruhe eingegangen. In dem Augenblick, da Du sie anschautest, traten die Farben der Blüten klar hervor. Daran kannst Du erkennen, dass diese Blüten nicht ausserhalb Deines Geistes bestehen." *(D.)*

Die intuitive Erkenntnis ist die Zauberkraft der Schöpfung. Diese Zauberkraft erschafft Himmel und Erde, bildet Dämonen und Götter; alles geht aus ihr hervor, und kein Ding kommt ihr gleich.

Als (im Herbst 1527) das Schiff des Lehrers in Kuanghsiu Halt machte, kam an Bord sein Schüler Ch'ü Yüeh, der gerade von Pai-lu-tung eingetroffen war, wo er lernte, mit gekreuzten Beinen zu sitzen, um Buddhapriester zu werden. Dem Lehrer, der ihn sah und von seiner Absicht erfuhr, gab er zu bedenken, ob man nicht zwischen Buddhisten und Konfuzianern einige Gemeinsamkeiten entdecken müsse. „Nein", sagte dieser, und wiederholte nach einer Pause: „Nein! Sind denn unsere Grundsätze an einen bestimmten Ort gebunden? Vergleiche sie mit dieser Kerze. Licht ist überall; man darf nicht sagen, dass allein die Kerze Licht ist." Und er zeigte in das Innere des Schiffes und sagte: „Hier ist Licht, hier ist Licht", und er wies auf das Wasser draussen hin und sagte: „Auch dort ist Licht." *(Henke / S.)*

LI CHIH

Li Chih, auch als Li Cho-wu (1527–1602) bekannt, gehört zweifellos zu den bedeutenden Geistern des 16. Jahrhunderts. Unter dem Einfluss des Wang Yang-ming hatte er sich zu einem freiheitlichen Denker mit einer starken Neigung zum Buddhismus entwickelt. Seine offene Opposition gegen die konfuzianische Orthodoxie des Staates trug ihm die Anklage des Zensors ein. Er kam ins Gefängnis und beging dort Selbstmord. Seine Schriften wurden verbrannt und sind nur zum Teil erhalten. Mehr als seine eignen Gedanken sollen uns hier seine Äusserungen über den Jesuitenpater Matteo Ricci beschäftigen, mit dem er 1599 in Nanking bekannt geworden war. Ricci (1552–1610), nach Marco Polo der 'Zweite Entdecker Chinas', und zwar der Entdecker und Vermittler der chinesischen Geisteswelt genannt, war ein überragender Kopf, der nicht allein das klassische Chinesisch zu beherrschen lernte, sondern auch auf die chinesischen Beamten und Gebildeten einen bedeutenden Eindruck machte. Die Äusserungen über ihn finden sich in einem Brief an einen ungenannten Freund.

ÜBER MATTEO RICCI

Ich wurde von Ihnen nach Li Hsi-t'ai (chinesischer Pinselname des Ricci) gefragt. Hsi-t'ai ist ein Mann aus den Fernen Westlanden. (Von dort) bis nach China sind es mehr als hunderttausend li. Er segelte zunächst über das Meer nach Indien und war schon über vierzigtausend li gefahren, als er zuerst von der Existenz Buddha's erfuhr. Nachdem er dann nach Kanton – Nan-hai – gekommen war, erfuhr er erst, dass es im Lande unserer grossen Ming-Dynastie einstmals Yao und Shun und danach Chou-kung und K'ung-be gegeben hat. Er lebte fast zwanzig Jahre zu Chao-ch'ing in Nan-hai und las die gesamte Literatur unseres Landes. Er wandte sich an Gelehrte, damit sie ihm die Zeichen lasen und erklärten;

er wandte sich an solche, die sich auf die Lehre von der Menschennatur und der Vernunft in den Vier Klassischen Büchern verstanden, damit sie die grossen Rechtsentscheidungen darin erläuterten. Ferner wandte er sich an solche, die sich auf die Interpretation der Sechs Kanonischen Schriften verstanden, damit sie ihre Erklärungen dazu übermittelten. Jetzt beherrscht er das Reden mit unseren darin vorkommenden Worten, das Schreiben der darin vorkommenden Zeichen und die Praxis der darin niedergelegten Regeln des Verhaltens. Er ist ein Mann, der seine Meinung äussert. Im Innern ist er ganz klar und aussen ganz schlicht. Wenn eine Gesellschaft von mehreren zehn Leuten durcheinander redet, und alle gegenseitig ihren Standpunkt wahren, steht er bei Seite und lässt sich nicht zur Einmischung provozieren und in Verwirrung bringen. Unter den Menschen, die ich gesehen habe, ist keiner ihm vergleichbar. Alle die, wofern sie nicht zu hartnäckig, dann zu schmeichlerisch sind, und wofern sie nicht ihre Klugheit zur Schau tragen, dann zu borniert und verständnislos sind, stehen hinter ihm zurück. Aber ich weiss nicht, wieso er hierher gekommen ist. Ich bin schon dreimal mit ihm zusammen gewesen und weiss schliesslich doch nicht, wozu er hierher gekommen ist. Sollte es etwa sein Wunsch sein, auf Grund seiner Lehre unsere Lehren des Chou-kung und K'ung-tse zu ändern, dann wäre das allzu töricht. Ich glaube, darin besteht nicht (der Zweck seines Hierseins).

(W. Franke)

LI LI-WENG

Eine ausführliche Lebensgeschichte des vielseitigen, unruhigen, ernsten und amüsanten Künstlers und Lebenskünstlers Li Li-weng ergäbe ein Drama mit häufigem Scenenwechsel, Spannung und Verwicklung. Sein offizieller Name war Li Yü, das Jahr seiner Geburt 1611 ist bekannt, das Todesjahr 1680 nicht sicher. Er bestand das erste Examen, fiel durch die andern durch, erhielt ein kleines Amt und verlor es wieder, als 1644 die Mandschu die Ming-Dynastie stürzten und sich selbst auf den Thron setzten. Nicht zufällig lebte Li Li-weng einige Jahre in Nanking, dem geistigen Mittelpunkt Chinas im 17. Jahrhundert, einem der grossen Jahrhunderte der chinesischen Kunst und Literatur. Er besass dort einen Garten, den er seiner Kleinheit wegen witzig einen 'Senfkorn-Garten' nannte. Aber auch in Nanking hielt es ihn nicht lange. Er reiste durch halb China, begleitet von einer Schauspieltruppe, die er ausbildete, und für die er Dramen schrieb und einrichtete. Er verfasste den schönen Novellenkranz der 'Zwölf Türme' (Shih-erh-lou), den Franz Kuhn zum grossen Teil übersetzte, Gedichte und Abhandlungen, die erst zum kleinsten Teil aus den Gesammelten Werken erschlossen wurden. Er war ein Freund der Maler und gab mit ihnen als Holzschnittwerk das 'Malbuch vom Senfkorn-Garten' (Chieh-tzu-yüan hua-chuan) heraus, das bekannteste chinesische Farbholzschnittwerk. Und er war auch ein verständnisvoller Freund der Frauen, über die er einige der besten Kapitel niederschrieb. Lin Yu tang und Wolfram Eberhard machten sich damit bekannt, dass sie uns mit einigen Kapiteln aus seinen liebenswürdigen Büchern bekannt machten.

AUS: DIE VOLLKOMMENE FRAU

Der Charme der Frau

Die Alten sagten: Nur das Vollkommene kann den Menschen mit sich reissen! Aber was ist an einer Frau

‚das Vollkommene'? Es ist der Charme. Wenige wissen das und meinen, das Vollkommene sei Schönheit. Sie wissen nicht, dass äussere Schönheit zwar schön ist, aber doch nur etwas Aeusseres. Wie kann einen so etwas mitreissen? Erst wenn der Charme dazukommt, ist Vollkommenheit da. Wenn jemand behauptet, schon Schönheit allein wäre Vollkommenheit und könnte einen mitreissen: wie kommt es dann, dass die Schönheiten auf der Seide, die berückenden Frauen auf den Gemälden von heute, die doch in ihrer Schönheit zehnmal vollkommener sind als die lebenden Menschen, keinen fortreissen und ihn krank vor Sehnsucht werden lassen? Nein, der Charme darf eben nicht fehlen! Charme ist am Menschen wie das Brennen beim Feuer, das Leuchten bei der Kerze, das Funkeln bei kostbaren Steinen, Gold und Silber. Es ist etwas Geistiges, nichts Materielles. Nur, weil es so ist, als sei es materiell, ohne es doch zu sein; als hätte es Form, ohne sie zu haben, darum ist es das ‚Vollkommene'. Vollkommenheit ist etwas Seltsames, was sich nicht erklären lässt. Da ist ein Mädchen, das man nur einmal gesehen hat, und an das man nun immer denken muss. Man gibt alles hin, um zu erreichen, mit ihr zu leben, das ist eben das Unerklärliche, Seltsame. Gerade am Charme kann man erkennen, welche Künstler Himmel und Erde bei der Schöpfung des Menschen waren, wie geschickt die Götter bei der Formung der Wesen waren. Wäre ich der Schöpfer, es wäre mir nicht schwer, die Form des Körpers dem Menschen zu geben, den Verstand ihm zu geben; aber dieses eine Ding, das kein Ding ist, dieses Etwas, das gestaltlos ist, aber doch ist, als hätte es Gestalt, den Charme, den kann niemand ändern und umformen, niemand kann ihn hinzubringen, wenn er nicht da ist, oder ihn wegbringen, wenn er einmal da ist.

Charme macht nicht nur eine schöne Frau noch schöner, eine berückende Frau noch berückender, er macht auch eine alte Frau jung und eine hässliche schön; er zaubert auch bei uns Gefühle hervor, wenn keine da waren, und fängt einen ein, ohne dass man es merkt. Ein Mädchen mit Charme und nur wenig Schönheit kann eine Schönheit ausstechen. Stellt nur einmal eine fast vollkommen schöne Frau mit einer nur wenig schönen, aber mit Charme begabten Frau zusammen: die Männer werden nur die wenig schöne lieben, und nicht die andere! Charme ist nicht nur einmal, sondern zweimal wichtiger als Schönheit. Stellt einmal eine Frau mit nur wenig Schönheit aber ohne Charme neben eine andere, an der absolut nichts schön ist, die dafür aber Charme hat und lasst beide ein paar Worte mit anderen Menschen wechseln: die Menschen werden nur durch den Charme berückt werden, nicht durch die Schönheit. So kann Charme nicht nur geringer Schönheit zum Siege über grosse Schönheit verhelfen, sondern sogar mangelnde Schönheit zum Siege über vorhandene Schönheit bringen. Die Mädchen von heute können, abgesehen von all ihrer Schönheit, einen Mann unermüdlich an sich denken machen, einen Mann dazu bringen, sein Leben zu opfern, um sie zu erlangen; all das wird nur durch dieses Eine, den Charme, hervorgerufen. So weiss man, dass das Auswählen einer Frau nach Aussehen und Schönheit durchaus nicht so wichtig ist, wie das Auswählen allein nach Charme . . .

Die Bildung der schönen Frau

„Fehlen von Begabung ist eine Tugend bei einer Frau": Dies Sprichwort scheint zwar vernünftig zu sein, und doch ist es falsch und grundlos. Ja, kluge Frauen verlören viel öfter ihre Keuschheit und legten überhaupt nicht solchen übertriebenen Wert auf sie wie Frauen ohne Begabungen. In einem alten, melancholischen Lied wird von einem Mann erzählt, der ins Unglück kam, weil er Beamter war. Da hielt er es für gefährlich, durch das Studium einen Beamtenrang verliehen zu bekommen, und er ermahnte in seinem Testament seine

Kinder und Enkel, ja nicht zu studieren und Beamter zu werden. So ähnlich ist das mit den unbegabten Frauen. Genau wie wenn man das Essen abschaffen wollte, weil es einem einmal schlecht bekommen ist. Sollte man wirklich alle Bücher fortwerfen und sämtliche Beamtenposten abschaffen? Ich finde, dass durchaus kein unüberwindlicher Gegensatz zwischen Begabung und Tugendhaftigkeit besteht. Nicht alle begabten Frauen sind verworfen, genau so wenig, wie alle unmoralischen Frauen gebildet sind.

Nur muss der Mann nicht nur Interesse an der Bildung seiner Frau haben, sondern muss diese auch richtig lenken können. Natürlich besteht auch noch ein Unterschied zwischen Nebenfrauen, Gefolgsfrauen und Dienerinnen und der Hauptfrau. Die Heirat mit der Frau ist wie der Kauf eines Feldes oder Landgutes: man baut nur Getreide an, man pflanzt nur Maulbeer und Hanf, und alles, was ein wenig hübsch aussieht, reisst man aus, weil es auf einem Land wächst, das Essen und Kleidung hervorbringen soll und dessen Kraft begrenzt ist. Ein solches Feld kann nicht noch alles andere hervorbringen. Wenn man aber eine Nebenfrau nimmt, ist es wie das Anlegen eines Gartens: man pflanzt Bäume, die Schatten spenden, neben anderen, die nie Schatten geben werden, denn einen Garten schafft man sich nur zu seinem Vergnügen an. Ohren und Augen sollen etwas davon haben, und der Mund und der Magen kommen dabei manchmal zu kurz. Man kann eben nicht gleichzeitig Schönes und Nützliches in einem vereinen. Wenn ein Mann das Haus voller Frauen hat, sind sie alle dumm. Denn, wenn ich reden will, sind sie still; will ich meine Ruhe haben, so schwatzen sie. Sie antworten nicht auf das, was ich frage, und was sie sagen, ist nicht das, was ich wissen wollte. Das ist beinahe dasselbe, als wäre man in einer Fuchshöhle. Es ist nur sinnlicher Genuss, nichts weiter.

Man kann über Bildung der Frau nur zusammen mit Schmuck und Kleidung sprechen. Und Pinsel und

Tusche, das Lesen und Schreiben, kommen an erster Stelle: danach folgen Seide und Bambus, dann Tanz und Musik. Dass Handarbeiten Frauensache ist, brauche ich nicht zu sagen. Manche Frauen wollen nur Männerkünste ausüben und keine Frauenarbeiten. Sie halten das Weben für eine niedere Fronarbeit, sie halten Nadel und Faden für ihren persönlichen Feind, ja manche wollen noch nicht einmal selbst ihre dreizollgrossen gebogenen Schuhe machen, sondern wollen sich dafür eine alte Frau oder ein armes Mädchen bestellen. Das geht gegen die Natur. Meiner Ansicht nach steht von allen Frauenarbeiten immer das Nähen an erster Stelle, aber wenn eine Frau die Handarbeiten richtig kann, dann soll sie noch etwas anderes dazu lernen.

Die Literarische Ausbildung

Das erste ist, schreiben zu lernen, wenn man sich Bildung aneignen will. Das ist nicht das Schwerste, sondern das ist das Anfangen mit dem Leichtesten. Für jedes Ding der Welt gibt es einen Schlüssel, der es eröffnet. Und literarische Bildung ist dieser Schlüssel, der alles öffnet. Ein gewöhnlicher Schlüssel eröffnet nur eine Tür und schliesst nur eine Tür. Aber die Bildung als Schlüssel öffnet nicht nur tausend und abertausend Türen: sie eröffnet sämtliche, an dem Himmel, auf der Erde, in allen Städten, in allen Provinzen. Nichts ist zu gross für sie, nichts zu klein. Sie ist der Polpunkt für alles, was man tun und was man lernen muss; sie beherrscht alles. Dies sage ich nicht nur für Frauen und Mädchen; alle Gelehrten, Bauern, Arbeiter, Kaufleute, jeder Anhänger einer der drei Religionen oder neun Weltanschauungen, sämtliche Handwerker und Künstler müssen alle der gleichen Ansicht sein ...

Bei Frauen liegt die einzige Schwierigkeit im Anfang des Schreibunterrichts. Nach dem Anfang stellen sie sich immer als klüger als die Männer heraus. Das Denken der Männer ist nämlich verzettelt, das Herz der

Frau aber einheitlich. Am besten wäre es, sie in die Künste einzuführen, wenn man noch keine persönlichen Gefühle in ihnen geweckt hat. Sobald man mit ihnen in einer gefühlsmässigen Verbindung steht, sind Wille und Denken bei ihnen nicht mehr eins, wie vorher; sie sind zerteilt. Aber man kauft doch meist die Nebenfrauen im Alter von dreimal fünf oder zweimal acht Jahren, und wer wird so hart sein, sie zu heiraten, aber nicht mit ihnen zu verkehren, sondern sie erst Kinderweisheiten lernen zu lassen? Wenn sie tatsächlich lernen müssten, noch ehe sie um Liebe wissen, würde sich nie ein Lehrmeister für sie finden!

Das alte Sprichwort, dass man jemand mit Ruhe gut weiterführen könne, ohne auf seine Anlagen Rücksicht zu nehmen, gilt nicht für Frauen. Erst soll man ihnen Schriftzeichen beibringen, später sie schreiben lehren. Man soll sich nicht bemühen, ihnen jeden Tag möglichst viele Schriftzeichen einzupauken, sondern immer nur einige. Erst nehme man die, die möglichst wenig Striche haben und die mit dem Auge am leichtesten zu erfassen sind. Dann gehe man langsam zum schwereren über und zu mehr Strichen. Im Lauf von Tagen und Monaten nimmt man immer mehr, und nach einem halben Jahr oder Jahr braucht man seiner Frau nicht mehr zu befehlen, zu lesen. Sie kann sich dann schon alles selbst erklären und verstehen. Sobald sie Freude am Lesen hat, gebe man ihr schnell eine Novelle mit einer Liebesgeschichte oder einen Roman mit dramatischer Verwicklung und lasse sie es lesen. Das ist ein Buch, aber ihr kommt es vor, als sei es gar keins. Ohne Zürnen, ohne Aufforderung wird sie dadurch weitergeleitet und hat den besten Anfangslehrer. Wie das zu erklären ist? Weil doch die Worte in den Romanen und Novellen alles Worte des täglichen Lebens sind. Wenn die Frau sie liest, kommt es ihr vor, als träfe sie alte Bekannte. Und wenn darin beispielsweise ein Satz aus zehn Worten besteht, so kennt sie davon schon sieben oder acht und kann ruhig weiterlesen, denn sie kann durch die

Zeichen, die sie kennt, die unbekannten erfassen. Also brauche ich ihr die unbekannten Worte nicht zu erklären, sondern die Novelle oder der Roman erklären sie ihr. So kann sie sich hierdurch allein weiterbilden.
Wenn sie dann noch von ihrem Mann gut von leichterer zu schwerer Literatur geführt wird, dann können beide auf gemeinsamer Kopfbank über Dichtung sprechen, und das wirkt dann zehnmal besser, als bestiege der Mann den Lehrstuhl und gäbe Vorlesungen über Literatur. Das wirkt wie Regen zur richtigen Jahreszeit. Sucht man dann wieder aus zehn Frauen eine oder zwei besonders begabte aus und spricht so jeden Tag mit ihnen über Dichtkunst, lässt man sie allmählich die Aufbaugesetze der Dichtung erfassen, dann erkennt man bald, welche Frauen eine wirkliche Anlage für Dichten und Schreiben in sich haben. Ihnen kommen nur im Reim wohlklingende und harmonische Worte in den Mund. So ist z.B. das Gedicht der Frau des berühmten Dichters Su Tung-p'o über den Mond in der Frühlingsnacht viel besser als sein Gedicht über den Mond in der Herbstnacht. Der Herbstnachtmond macht einen melancholisch, der Frühlingsnachtmond aber froh. Und das war kein absichtlich gemachtes Gedicht der Frau, sondern hingeworfene Worte. Su Tung-p'o fand diese Worte, die sie so hingeworfen hatte, rhythmisch richtig und meinte, sie sei eine Dichterin, und diese Anekdote von der Frau Su, der Dichterin, geht nun durch alle Zeiten. Aber man sieht daraus, dass man schon dichten kann, wenn die Worte, die man spricht, einfach nur harmonisch und gutklingend sind. Es müssen natürlich nicht alle Frauen so sein wie diese, aber wenn sie eben nur ein ganz klein wenig von Büchern verstehen, dann haben sie den Schlüssel in der Hand für alle anderen Künste und Fertigkeiten und brauchen sich nie über Schranken zu ärgern.
Ich brauche ja nicht zu erzählen, wie vielseitig der Nutzen für die Frau ist, wenn sie lesen und schreiben kann. Aber schon beim Anfang hat der Mann seine

Freude daran, wenn er zuschaut, wie sie auf dem Tisch die Bücher aufgebaut hat, in der Hand den weichen Pinsel führt, am grünen Fenster, hinter türkischen Vorhängen sitzt. Das ist schon ein liebenswertes Bild! Und die Schönheit der Dame Pan, als sie die Geschichtsannalen fortführte, oder die der Dame Hsieh, als sie den Schnee besang, können nicht grösser gewesen sein! Was kommt es da noch darauf an, ob ihre Themata gelungen sind, wenn man nachher die Freuden des gemeinsamen Zimmers hat! Bilder wie diese gibt es nicht wenig, und es ist schade, dass Leute, die das haben können, es für etwas ganz Gewöhnliches halten!

Wenn man will, dass eine Frau Gedichte machen lernt, lasse man sie zuerst viel lesen. Dann kommt sie nämlich nicht mehr von den Gedichten frei, und wenn sie spricht, kommen von selbst Gedichtinhalte und Gedichtstimmungen in ihre Worte hinein und machen aus ihnen eine himmlische Flöte, die von selbst anklingt. Zu welchem Ziel sie dabei kommt, liegt natürlich ganz an der Qualität der Gedichte, die sie gelesen hat. Das Wichtigste bei der Auswahl von Lesestoff für sie ist, dass man ihren Fähigkeiten möglichst entgegenkommt. Was soll man also auswählen? Ich finde: Einfaches und doch Scharfsinniges. Es muss leicht zu verstehen und leicht zu lernen sein. Andererseits besteht die Klugheit der Frauen vorwiegend in Scharfsinnigkeit, und wenn sie scharfsinnige Gedichte lesen, ist es, wie wenn sie eine alte Freundin träfen, sie freuen sich daran und wollen sie gern lernen ...

Frauen, die Talent zum Singen haben und die lesen können, kann man immer lehren, Liedchen zu machen. Verse finden sie jeden Tag in den Theaterstücken, und wenn sie viel davon in sich aufgenommen haben, können sie sie auch leicht wieder von sich geben. Das ist noch weniger Arbeit als Gedichte machen. Der richtige Theaterlied-Stil hat ja sehr lange Lieder, und jeder einzelne Akt hat mehrere Lieder. Da muss man sich schon sehr bemühen, um das zu lernen. Aber Liedchen sind kurz und einfach, wie etwa ‚Lange aneinander denken', ‚Seide am Bache Wan', ‚Traumlied' oder ‚Der Schmetterling liebt Blumen'; jedes von diesen besteht doch nur aus zehn bis zwanzig Worten, und man kann es zu einer Vollkommenheit bringen, wenn man sich in diesen Formen übt. Schliesslich sind doch viele Liedersammlungen von Frauen geschrieben, eben weil die Aufbaugesetze leicht zu lernen, der Text leicht nachzuschaffen ist. Eine Frau, die diese Liedchen machen kann, kann allmählich zu längeren übergehen, und dann richtige Lieder machen. Das ist dann auch für sie nicht schwer. Wenn eine Frau so selbst Gedichte und Lieder machen kann, dann hat man in ihr den Gelehrten und die Frau vereint, und von den ältesten Zeiten her hat kein Dichter je etwas Schöneres als das finden können. Ich glaube, sogar die Götter der Oberwelt würden ihre Freuden lassen und herabsteigen auf die Erde und solche Frau suchen ...

Wer wirklich gebildete Frauen haben will, dessen Frauen müssen Schreiben, Malen, Zitherspielen und Schachspielen können. Aber das Lernen muss je nachdem verschieden sein, man soll mit dem Wichtigsten zuerst beginnen, die anderen Künste kann man, wenn die Begabung reicht, dann der Reihe nach nehmen. Aber wenn eine Frau auch nur von einer dieser Künste etwas versteht, gilt sie schon als gebildet.

Die Musik ist eine besondere Frage; über das Schreiben habe ich eben schon gesprochen. Hier hängt der Unterricht vom Lehrer ab, das Erlernen aber von der Frau selbst. Der Lehrer kann nicht erzwingen, ob der Stil gut oder schlecht, flach oder tief ist.

Malen ist die wenigst wichtige Kunst für Frauen, ob sie es lernen wollen oder nicht, liegt ganz an ihnen.

Aber ‚Handunterhaltung' soll man sie durchaus lehren. Es ist sehr schön für die anderen und einen selbst. Wenn Frauen nichts zu tun haben, kommen sie bestimmt auf falsche Gedanken. Können sie diese Kunst, so geschieht das nicht. Das ist das eine. Weiter aber: wenn Frauen

miteinander streiten, kann man hierdurch die Zungen durch die Hände ersetzen, das ist das zweite. Schliesslich, wenn Mann und Frau ohne eine besondere Tätigkeit zusammen sind, so gehen ihre Gedanken immer auf Geschlechtliches oder auf Zitherspielen. Hat man also nach der Musik oder nach dem Weihrauchverbrennen und dem Teetrinken leere Minuten und setzt sich nicht eine neue Aufgabe, so ist zu viel Ruhe da und das Gefühlsmässige wird zu stark lebendig. Geht man aber einmal zur ‚Handunterhaltung' über, so gehen alle solche Gedanken wieder weg; es gibt keine bessere Art, das Feuer zu beruhigen und zu bändigen.
Aber wenn man es mit einer Frau zusammen spielt, soll man sie nicht zu besiegen versuchen, sondern ihr lieber ein paar Züge zugestehen und sie gewinnen lassen. Dann hat man Freude und keinen Streit. An ihrem Lachen hat man seine Freude. Lässt man sie aber absichtlich verlieren, dann hat man einmal nachher diese Freude nicht, und weiter hat sie auch später keinen Spass mehr an dem Spiel. Wenn zarte Fingerspitzen unentschlossen die Schachfiguren ergreifen und nicht absetzen, so ist das so schön, dass es einem die Seele rauben könnte. Ich kann mir nicht vorstellen, dass es zwischen Himmel und Erde einen Mann geben kann, der es über sich bringen kann, ein solches Wesen unbedingt besiegen zu müssen.

Der Mann und die Frau

Die höchsten Freuden sind die Freuden des Hauses, und doch entstehen immer wieder Eifersucht und Streit, weil die Menschen diese Freuden des Hauses nicht zu geniessen verstehen, und so werden sie oft gar zu einem Unglück für die Menschen. Andere wieder, die sie zu gut zu geniessen verstehen, versinken in ihnen ohne Mass, schaden sich, verjubeln ihre Kräfte, lassen ihr Blut verdorren, sterben schliesslich daran. Verstehen und Nichtverstehen der Dinge um Mann und Frau sind gleich schädlich.

Und so teilen sich denn die Lebensphilosophen in die zwei Lager: die einen empfehlen den Genuss der Freuden der Ehe, die andern verbieten ihn. Jeder besteht auf seiner Ansicht, jeder bekämpft den anderen. Aber – wenn der Himmel den Mann geschaffen hat, wozu schuf er dann die Frau, wenn der Mann sich fernhalten soll von ihr und andererseits doch wieder sich nicht fernhalten? Das ist eine Frage, an der sich die Menschen aller Zeiten vergeblich versucht haben.

Lassen Sie mich diese Streitfrage durch einen Vergleich schlichten. Ich bin der Ansicht, dass Männliches und Weibliches ebensowenig getrennt voneinander bestehen können, wie man Himmel und Erde trennen kann. Nähme man den Himmel von der Erde weg, so würde es nicht nur keine Erde mehr geben, sondern zugleich auch keinen Himmel mehr. Beständen Flüsse und Meere nicht mehr, wo sollten sich dann Sonne und Mond verbergen, wohin sollten Regen und Tau herabrinnen? Die meisten Menschen wissen nur, dass die Erde Sonne und Mond verbirgt, aber sie wissen nicht, dass sie auch die Sonne und den Mond zeugt; sie wissen nur, dass die Erde den Regen und den Tau entgegennimmt, aber sie wissen nicht, dass sie auch Regen und Tau erzeugt. Die Erde kann die Kraft, den Samen des Himmels aufnehmen, aber sie schadet dem Himmel nicht, sie ist dem Himmel eine Helferin. Woher kommt das? Weil der Himmel die Erde nutzen kann, sich aber nicht von der Erde benutzen lässt. Will der Himmel, dass die Erde dunkel wird, so wird die Erde nicht wagen, hell zu bleiben; will er sie hell haben, wird sie nicht wagen, dunkel zu bleiben. Das Wasser ist in der Erde, aber gäbe der Himmel keinen Wind, so könnten sich Wogen und Wellen nicht bewegen. Der Erdboden ist auf der Erde, aber ohne die Hilfe des Himmels würden nie Pflanzen und Gräser auf ihm wachsen. So benutzt der Himmel die Erde, genau wie der Mann der Herr des Hauses ist und die Macht über alles hat. Die Erde ist dem Himmel untertan, so wie die Frau dem einen Mann untertan ist, dem sie für Essen und Trinken, Schlafen und Wohnen zu sorgen hat.

Wenn das so ist, darf man dann auf die Ehe auch nur einen Tag verzichten? Es liegt nur daran, ob der Mann die Freuden zu geniessen versteht oder nicht. Aber verstehe ich sie zu geniessen, so gibt es nichts Besseres als eine Ehe.

Mit einer giftigen Medizin wie Ginseng, Schafgarbe oder anderem einen lebendigen Menschen zu behandeln, ist, wie wenn man auf einen lebenden Baum ein dürres Holz aufpflanzen wollte. Man bringt es nicht leicht fertig, dass der Saft durchläuft. Lebenselixiere und junge Frauen aber sind Lebensmedizinen. Wenn man mit ihnen einen lebenden Menschen behandelt, ist es, wie wenn man eine Henne mit einem Hahn zusammentut. Es ist viel einfacher, dass der Saft durchläuft. Jeder Mann, der durch die Freuden der Liebe zu Schaden gekommen ist, hat sich immer von der Frau ausnutzen lassen, er hat die Erde zum Himmel werden lassen, er hat den Feind mit umgekehrten Lanzen und umgekehrten Schilden angegriffen. Wer ist denn mehr schuldig bei solchem Kampf: der, der getötet wird oder der, der tötet?

Man fragte mich: Nach Eurer Ansicht müsste also der Lao-tse unrecht haben, wenn er sagt: „Wer nicht sieht, was er wünscht, dessen Herz gerät nicht in Verwirrung."

Ich sagte darauf: Gerade dieses Wort kann man noch erweitern. Jawohl, wer nicht sieht, was er wünscht, ist ohne Verwirrung, aber auch der, der immer sieht, was er wünscht, ist nicht mehr verwirrt. Wieso? Wenn jemand gänzlich allen Wünschen entsagt, Musik und alle anderen Freuden nicht mehr zu ihm kommen und keiner kommt, der ihn verführt, dann wird auch er nicht mehr verführt. Aber dazu muss er der Welt entsagen und in die Berge gehen. Wenn er aber sonst den ganzen Tag nichts sieht, was seine Wünsche erregt, und eines Morgens kommt es zu ihm, dann ist er zehnmal mehr innerlich verwirrt als ein anderer Mensch. Da finde ich es viel besser, täglich von dem umgeben zu sein, was man sich wünscht, und so sich daran zu gewöhnen. Dann wird das Herz auch nicht verwirrt. Und ist das nicht viel besser als bei dem Mann, der nie sieht, was er wünscht, mit einem Male aber unerwartet vor ihm steht? Die Lehre Lao-tse's ist eine Lehre der Absage an die Welt und des Nichthandelns. Die Lehre des Li Li-Weng aber ist eine Lehre für den, der zu Hause lebt und arbeitet. Wenn beide Lehren nebeneinander bestehen, dann kann man in der alltäglichen Welt leben und genau so gut ausserhalb von ihr, und überall hat man die wahre Lehre.

(Eberhard)

T'ANG-TAI

T'ang-tai war ein Mandschu vornehmer Abkunft, der etwa 1660–1746 lebte. In seiner Jugend war er noch als Reiteroberst über die Steppen geritten und hatte gegen die Russen am Amur gekämpft. Dann aber kam er an den Hof des Kaisers K'ang-hsi, des grössten Herrschers, den die Mandschu-Dynastie in China hervorbrachte, und zugleich grossen Förderers aller Wissenschaften und Künste. Auch T'ang-tai eignete sich gründlich das Bildungsgut der chinesischen Überlieferung an und entwikkelte besonders seine Begabung für die Malerei, die bei den Chinesen als wesentlicher Bestandteil aller wirklichen Bildung gilt. Er wurde ein Schüler des damals in Peking herrschenden Malerfürsten Wang Yüan-ch'i und errang neben seinem Amt als eine Art Hofmarschall bei Hof bald einen guten Namen als Maler, den die nicht zahlreich erhaltenen Bilder durchaus rechtfertigen. Auch wurde er beauftragt, Vorlesungen über die Theorie der Malkunst zu halten, sowie u.a. den vorzüglichen Jesuitenmaler Castiglione, den man von Mailand nach Peking geschickt hatte, in die chinesische Malweise einzuführen. Es gibt noch Bilder, die beide gemeinsam malten. Das alles gab ihm wohl den Anstoss, einen kleinen Traktat über die Malerei niederzuschreiben, das Hui-shih fa-wei, eine 'Darlegung der Feinheiten in der Malerei', deren Vorwort das Datum 1716 trägt. Dieser Traktat gehört nicht zu den überragenden kunsttheoretischen Schriften Chinas, aber er erfüllt genau die Aufgabe, die auch uns gestellt ist, wenn wir als Fremde versuchen, in die Geheimnisse und Feinheiten dieser grössten unter allen bildenden Künsten Chinas einzudringen. Hier aus dem Traktat das Kapitel:

NATÜRLICHKEIT

Seitdem Himmel und Erde entstanden sind und dabei die Zehntausend Wesen Form und Gestalt angenommen haben, gibt es nichts, das nicht in dem schöpferischen Weben des Atems begründet wäre. In einer solch natürlichen Art und Weise vollende man auch ein Werk der Malerei; denn so schufen auch die alten Meister ihre Bilder.

Mit der Bewegung des Pinsels schufen sie das Yang, mit der Ruhe der Tusche das Yin. Sie fingen mit dem Pinsel den Atem ein und bildeten das Yang, sie erzeugten mit der Tusche schmückenden Glanz und bildeten das Yin. Um Yin und Yang zu verkörpern, wendet man Pinsel und Tuschtechnik an. Daher soll in jedem einzelnen Gemälde bei dem, was man im grossen vollendet, wie z.B. Landschaftskomposition und Anordnung, oder was man im kleinen schafft, wie z.B. Bäume, Felsen, Sandbänke und Gewässer, kein einzelner Pinselstrich sein, der nicht dem Wesentlichen entspricht, und kein einziger Punkt, der nicht lebendige Bewegung besitzt. Eine derartige Technik ist einfach und gereift. Wenn die Natürlichkeit von Pinsel- und Tuschtechnik harmonisch übereinstimmt mit der Natürlichkeit von Himmel und Erde, so kann man eine solche Malerei als von einzigartiger Höhe preisen. Wenn man in seiner Arbeit bis zu einem solchen Punkt kommen will, dann ist das nicht etwas, was ein niedriger oder leichtfertiger Mensch verstehen könnte, oder was man im Zeitraum zwischen Morgen und Abend zu schaffen vermöchte. Denn es ist doch so, dass diese Natürlichkeit nur eine abgewandelte Form der Gelehrsamkeit ist, und umgekehrt ist angestrengtes Lernen die Grundlage für die Natürlichkeit. Der Lernende konzentriere also seine Sinne und mache seinen Willen entschlossen. Er soll mit der Hand zeichnen, während sein Geist kopiert. Immer und überall möge er diese Art des Studiums anwenden.

Kommt man dann in der hierfür nötigen Zeit soweit, dann hat man den beseelenden Atem eingesogen und kann vertrauen auf das, was man in der Konzeption erreicht hat, und die Pinseltechnik wird sich dabei doch innerhalb der Regeln halten. Und man darf sich auf das verlassen, was man in der Pinseltechnik erreicht hat, und ihre Gesetzlichkeit wird sich doch den Regungen der Konzeption anpassen. Hat man diesen Punkt erreicht, dann malt man seine Bilder wahrhaftig so, als ginge der Wind über eine Wasserfläche. In freier Natürlichkeit erfasst man beim Konzipieren mit sicherer Hand das ursprünglich Wesentliche; dies Wesentliche aber ist das Tao. Was wir Natürlichkeit nennen, ist es nicht das, was folgender Satz ausdrückt: „Die Schöpfung geht ein in die Prinzipien der Pinseltechnik, und die Prinzipien der Pinseltechnik fangen die Schöpfung ein."

(Goepper)

YÜAN MEI

Yüan Mei aus der schönen Stadt Hangchou gilt als der grösste und zugleich witzigste Schriftsteller im China des 18. Jahrhunderts. Ebenso bekannt wie unter seinem offiziellen Namen ist er unter dem 'nom de plume' Yüan Tse-ts'ai. Er lebte von 1716–1798, fast gleichzeitig mit dem Kaiser Ch'ien-lung (1711–1799). Aber auch er gehörte zu den nicht seltenen Geistern, die sich von der allzu sengenden Gnadensonne dieses allzu eifrigen Verseschmieds und Mäzens fernhielten. Ein Amt gab er bald wieder auf und zog sich, offenbar in sehr vermögenden Verhältnissen lebend, nach Nanking zurück, und legte sich dort seinen Sui-yüan-Garten zu. Man vermutet wohl mit Grund, dass es dieser Garten war, dessen Anlage in Chinas bestem Roman, dem 'Traum der Roten Kammer' so liebevoll beschrieben wird. Etwas vom Geist des um ein Jahrhundert älteren Li Li-weng (vgl. S. 272) muss in Nanking lebendig geblieben und in Yüan Mei wiedergeboren sein, auch seine uneingeschränkte Förderung der Frauen, die er – sehr bekrittelt – als ernsthafte Schülerinnen annahm. In Europa wurden sein 'Kochbuch vom Sui-yüan' und manche seiner witzigen Schriften am ehesten bekannt. Es bleibt aber zu betonen, dass er nicht auch, sondern im Kern ein ernster und tiefer Dichter war, zu dem Boten aus der Ferne, selbst aus Korea kamen, um ein paar Verse von ihm zu erbitten.

BRIEF AN EINEN FREUND

Ich erhielt Deinen Brief mit den Glückwünschen zu meiner gegenwärtigen Aufbesserung und bin Dir dafür aufrichtig verbunden. Am Schluss Deines Briefes erwähnst Du indes einen Tabaksbeutel, den Du mir senden willst, sobald ich ein paar Verse schicke. Das erinnert sehr an die bösen Tage der Chou und Cheng, als jeder Staat vom andern Geiseln nahm. Und sicher entspricht es nicht den Lehren der Weisen, die sagen, dass

Freunde zuerst geben sollen. Warum hälst Du Dich nicht an diese Lehren, sondern fällst zurück in die Gebräuche eines heruntergekommenen Zeitalters?
Wenn Du für einen Tabaksbeutel auf ein paar Versen bestehst, verlangst Du schliesslich für einen Hut oder ein Paar Schuhe ein ganzes Gedicht. Und wenn mir Dein Bruder ein Kleid oder einen Mantel schickt, erwartet er vielleicht ein ganzes Epos dafür. Geht es so weiter, wird mir meine Aufbesserung, zu der Du mir gratuliertest, nicht viel nützen.
In alten Zeiten opferte Shun Yü-t'an eine Schale Reis und einen Fisch, um hundert Wagen Korn zu ernten. Er opferte wenig, und wünschte viel. Hörtest Du niemals davon, dass man einmal tausend Seidenballen für ein einziges Wort gab, oder zwei schöne Mädchen für einen Vers? Dagegen wirkt Dein Tabaksbeutel wirklich nicht grossartig. Vermutlich kommt alles daher, dass Du ein Soldat bist, daran gewöhnt, Soldaten zu drillen und sie mit einer silbernen Medaille zu belohnen, wenn sie ins Zentrum getroffen haben, so dass Du schliesslich glaubst, einen alten Freund auf diese Weise passend zu behandeln.
Hat Meng-tse uns nicht verboten, sich auf den Zufall zu verlassen? Und wenn Freunde sich nicht auf ihren Wert und ihre Stellung verlassen können, um wieviel weniger dann auf einen Tabaksbeutel? Denn ein Tabaksbeutel, wie schön er sein mag, ist die Handarbeit einer Dienerin; indes meine Verse, wie dürftig sie sein mögen, sind das Werk meiner Geisteskräfte. So bedeutet der Austausch eines Werkes der geschickten Finger Deiner Dienerin mit einem Werk meines Geistes ein grosses Kompliment für die Dienerin, aber nur ein kleines für mich. Es wäre etwas anderes, wenn Du selbst Lanze und Schwert beiseite gestellt, Nadel und Seide genommen hättest, und mir den Tabaksbeutel als eignes Werk anbötest. Dann hätte ich Dir gern zehn Verse gegeben, wenn Du sie verlangtest. Aber ein grosser General kennt seine Stärke so gut wie die des Gegners, und es schiene kaum passend

für mich, von Dir statt eines Männerwerks eine Frauenarbeit zu verlangen, und einen Hut mit Bändern auf Deinen Kopf zu setzen. Wie konntest Du also versuchen, mich wie Ts'ao Ts'ao zu bewirten, (der auf dem Sterbebett seine Nebenfrauen bewirtete) indem Du mir einen so kümmerlichen Tabaksbeutel anbotest!

Da ich nichts Besseres zu tun hatte, unterhielt ich mich mit diesen Zeilen auf Deine Kosten. Nimmst Du sie übel, werde ich natürlich niemals den Tabaksbeutel bekommen. Aber wenn Du alle bösen Regungen überwinden kannst, dann schicke schnell den Beutel und vertraue Deinem Glück auf die Verse.

(Giles/S.)

KU HUNG-MING

Das 19. Jahrhundert brachte China im Innern eine Reihe blutiger Volkserhebungen religiös-sozialen Charakters, von aussen her eine Anzahl Kriege seitens der europäischen Grossmächte, die sich Handelsprivilegien und Kolonialgebiete zu sichern beeilten. Diese Demütigungen, verbunden mit der Zerstörung unersetzlichen Kultur- und Kunstgutes, besonders die Niederlage im Krieg gegen das westlich-modernisierte Japan 1894/95, liessen den Ruf nach einer grundlegenden geistig-politischen Umgestaltung unüberhörbar werden. Reformvorschläge des Gelehrten K'ang Yu-wei, vom Kaiser bereits gutgeheissen, scheiterten an dem Eingreifen der Kaiserin Ts'e-hsi. Indessen vermochte der starre Konservativismus dieser energischen Frau nicht, der Entwicklung zu wehren: Am 12. Februar 1912 unterschreibt sie den Verzicht des Kaiserhauses auf den Thron, gezwungen von einer Revolution, die sich aus den widersprechendsten Kräften gespeist hatte. Ein zweitausendjähriges Staatsgefüge mit der es tragenden Moral und Philosophie war damit zusammengebrochen. China öffnete sich der Demokratie und der Naturwissenschaft. An der Schwelle beider Zeitalter steht Ku Hung-ming, der 1857 geboren war. Ein Konfuzianer nobelster Ausprägung, wirft er einen letzten verklärenden Blick auf eine Kultur, deren Niedergang auch er nicht aufhalten konnte. "Vox clamantis" heisst denn eine seiner Schriften. Er lebte noch in einer Zeit, da es ein Problem war, ob der 'Edle' sich der Gaben der Technik bedienen dürfe, da sie ihn unweigerlich mit dem Ungeist des Abendlandes in Berührung brächte. Ku Hung-ming entschied sich für die Technik, allerdings unter der Bedingung, dass der 'königliche Mensch', wie er ihn auch nannte, inmitten ihrer Maschinen ein moralisches Vorbild bliebe. Als Bürger zweier Welten – er hatte in England und Deutschland studiert – wusste Ku Hungming zutiefst um die Eigenart des Westens wie des

Ostens. In seiner Mittlerrolle liegt die Bedeutung dieses Denkers, der ein Freund Deutschlands und Verehrer Goethes war.

DIE CHINESISCHE SPRACHE

Alle Ausländer, die versucht haben, Chinesisch zu lernen, sagen, dass es eine sehr schwere Sprache sei. Ehe wir entscheiden, ob Chinesisch wirklich eine schwierige Sprache ist, müssen wir uns darüber klar werden, dass es in China zwei Sprachen – ich meine nicht Mundarten – gibt, nämlich die gesprochene und die geschriebene Sprache. Weiss nun jemand den Grund, warum die Chinesen auf diesen beiden Sprachen bestehen? Weil das Volk in China, so wie es seinerzeit in Europa war, als Lateinisch die gelehrte oder Schrift-Sprache war, streng genommen in zwei ausgesprochene Klassen eingeteilt ist, die gebildete und die ungebildete. Die gesprochene oder Umgangssprache ist zum Gebrauch für die Ungebildeten, und die Schriftsprache ist nur für die wirklich Gebildeten bestimmt. Auf diese Weise gibt es keine *Halbgebildeten*. Das ist der Grund, weshalb die Chinesen dabei beharren, zwei Sprachen zu haben. Die Folgen der Halbbildung sieht man deutlich im heutigen Europa und Amerika, wo, seit das Lateinische abgekommen ist, der scharfe Unterschied zwischen Umgangs- und Schriftsprache verschwunden ist; seitdem ist eine Klasse Halbgebildeter erstanden, die das Recht hat, sich derselben Sprache wie die wirklich Gebildeten zu bedienen, die von Zivilisation, Freiheit, Neutralität, Militarismus und Panslawismus redet, ohne die wirkliche Bedeutung dieser Worte im geringsten zu verstehen...

Die chinesische Schriftsprache ist nicht darum schwer, weil sie, wie Lateinisch und Französisch, verwickelt ist und viele Regeln hat, sondern weil sie so tief ist, weil sie tiefe Gefühle in einfacher Sprache ausdrücken muss. Das ist das Geheimnis ihrer Schwierigkeit. Sie ist eine

Sprache des Herzens, eine poetische Sprache, und darum liest sich auch ein einfacher, in klassischem Chinesisch geschriebener Brief wie ein Gedicht. Um Schriftchinesisch, besonders das in voller Hoftracht, zu verstehen, muss die volle Natur, Herz und Kopf, Seele und Verstand eines Menschen gleichermassen entwickelt sein.

Für Leute mit moderner europäischer Erziehung ist Chinesisch besonders schwierig, weil diese Erziehung grundsätzlich nur einen Teil der Natur eines Menschen entwickelt – seinen Verstand. Chinesisch ist eine tiefe Sprache, während die moderne europäische Erziehung, die es mehr auf Quantität als auf Qualität absieht, geeignet ist, einen Menschen *oberflächlich* zu machen. Für halbgebildete Leute ist schliesslich sogar das Umgangschinesisch schwierig, und von ihnen mag gesagt werden, was einst die Bibel von dem reichen Mann sagte, dass nämlich leichter ein Kamel durch ein Nadelöhr kommen kann, als dass sie das hohe, klassische Chinesisch verstehen können, und zwar, weil diese Sprache nur für den Gebrauch der *wirklich Gebildeten* bestimmt ist. Kurz, klassisches Schriftchinesisch ist schwer, weil wirkliche Bildung eine schwierige Sache ist, aber wie das griechische Sprichwort sagt: „alle schönen Dinge sind schwierig."

Wieviele Ausländer, die sich selbst chinesische Gelehrte nennen, haben irgend eine Vorstellung davon, was für ein Vermächtnis von Zivilisation in diesem Teil der chinesischen Literatur aufgespeichert ist, den ich die *classica major*, die Literatur in voller Hoftracht genannt habe? In ihr ist etwas, das, wie Matthew Arnold von den Dichtungen Homers sagt, „den rohen Naturmenschen verfeinern, ihn verwandeln" kann. Sie wird sogar eines Tages die rohen Naturmenschen, die jetzt als Patrioten in Europa kämpfen, aber mit den Kampfinstinkten wilder Tiere, umwandeln, sie in friedliche, sanfte Bürger verwandeln.

In der Tat, die Literatur des alten hebräischen Volkes,

der alten Griechen und die chinesische Literatur kann die Menschheit verwandeln, kann sie zivilisieren. Hebräisch und Griechisch sind allerdings jetzt tote Sprachen geworden, aber Chinesisch ist eine lebende Sprache, die Sprache eines heute lebenden Volkes von vierhundert Millionen Menschen.

DER GEIST DES CHINESISCHEN VOLKES

Um den wirklichen Chinesen und die chinesische Zivilisation zu verstehen, muss ein Mensch tief, umfassend und einfach sein, denn die drei Merkmale des chinesischen Charakters sind: Tiefe, Weite und Einfachheit. Die Amerikaner – es möge mir erlaubt sein, das hier auszusprechen – finden es schwierig, den wirklichen Chinesen und die chinesische Zivilisation zu verstehen, denn das amerikanische Volk ist in der Regel umfassend, einfach, aber nicht tief. Die Engländer können den wirklichen Chinesen nicht verstehen, weil sie in der Regel tief, einfach, aber nicht umfassend sind; die Deutschen dagegen können ihn nicht verstehen, weil sie – besonders die gebildeten – in der Regel tief, umfassend, aber nicht einfach sind. Die Franzosen, nun wohl, die Franzosen sind das Volk, das ihn, wie mir scheint, am besten verstehen kann und verstanden hat. Die Franzosen, es ist wahr, haben weder die Gemütstiefe der Deutschen, noch den umfassenden Geist der Amerikaner, noch die Einfachheit des Geistes der Engländer, aber die Franzosen haben eine Geisteseigenschaft in hervorragendem Grad, die alle Völker, die ich oben erwähnt habe, in der Regel nicht besitzen und die vor allen Dingen notwendig ist, um den wirklichen Chinesen und die chinesische Zivilisation zu verstehen, nämlich: *Zartgefühl.* Denn zu den drei Merkmalen des wirklichen Chinesen, die ich bereits erwähnt habe, muss ich hier noch eines hinzufügen, und das ist das Hauptmerkmal, nämlich Zartgefühl, und zwar in so hervorragendem Grad, wie man es nirgendwo sonst finden

wird, ausser vielleicht bei den alten Griechen und ihrer Zivilisation.
Was ich unter dem Geist des chinesischen Volkes verstehe, ist der Geist, durch den das chinesische Volk lebt, etwas konstitutionell Unterscheidendes im Temperament und Gemüt, das es von allen andern Völkern, besonders von denen des modernen Europa und Amerika, unterscheidet. Vielleicht kann ich am besten ausdrücken, was ich meine, wenn ich den Gegenstand unsrer Besprechung den chinesischen Menschheitstypus nenne, oder einfacher: *den wirklichen Chinesen.*
Was ist nun der wirkliche Chinese? Jeder wird zugeben, dass das ein interessanter Gegenstand ist, besonders im gegenwärtigen Augenblick, wo aus allem, was wir in China vorgehen sehen, zu erkennen ist, dass der chinesische Menschheitstypus – der wirkliche Chinese – zu verschwinden droht und wir an seiner Stelle den fortschrittlichen modernen Chinesen bekommen sollen. Ich schlage deshalb vor, dass wir, ehe der wirkliche alte Chinese gänzlich von der Welt verschwindet, einen letzten, gütigen Blick auf ihn werfen, um zu sehen, ob wir nicht irgend etwas organisch Unterscheidendes in ihm finden, das ihn so verschieden macht von allen andern Völkern und von dem neuen Menschheitstypus, den wir im heutigen China entstehen sehen.
Nun, ich denke, das erste, was einem an dem alten chinesischen Menschheitstypus auffällt, ist, dass nichts Wildes, Rohes oder Ungebändigtes in ihm ist, dass er ein zahmes Geschöpf ist. Nehmen Sie einen Menschen aus der untersten Klasse der chinesischen Bevölkerung, und Sie werden mit mir übereinstimmen, dass weniger Tierisches, weniger vom wilden Tier, von dem, was die Deutschen „Roheit" nennen, in ihm ist als in irgend einem Menschen derselben Klasse in der europäischen Gesellschaft. Der Eindruck, den der chinesische Menschheitstypus macht, wird am besten durch das Englische Wort „gentle" ausgedrückt. Mit „gentleness" meine ich nicht Sanftheit der Natur oder schwächliche

Unterwürfigkeit. Mit dem Wort „gentle" meine ich Mangel an Härte, Barschheit, Rauhheit oder Heftigkeit, in der Tat an allem, was Misstöne hervorruft. Im wahren chinesischen Menschheitstypus weht ein Hauch sozusagen von ruhiger, sanfter, geläuterter Weichheit, wie man ihn in einem Stück gutgewärmten Metalls findet. Die wirklichen physischen und moralischen Unvollkommenheiten des wirklichen Chinesen werden tatsächlich, wenn nicht gutgemacht, so doch stark gemildert durch diese Eigenschaft der Sanftheit in ihm.

Der Grund des Mangels an Genauigkeit im Wesen des Chinesen ist, dass er ein Leben des Herzens lebt. Das Herz ist eine sehr zarte, empfindliche Waage. Es ist nicht wie der Kopf oder Verstand ein hartes, starres, strenges Werkzeug. Mit dem Herzen kann man nicht so streng und genau denken wie mit dem Kopf oder Verstand. Es ist wenigstens ausserordentlich schwer, es zu tun. Man kann in der Tat die chinesische Schreibfeder oder den Pinsel, der eine zarte Bürste ist, als Symbol des chinesischen Geistes nehmen. Es ist sehr schwer, damit zu schreiben oder zu zeichnen. Beherrscht man aber seinen Gebrauch einmal, so kann man schöner und anmutiger damit schreiben und zeichnen als mit der derben Stahlfeder.

Weil nun die Chinesen ein Leben des Herzens, ein Kinderleben leben, sind sie in vielen Beziehungen so primitiv, was für ein Volk, das so lange in der Welt als grosse Nation gelebt hat, höchst bemerkenswert ist. Diese Tatsache hat oberflächliche fremde Beobachter auf den Gedanken gebracht, dass die chinesische Zivilisation keine Fortschritte macht, dass sie stillsteht. Allerdings muss zugegeben werden, dass die Chinesen, soweit das rein intellektuelle Leben geht, in gewissem Grad ein Volk von gehemmter Entwicklung sind. Weder in der Naturwissenschaft, noch in den abstrakten Wissenschaften, wie Mathematik, Logik und Metaphysik, haben sie nennenswerte Fortschritte gemacht. Es gibt für die Worte „Wissenschaft" und „Logik" nicht einmal genaue Gegenwerte in der chinesischen Sprache. Die Chinesen haben, wie Kinder, die ein Leben des Herzens leben, keinen Geschmack an den abstrakten Wissenschaften, weil in diesen Herz und Gefühle nicht gefesselt werden. Gegen statistische Tabellen haben sie eine sich zum Widerwillen steigernde Abneigung, während ihnen naturwissenschaftliche Studien, wie sie jetzt in Europa betrieben werden, die verlangen, den Körper eines lebenden Tieres aufzuschneiden und zu verstümmeln, um eine wissenschaftliche Anschauung zu beweisen, Abscheu und Entsetzen einflössen.

Das chinesische Volk, so alt es als Nation ist, ist heute noch eine Nation von Kindern, die ein Leben des Herzens lebt und in vieler Hinsicht noch primitv ist, aber doch *eine geistige Macht und Vernunftvermögen* besitzt, wie kein primitives Volk. Das hat sie befähigt, die verwickelten und schwierigen Fragen des sozialen Lebens, der Regierung und Zivilisation mit solchem Erfolge zu behandeln, wie ihn die alten und modernen Nationen Europas nicht erreichen konnten, so dass sie praktisch und tatsächlich einen grösseren Teil der Bevölkerung des asiatischen Festlandes unter einem grossen Kaiserreich in Frieden und Ordnung halten konnte.

Unsere Frage: Was ist der wirkliche Chinese? können wir jetzt beantworten. Wir haben gesehen, dass er ein Mensch mit dem *Kopf eines Erwachsenen und dem Herzen eines Kindes* ist. Deshalb ist der chinesische Geist der Geist immerwährender Jugend, nationaler Unsterblichkeit. Was ist nun das Geheimnis dieser nationalen Unsterblichkeit? Ich sagte, dass das, was dem wirklichen Chinesen seine unaussprechliche Freundlichkeit verleiht, sein mitempfindendes oder wahres menschliches Verständnis ist. Dieses ist das Ergebnis zweier Dinge, der Sympathie und der Intelligenz, ein harmonisches Zusammenarbeiten von Herz und Kopf, kurz, eine glückliche Vereinigung von Seele und Verstand. Wenn nun der Geist des chinesischen Volkes ein Geist immerwährender Jugend, der Geist nationaler Unsterblichkeit ist, so ist das Geheimnis dieser Unsterblichkeit die glückliche Verbindung von Seele und Verstand.

Woher erhielt nun das chinesische Volk dieses Geheimnis nationaler Unsterblichkeit? Von seiner Zivilisation natürlich...

Es besteht ein grosser, grundlegender Unterschied zwischen der chinesischen Zivilisation und der des modernen Europa. Ein berühmter Kunstkritiker, Herr Bernhard Berenson, sagt in einem Vergleich europäischer mit orientalischer Kunst: „Unsre europäische Kunst hat die verhängnisvolle Neigung, Wissenschaft zu werden, und wir besitzen kaum ein Meisterwerk, das nicht die Spuren davon trägt, *ein Schlachtfeld geteilter Interessen* gewesen zu sein." Auch die europäische Zivilisation ist ein Schlachtfeld geteilter Interessen, eine fortgesetzte Kriegführung der geteilten Interessen von Wissenschaft und Kunst einerseits und Religion und Philosophie andrerseits, wobei Kopf und Herz, Seele und Verstand in beständigen Widerstreit kommen. In den letzten 2500 Jahren der chinesischen Zivilisation finden wir keinen solchen Widerstreit zwischen Kopf und Herz. Das ist der grosse, grundlegende Unterschied zwischen der chinesischen Zivilisation und der des modernen Europa.

Die Völker des modernen Europa haben eine Religion, die ihr Herz befriedigt, aber nicht ihren Kopf, und eine Philosophie, die ihren Kopf befriedigt, aber nicht ihr Herz. Wie steht es nun in China? Manche Leute behaupten, die Chinesen besässen keine Religion. Es ist sicher, dass in China sich sogar die Masse des Volkes nicht ernstlich an die Religion hält, ich meine Religion im europäischen Sinne des Worts. Die Tempel, Bräuche und Formen des Taoismus und Buddhismus sind mehr Gegenstand der Erholung als der Erbauung, sie ergreifen sozusagen den ästhetischen Sinn mehr als den moralischen oder religiösen, sie wenden sich mehr an die Einbildungskraft als an das Herz oder die Seele. Aber anstatt zu sagen, dass die Chinesen keine Religion

haben, wäre es richtiger zu sagen, dass sie keine Religion brauchen, kein Bedürfnis danach fühlen...
Die Wahrheit der Sache ist, dass das chinesische Volk im Konfuzianismus ein System der Philosophie und Ethik, eine Synthese der menschlichen Gesellschaft und Zivilisation besitzt, die die Stelle der Religion einnehmen kann. Manche sagen, der Konfuzianismus sei keine Religion, und er ist es auch nicht im europäischen Sinn des Wortes; aber *darin*, sage ich, liegt gerade seine Grösse, dass er *keine* Religion ist und doch die Stelle der Religion einnehmen kann, dass er die Menschen ohne Religion auszukommen lehrt.

(O. A. H. Schmitz)

SUN YAT-SEN

Sun Yat-sen ist der 'Vater' und erste Präsident der chinesischen Republik. Als Bauernsohn 1866 unweit von Kanton geboren, studierte er Medizin in Hongkong und Amerika, lernte hier und während mancher Exilmonate, u.a. in Japan und England, eine ihm fremde liberale und demokratische Gedankenwelt kennen. Er versuchte, diese in seinem Volk zu verbreiten und zu verwirklichen, konnte sie aber, da er kein starker Politiker war, weder seinen Gegnern, noch seinen Freunden gegenüber durchsetzen. Mit seinen unermüdlichen Reden, Proklamationen und Schriften wurde er indes zum geistigen Bahnbrecher für Chinas Erneuerung. Sein Hauptwerk ist das Buch der 'Drei Volksprinzipien' (San-min chu-i), das 1924, ein Jahr vor seinem Tode, erschien, und das von Millionen seines Volkes als die Grundlage einer besseren Zukunft angesehen wurde. Aus dem 6. Kapitel des ersten Teiles hier ein Abschnitt:

AUS DEN "DREI VOLKSPRINZIPIEN"

...Wenn wir heute unser Vaterland retten wollen, müssen wir ausser den von mir erwähnten Mitteln noch ein anderes zur Anwendung bringen: Wir müssen uns mit allen Kräften anstrengen, unsere alte, echte chinesische Moral wiederzugewinnen!
Diese echte chinesische Moral wird erschöpfend wiedergegeben durch die Begriffe: Treue und Elternliebe, Menschlichkeit und Brüderlichkeit, Aufrichtigkeit und Rechtschaffenheit und Friedensliebe. Zwar werden diese Tugenden bis heute noch von unserem Volke hochgehalten, es dringt aber allenthalben das Gift neuer unmoralischer Anschauungen in die Massen des Volkes ein. Die zahlreichen Anhänger dieser Anschauungen verspotten die alte chinesische Moral und glauben, sie heute nicht mehr nötig zu haben. Diese Leute untersuchen nicht einmal, ob die alte chinesische Moral gut oder schlecht ist.

Erst wenn sie festgestellt haben, dass sie schlecht ist, haben sie das Recht, die alte Moral zu verspotten.
In China kämpfen augenblicklich alte und neue Anschauungen miteinander; das Volk weiss nicht recht, welcher Anschauung es sich anschliessen soll. Ich besuchte vor einigen Tagen auf dem Lande einen Familientempel. Als ich mich in der hinteren Halle ausruhen wollte, erblickte ich an der Wand gegenüber dem Eingang auf der rechten Seite das Schriftzeichen 'Elternliebe', die linke Seite aber war leer. Ich dachte mir: Hier hing früher sicher das Zeichen 'Treue'. Diese Wahrnehmung habe ich in den Ahnentempeln auf dem Lande oft machen können. Einmal sah ich das Zeichen 'Elternliebe' ganz besonders gross im Tempel angebracht, und ich bemerkte, dass man das Zeichen 'Treue' erst kürzlich entfernt hatte. Ich kann nicht angeben, ob dies der betreffende Bauer selbst oder unsere dort liegenden Soldaten getan hatten. Oft fand ich aber Ahnentempel, in denen das Zeichen 'Treue' nicht von den Soldaten, sondern vom Besitzer selbst heruntergerissen worden war. Dies zeigt uns die Denkweise des einfachen Volkes: „Jetzt haben wir die Republik. Was sollen wir also mit dem Zeichen 'Treue'? Nur unserem Landesherren brauchen wir die Treue zu halten, denn es heisst: 'Treue gebührt dem Kaiser!' In der Republik gibt es keinen Kaiser mehr, folglich können wir das Zeichen 'Treue' nicht gebrauchen." Was sind das für Gedanken? Wir können wohl den Kaiser, nie und nimmer aber die Treue entbehren! Wenn sie sagen, wir brauchen das Zeichen 'Treue' nicht, dann möchte ich die Frage stellen: Haben wir etwa kein Vaterland? Können wir nicht auch unserem Vaterlande die Treue halten? Gut! Wir dürfen nicht mehr sagen: 'Treue gebührt dem Kaiser', denn China ist jetzt eine Republik. Gibt uns dies etwa die Berechtigung, dem Volk und Vaterland die Treue zu versagen? Können wir nicht auch in kleinen Dingen treu und hingebend sein? Wenn wir ein Unternehmen beginnen, sollen wir es bis zum Ende durchführen, selbst wenn

wir dabei unser Leben verlieren. Das ist die wahre Treue! Unsere Vorfahren hielten solche Treue bis in den Tod nur dem Kaiser. Heute haben wir keinen Kaiser mehr, folglich braucht niemand mehr treu zu sein? Regeln und Gesetze sind überflüssig? Weil China heute eine Republik ist, haben wir das Recht, die Moral über Bord zu werfen? Nie und nimmer! So wie wir früher dem Herrscher die Treue hielten, müssen wir heute unserem Vaterlande und unseren vierhundert Millionen Brüdern die Treue halten! Und diese Treue dem ganzen, grossen Volke gegenüber steht viel höher als die, welche wir dem einzelnen Kaiser hielten!

Jetzt komme ich zu dem Begriffe 'Elternliebe'. Nirgends in der Welt schätzt man diese Tugend so hoch wie in unserem Vaterlande. In keinem Lande ist der Begriff 'Elternliebe' so gründlich erfasst worden wie in China. Um so weniger können wir diese Tugend für den Wiederaufbau unseres Vaterlandes entbehren. Stellt ein Volk die beiden Tugenden, Treue und Elternliebe, am höchsten, wird es sicherlich zu Macht und hohem Ansehen gelangen.

Auch Menschlichkeit und Brüderlichkeit sind echte chinesische Tugenden. Niemand hat über den Begriff 'Brüderlichkeit' in alter Zeit so erschöpfend geschrieben wie Mo Ti. Das, was er die alles umfassende Liebe nennt, gleicht vollkommen der von Christus gepredigten Nächstenliebe. Auch von seiten der Landesregierung wurde früher die Tugend der Brüderlichkeit ausgeübt. Das beweisen die Sätze: 'Liebe das Volk wie deine eigenen Kinder!' oder: 'Verhalte dich menschlich gegenüber dem Volke und liebe alle Wesen!' Unsere Vorfahren haben also Menschlichkeit und Brüderlichkeit in die Tat umgesetzt.

Als zwischen dem Auslande und China die Beziehungen aufgenommen wurden, glaubten zahlreiche Chinesen, Menschlichkeit und Brüderlichkeit wären bei den Ausländern höher entwickelt als bei uns, weil die Ausländer in China Krankenhäuser und Erziehungsanstalten gründeten. Wir stehen nur deshalb scheinbar nicht auf so hoher moralischer Stufe wie die Fremden, weil wir nicht verstehen, unsere Menschlichkeit und Brüderlichkeit so wie sie nach aussen hin sichtbar zu machen. Menschlichkeit und Brüderlichkeit sind echte chinesische Tugenden. Wir müssen vom Auslande lernen, wie diese Tugenden in die Tat umzusetzen sind. Wenn wir dann die so erweiterten Tugenden der Menschlichkeit und Brüderlichkeit ausüben, handeln wir im Geiste der echten chinesischen Moral.

Jetzt komme ich zu den Begriffen 'Aufrichtigkeit' und 'Rechtschaffenheit'. Zu allen Zeiten war China zu seinen Nachbarn und seinen Feinden ehrlich. Auch heute sind wir Chinesen aufrichtiger in unserem Handeln als die Ausländer. Wie komme ich zu dieser Behauptung? Weil ich die Gepflogenheiten der chinesischen und ausländischen Kaufleute miteinander verglichen habe. Bei uns in China braucht man keinen Vertrag. Das mündliche Versprechen genügt vollkommen. Das allein ist schon ein Zeichen der Vertrauenswürdigkeit unserer Landsleute.

Wenn Ausländer von Chinesen einen Posten Ware bestellen, erübrigt sich jeder Vertrag; eine kurze schriftliche Bemerkung im Taschenbuche genügt. Bestellen aber die Chinesen von den Ausländern Waren, muss sogleich ein ausführlicher Vertrag abgeschlossen werden. Nur wenn weder Rechtanwalt noch diplomatischer Vertreter am Orte sind, lassen sich die Ausländer herbei, das Geschäft ohne Vertrag abzuschliessen. Dieser Fall kommt aber äusserst selten vor. Die Chinesen erfüllen auch ohne Vertrag die einmal eingegangenen Verpflichtungen, und sollten sie dabei den grössten Schaden erleiden.

(T. Wan)

MAO TSE-TUNG

Ein Stand hatte durch Jahrtausende das chinesische Reich erhalten, hatte die Lasten des Frondienstes getragen und in den Kriegen den Blutzoll entrichtet: das Bauerntum. Von seinem Fleiss lebte jene dünne Schicht der Grundbesitzer, die von jeher Träger der chinesischen Kultur gewesen ist. Dennoch blieb der Kleinbauer, der noch heute 85 % der Bevölkerung ausmacht, in der Literatur so gut wie unerwähnt, in der Philosophie so gut wie unbeachtet.

Auf diese Kraft baute der junge Gelehrte Mao Tsê-tung, – 1893 in der Provinz Hunan geboren, – seine Pläne zur Gesundung und Rettung des Vaterlandes, die er sich wie so viele seiner Studiengenossen nur als einen Teil der Weltrevolution vorstellen konnte. So sehen wir ihn 1921 als einen der Gründer der Kommunistischen Partei Chinas, zehn Jahre später als ihren Vorsitzenden. Seinen Kampf richtet er gegen den Imperialismus der Fremdmächte wie den Feudalismus der 'Kriegsherren' im eigenen Lande.

Es konnte nicht ausbleiben, dass Mao Tsê-tung in erbitterte Feindschaft zu Chiang Kai-shek geriet, der, Führer der 'Volkspartei' (Kuo-min-tang), seit 1927 zum Exponenten des Kapitalismus und Grossgrundbesitzes geworden war. In über zwanzigjährigem blutigen Ringen mit Rückschlägen und Zeiten des Burgfriedens – besonders im Kampf gegen Japan – bewährte Mao sich als Feldherr, Organisator und Theoretiker an der Spitze der Roten Armee. Im März 1949 zieht er in Peking ein, im September desselben Jahres wird er zum Vorsitzenden der Zentralen Volksregierung gewählt, am 1. Oktober proklamiert er die Volksrepublik China.

"Kein Mensch ist in unseren Tagen so schnell und auf so dramatische Weise an die Macht gelangt wie Mao Tsê-tung. Zwei Jahre bevor er den höchsten Gipfel der Macht erreichte, verbarg er sich noch in den Lösshöhlen von Shensi. Heute ist er der unbestrittene Herr Chinas

und besitzt eine grössere tatsächliche Macht, als je einer der chinesischen Kaiser besass. Niemals in der Geschichte hat irgendein Mensch eine derartige Macht über so viele Menschen besessen. Ob zum Guten oder zum Bösen, die durch ihn repräsentierte Macht wird bleiben, und von jetzt an wird das Schicksal der Welt sehr wesentlich und wohl sehr nachdrücklich von den Entscheidungen beeinflusst werden, die von ihm und dem von ihm geführten Volk getroffen werden." So schrieb Robert Payne, sein Biograph, kurz nach der Ausrufung der Volksrepublik.

Mit Mao Tsê-tung besitzt China wiederum ein Staatsoberhaupt, das zugleich Dichter ist. Von früher Jugend an übte er sich in der Verskunst, von der nur ein schmaler Band dem engsten Freundeskreis zugänglich gemacht wurde. Veröffentlicht sind nur eine Handvoll Gedichte. Sie sind, obwohl Mao offiziell auch in der Dichtung die Umgangssprache befürwortet, im klassischen Stil der T'ang-Zeit geschrieben.

"Der Lange Marsch" umreisst in sparsamstem Ausdruck jenen abenteuerlichen, schon zur Legende gewordenen Zug, der in den Jahren 1934/35 die Rote Armee unter grössten Schwierigkeiten und Verlusten von Südostchina über das Hochgebirge des Westens bis nach Yenan in der Provinz Shensi führte – einen Marsch von 6000 Meilen.

Den Hymnus "Schnee" schrieb Mao Tsê-tung 1945 im Flugzeug für einen Freund. Diese dithyrambische Liebeserklärung an die chinesische Erde, deren Schönheit jede Uebersetzung nur ahnen lässt, verschaffte dem Revolutionär die Anerkennung auch als Dichter.

DER LANGE MARSCH

Nicht fürchtete das rote Heer
des weiten Marsches Schwierigkeiten.
Nicht Strom noch Berg, ob tausendfach
ihm Hindernisse lang bereiten.

Weit streckten die fünf Ketten sich;
die Hügelwellen sich verschlangen.
Hoch ragt Wu-meng, das Rabengrab,
durch dessen Schlamm wir vorwärts drangen.

Durch Klippenüberhänge zwängt
sich heiss des Yang-tse Flut in Eile.
Kalt spannen ob dem Tatu sich
der Kettenbrücke Eisenseile.
Noch glücklicher sahn weithin wir
des Min-shan Schneegestöber wehen.
Und als das Heer vorüberzog,
schien er uns strahlend anzusehen.

(Erkes)

SCHNEE

Bild des nördlichen Landes:
Tausend Meilen erstarrt zu Eis,
Zehntausend Meilen wirbelnder Schnee.
Sieh: diesseits und jenseits der Grossen Mauer
Blieb nichts übrig als Oednis.
Aufwärts und abwärts im Gelben Fluss
Nur noch gestaute Wogen.
Auf den Bergen erstarrte Schlangen von Silber;
In den Ebenen eilende Elefanten von Wachs.
Wir wollen mit dem Himmelsherrn an Höhe uns messen.

O harre der heiteren Tage!
Sieh: mit roten Wangen, im hellen Kleid
Unsagbar lieblich
Wird dann die Erde sein,
So dass zahllose Helden sich vor ihr verneigen.

Ach, Kaiser Shih-huang und Wu-ti
Waren nur wenig gebildet;
T'ai-tsung der T'ang und T'ai-tsu der Sung
Ermangelten feinerer Art;
Auch Dschingiskhan,

Lebenslang stolzer Liebling des Himmels,
Verstand nur Adler zu schiessen mit seinem Bogen.
Vergangen sind alle –
Doch viele Männer von grossem Gefühl,
Siehe, sie leben heute!

(Meister–Weidner)

ANHANG

ANMERKUNGEN MIT QUELLENHINWEIS

Zur Aussprache

Die chinesischen Namen sind gemäß dem System Wade-Giles umschrieben, das sich im internationalen Gebrauch weitgehend eingebürgert hat. Danach sind die Konsonanten englisch, die Vokale italienisch (bzw. deutsch) auszusprechen. So entspricht

sh	dem deutschen		*sch,*	
ch	„	„	*dsch,*	vor i und ü fast wie *dj,*
s	„	„	*ss,*	
y	„	„	*j.*	

Das *h* ist ähnlich dem *ch* in deutsch „acht"; das *j* ähnlich dem *j* in franz. „jardin".
Vor einem ' ist der Konsonant stark aspiriert zu sprechen (z.B. *t'* wie das *th* in „Gasthof"; *ch'* wie *tsch*).
Sonst nähern *p, t, k* sich dem deutschen *b, d, g.*
ê entspricht einem offenen *ö,*
ih symbolisiert einen Laut, der gebildet wird, indem wir die Lippen zu einem *i* formen und zugleich versuchen, ein *u* zu sprechen. (So klingt das Wort „*shih*" wie ein stimmhaftes deutsches *sch.*) Ähnlich die Silbe „*Ssu*", die wie ein stimmhaftes *ss* klingt.
Doppelvokale — ausser ai und ao wie im Deutschen ei bzw. au — sind getrennt zu sprechen (*lieh* also *li-eh*), jedoch einsilbig. Auch die Folge von drei Vokalen (etwa in *liao*) ist einsilbig.

Das Wort „*tse*" in Lao-tse usw., welches „Meister" bedeutet, ist in dieser Schreibung so verbreitet, daß diese beibehalten wurde. Zu sprechen ist die Silbe wie ein stimmhaftes „*ds*".

S. 19 ff.

BUCH DER LIEDER. Quellen: (vgl. Bibliographie, hier gekürzt) V.v. Strauss, Schi-king; Dr. W. M. Treichlinger, Chinesische Gedichte aus dem Schi-King. Zürich 1948; Erstveröffentlichungen von Dr. Günther Debon, Universität Köln.
Ausgewählt die Lieder 12, 21, 70, 23, 91, 115, 133, 234, 162, 282, 288.

S. 21

Der Hase bleibt fein auf der Hut. „Gab es . . . kein Vollbringen": ein früher Beleg für den Ausdruck Wu-wei, vgl. S. 64.

S. 26

Des jungen Königs Opfergesang. Er wird dem Ch'eng-wang (um 1000 v. Chr.) zugeschrieben, der als Knabe auf den Thron kam.

S. 27 ff.

K'UNG-TSE. Erstveröffentlichung von Prof. Dr. Werner Speiser, Universität Köln.
Anstelle einer Anmerkung darf hier vielleicht eine persönliche Bemerkung zum fatum hujus libelli eingeschaltet sein. Im ersten Weltkrieg geriet unser verehrter Lehrer E. Haenisch in französische Kriegsgefangenschaft; der zweite brachte seine unwürdigen Schüler in die englische. Niemals verfügten wir über mehr Zeit und Musse als in dem Lager Crew Hall, und ich hatte nur noch den Wunsch, einen chinesischen Text und Wörterbücher zu haben, um die erzwungene Musse für die Wissenschaft fruchtbar zu machen. Alle Versuche schlugen zunächst fehl. Das erste Buch unseres Faches, das ins Lager kam, war ein Neudruck von Arthur Waley's Analects of Confucius. Sogleich begann ich, diese „beste moderne Lun-yü-Übersetzung" (H. Franke) genau – allerdings noch knapper gefasst – ins Deutsche zu übertragen und wagte es dabei, den Originaltext von A. Waley in London zu erbitten, den ich zehn Jahre früher im Burlington House anlässlich der Ausstellung Chinesischer Kunst in anregenden Stunden als einen ebenso klugen wie liebenswürdigen Berater kennen lernen durfte. Waley erwies sich wieder als der echte chün-tse, der er ist, und sandte sogleich einen Klassikertext, der nur im Lager nicht zugelassen wurde, bevor er von dem zuständigen Zensor geprüft war, von Arthur Waley nämlich. An diesen Texten unternahm auch seine ersten Leseübungen mein Kamerad und Mitgefangener, Günther Debon, der später in München bei E. Haenisch promovierte und jetzt mit unseren Studenten die Klassiker liest. Ich darf diese Stelle benutzen, um unserm noblen Helfer sowie meinem freundschaftlich verbundenen Mitherausgeber einen aufrichtigen Dank auszusprechen.

S. 45 ff.

MO TI. Qu.: Forke, G. d. alten Philosophie; Grube, G. d. Litteratur.

S. 50 ff.

YANG CHU. Qu.: Grube, G. d. Litteratur; Waley, Lebensweisheit.

S. *57 ff.*

MENG-TSE. Qu.: Grube, G. d. Litteratur; Erstveröffentlichung G. Debon.

S. *58.*

Verwerfung des Vorteils. „Liang": die Hauptstadt des Lehnsstaates Wei.

S. *59.*

Der Mensch ist von Natur gut. „Meister Kao": Kao Pu-hai, ein Sophist, den Mencius ebenso mit den eigenen Waffen schlägt wie Chuang-tse den Meister Hui (vgl. S. 77).

S. *61*

Mangelnde Pflege des Selbst. „mit dem Umfang von genau einer oder zwei Spannen": nämlich zur Herstellung von Flöten, Gitterstäben usw.

S. *63 ff.*

CHUANG-TSE. Qu.: Prof. Dr. Hans O. H. Stange, Universität Göttingen, Tschuang-tse; Waley, Lebensweisheit; Reden und Gleichnisse des Tschuang-Tse. Deutsche Auswahl von Martin Buber. Lpz. 1918; Erstveröffentlichungen von Prof. Dr. Peter Olbricht, Universität Bonn, und G. Debon.

S. *64*

„Das Wahre Buch der Südlichen Blüte": So wurde das Werk des Chuang Chou, das allgemein unter dem Titel Chuang-tse (Meister Chuang) bekannt ist, im Jahre 742 unter der T'ang-Dynastie benannt.

S. *65*

Der Schmetterlingstraum. „Chuang Chou": Chuang ist der Familienname, Chou der persönliche Name des Chuang-tse.

S. *69*

Räubermoral. „Größe", „Mut", „Pflichtgefühl", „Weisheit", „Güte": Die fünf Tugenden des Konfuzianismus.

S. *70*

Die Zauberperle. Der „Gelbe Kaiser": Huang-ti, einer der fünf legendären Gottkaiser, von der traditionellen Chronologie dem 3. Jahrtausend v. Chr. zugeordnet und vom Taoismus als Stammvater betrachtet.
„Rotes Wasser": ein mythischer Fluß am K'un-lun-Gebirge, dem Feensitz im äußersten Westen der Welt.

„Der Scharfblickende": Li Chu, eine sagenhafte Gestalt des Altertums. Er sah ein Härchen auf hundert Schritt Entfernung.

S. 70

Maschinen und Machinationen. „Getriebe – durchtrieben": Im Chinesischen hat das Wort für 'Maschine' zugleich die Bedeutung 'List', 'Trick'.

S. 71

Die Alten Könige. Der „Totenknabe" stellt bei der Opferfeier für Verstorbene den Toten dar.

S. 72

„Herzog Tan": bekannter unter der Bezeichnung 'Herzog von Chou' oder 'Chou-kung', d.i. der Sohn des Wen-wang und Bruder des Königs Wu, mit dem zusammen er die Dynastie der Yin stürzte (vgl. S. 316). Nach dem Tode des Wu-wang stand der Herzog auch dessen Sohn Ch'eng (vgl. S. 312 oben) als erster Kronrat helfend zur Seite. Er gilt als einer der Heiligen des Konfuzianismus.

S. 74

Verlängerung des Lebens. „P'eng-tse": der chinesische Methusalem.

S. 77

Vom Wissen. In diesem heiter-tiefsinnigen Gespräch versucht Chuang-tse, den Sophisten Hui-tse mit dessen eigener Dialektik in die Enge zu treiben, um zu beweisen, daß Erkenntnis letztlich nur spontan möglich sei.

S. 80 ff.

LIEH-TSE. Qu.: Erstveröffentlichungen von P. Olbricht und G. Debon.

S. 86 ff.

LAO-TSE. Qu.: Lao-Tse. Tao Tê King. Aus dem Chinesischen übersetzt und kommentiert von V. v. Strauss. Bearbeitet von W. Y. Tonn. Zürich o. J.; Rousselle, Lau-Dse; Lyrik des Ostens; Erstveröffentlichung G. Debon.
Ausgewählt sind die Sprüche 5, 11, 18, 26, 28, 36, 46, 47, 49, 60, 63, 65, 66, 73, 76.

S. 88

„Strohhund": vgl. S. 71.

S. 93

„stark" und „starr" sind im Chinesischen gleichlautend; darauf beruht das Wortspiel dieses Spruches. Auch „Leben" und

„Wachsen" werden im Chinesischen durch ein Wort ausgedrückt.

S. 94 ff.

SHANG YANG. Qu.: Duyvendak, The Book of Lord Shang.

S. 103 ff.

HSÜN-TSE. Qu.: H. H. Dubs, Professor an den Universität Oxford, The Works of Hsüntze. S. 301 ff; Duyvendak, Notes an Dubs' translation of Hsün-tzu. TP 1932.

S. 116

HAN FEI-TSE. Qu.: Han Fe Dsi: Die Schwierigkeit des Beratens. Übs. von Dauling Hsü. Sinica 1929.

S. 119

„I Yin": Minister des Begründers der Shang-Dynastie namens T'ang. „Po-li Hsi": Kanzler des Fürsten Mu von Ch'in. Seiner Tatkraft gelang es, den Fürsten zu einem der sog. Fünf Hegemonen zu machen, die im 7. Jh. v. Chr. die wirkliche Macht im Reich besassen.

S. 122 ff.

FU-TSE. Qu.: G. Haloun, Legalistische Fragmente. AM 1932/3.

S. 123

„Meister Fu", Rufname Pu-ch'i, Mannesname Tse Chien.

S. 124 ff.

„Shan-fu": im heutigen Südwest-Shantung.

S. 127 ff.

HAN YING. Qu.: Han Shih Wai Chuan. Han Ying's Illustrations of the Didactic Application of the Classic of Songs. An Annotated Translation by James Robert Hightower, Associate Professor of Far Eastern Languages, Harvard University. Cambridge, Mass., 1952.

S. 127 f.

Die Übertragungen der Zitate aus dem Buch der Lieder stammen mit zwei Ausnahmen von V. v. Strauß.

S. 127 f.

Wo der Edle ausruht. „Tse-kung" gehörte dem engeren Jüngerkreis des Konfuzius an.
Zitiert werden die Lieder Nr. 260, 247, 164, 154, 288. Die Übersetzung des letzten Liedes findet sich auf S. 26 dieses Buches.

S. 128

Gute Regentschaft. „Sung" und „Lu": Lehnsstaaten, der letztere die Heimat des Konfuzius.

„beinahe 'fertig' ": nämlich zur erleuchteten Herrschaft.
„Chieh und Chou", die jeweils letzten, sprichwörtlich verkommenen Herrscher der Hsia- bzw. Yin-Dynastie, wurden von „T'ang und Wen", den sprichwörtlich guten Begründern der Shang- bzw. Chou-Dynastie abgelöst. (2. u. 1. Jahrt. v. Chr.)
Zitiert wird wiederum das Lied Nr. 288. Vgl. die Gesamtübersetzung auf S. 26.

S. *130*

Fürstendienst. „König Hsüan von Ch'i": reg. 342-323 v. Chr. „Ch'i": einer der Lehnsstaaten zur Zeit der 'Kämpfenden Staaten'. Zitiert wird das Lied Nr. 162. Die Gesamtübersetzung findet sich auf S. 25 dieses Buches.

S. *130 f.*

Das Warngefäß. „Tse-lu": gehört dem engeren Jüngerkreis des Konfuzius an.
„T'ang": Siehe S. 316 oben.
Zitiert wird das Lied Nr. 304.

S. *132 ff.*

HUAI-NAN-TSE. Qu.: Erstveröffentlichung von Dr. Eva S. Kraft, München.

S. *135*

„gab der Fluß Lo die rote Schrift und gab der Fluß Ho den grünen Plan aus seinen Fluten heraus": Der legendäre Kaiser Yü (Siehe S. 319) sah eine göttliche Schildkröte aus dem Lo steigen, die ihm durch eine seltsame Rückenzeichnung ein neunteiliges philosophisches System offenbarte. Den 'Plan des (Huang-) Ho' trug ein Fisch auf seinem Rücken dem legendären Kaiser Huang-ti zu. Er diente zur Darstellung ontologischer Zusammenhänge. Wie diese Zeichnungen ausgesehen haben, weiß man nicht; denn die Skizzen – Anordnungen von Strichen und Punkten –, die für die Neukonfuzianer der Sung-Zeit von elementarster Bedeutung gewesen, waren Fälschungen aus naher Vergangenheit.

S. *135*

„Hsü Yu": Vgl. S. 144.
„Fang Hui", „Shan Ch'üan": Zwei weitere taoistische Heilige.
„Po I": Auch er ein Heiliger der Reinheit. Zusammen mit seinem Bruder Shu Ch'i war dieser Prinz ein Untertan der Yin-Dynastie gewesen und verschmähte es deshalb, der Chou-Dynastie zu dienen, die jene 1027 v. Chr. gestürzt hatte. Da die Brüder auch den 'Reis' dieser neuen Dynastie nicht essen

wollten, starben sie Hungers. Mencius nennt diese Handlungsweise „allzu beschränkt".

S. 135
„Chieh der Hsia-Dynastie und Chou der Yin-Dynastie": Siehe S. 136 oben.

S. 138 ff.
HAN-TAN CH'UN. Qu.: Dr. Werner Eichhorn, School of Oriental and African Studies, London: Die älteste Sammlung chinesischer Witze. Eine Studie zur Literatur- und Kulturgeschichte des 2. u. 3. Jahrhunderts. ZDMG 1940

S. 138
Der 'Musikkenner'. „Gelber Eisenhut" und „Jelängerjelieber": Dieses sind freie Übersetzungen für chin. fu-tse und tang-kuei; sie sollen in etwa den Wortwitz nachahmen und geben keinen Aufschluß über chinesische Pharmazie.

S. 139
Der Mann aus Ch'u. „Huai-nan-tse": Vgl. S. 132.
Bei dem Zitat wird es sich um einen Analogiezauber handeln.

S. 140
Ein gewisser A. Der „Kung-yang-Kommentar": die Ausführungen zu den Frühlings- und Herbstannalen des Konfuzius.

S. 142
Seltsame Kost. „Wu": Land am Unterlauf des Yang-tse. Durch eine eigene Kultur unterschied es sich in damaliger Zeit noch vom eigentlichen chinesischen Stammland.

S. 143 ff.
HSI K'ANG. Qu.: Margouliès, Anthologie

S. 147 ff.
T'AO YÜAN-MING. Qu.: Lyrik des Ostens; Erstveröffentlichungen von P. Olbricht und G. Debon.

S. 150 ff.
FAN CHEN. Qu.: Prof. Dr. Étienne (Stefan) Balázs, École Pratique des Hautes Études, Paris: Der Philosoph Fan Dschen und sein Traktat gegen den Buddhismus. Sinica 1932

S. 153 ff.
SENG-TS'AN. Qu.: Ohasama-Faust, Zen.

S. 156
„So hat das All keine Schuld mehr": Insofern alles mit dem

Absoluten vereinigt ist, haben die Dinge keine Schuld daran, daß in der Welt Gegensätze auftreten, d.h. daran, daß es Leiden, Schlechtigkeit und Sünde gibt. Erst der Irrtum und die Schuld des Subjekts tragen den Gegensatz von Gut und Böse in die Welt hinein. Indem das Subjekt sich selbst als vereinzelte Existenz auffaßt und sich dadurch aus dem All herauslöst, zersplittert es das All-Eine in das Zweierlei der Gegensätze und wird dadurch selbst zum Urheber des Leidens und der Sünde.

S. 157

„Trübe Versunkenheit macht düster": Damit soll das einseitig negative Verhalten aller Weltflucht, alles Weltschmerzes und alles Asketentums getroffen werden.

S. 157

„Der darf den sechsfachen Staub nicht hassen": Wer eine der „sechs Erscheinungen" (Farbe, Ton, Geruch, Geschmack, Getast und „gedachte" Dinge) verachtet, der gerät durch diese rigorose Selbstquälerei in eine ganz krampfhafte und von Besorgnis beherrschte Geisteshaltung, d.h. in Unfreiheit.

S. 159

„Es leuchtet sich selbst": „Es" – ist das Absolute. *(Faust)*

S. 160 ff.

HAN YÜ. Qu.: Prof. em. Dr. Erich Haenisch, Stuttgart: Der Zensor. ZDMG 1954

Schon im Alten China hatte der Beamte in seinem Amtsbereich ein Einspruchsrecht in dem Fall, daß da etwas nicht mit richtigen Dingen zuging. Der Organisationsstaat Ch'in (221-205 v. Chr.) errichtete das Zensorat als eine eigene staatliche Überwachungsbehörde über die Beamtenschaft, die zunächst wohl nur als Rechnungshof die Verwendung der Staatsgelder nachzuprüfen hatte. Schon im Han-Reich (206 v. Chr. - 220 n. Chr.) jedoch wurde ihr Auftrag erweitert zu einer disziplinaren Aufsicht über die Beamtenschaft, ihre Amtsführung und ihr Verhalten. Aber auch die Regierung und der Herrscher selbst waren der Kritik des Amtes ausgesetzt. Das bedeutete einmal, daß in die Behörde nur hervorragende und saubere Männer berufen wurden, zu denen das Volk als zu einer Sicherung gegen Unrecht und Willkür aufschaute, von denen es auch Handlungen erwartete. Zum anderen, daß die Mitglieder der Behörde, wennschon sie nicht einmal auf einer hohen Rangstufe standen, sich doch des höchsten Ansehens erfreuten, und wenn sie auch keine Immunität hatten, doch in der Ausübung ihres Amtes besonderen Schutz genossen.

Ein Herrscher, der auf seinen Nachruf bedacht war, mußte es sich sehr überlegen, ob er einen Zensor maßregeln, etwa gar der Todesstrafe zuführen sollte. Die konfuzianische Geschichtsschreibung pflegte jeden derartigen Fall unweigerlich zu verbuchen. *(Haenisch)*

S. 162 ff.
„Buch der Wandlungen": das *I-ching (I Ging)*. Wir haben hier drei Beispiele, wie die ursprünglich für Orakelzwecke bestimmten Hexagramme philosophisch-ethisch gedeutet wurden.

S. 166
„Kaiser Yü": Legendärer Musterkaiser, der unter Hintansetzung seiner Person einer grossen Überschwemmung wehrte.
„Meister Mo": = Mo Ti. Siehe S. 45.

S. 167
„Kuo Wu-tse": Minister des Lehnsstaates Ch'i. Er sprach auf dem Fürstentag von K'o-ling im Jahre 572 v. Chr. Im nächsten Jahre wurde er hingerichtet.

S. 167
„Tso-chuan": das ausführlichere Parallelwerk zu den Frühlings- und Herbstannalen des Konfuzius.

S. 168 ff.
LIU TSUNG-YÜAN. Qu.: Erstveröffentlichung von G. Debon.

S. 170
„Meister Yang Hsiung": bedeutender konfuzianischer Philosoph (53 v. - 18 n. Chr.).

S. 170
„Chuang-tse", „Mo Ti", „Han Fei-tse": Vergl. S. 63, 45, 116.
„Shen Pu-hai": wie Han Fei-tse ein legalistischer Philosoph (gest. 337 v. Chr.).

S. 170
„O Lai": diente dem letzten Herrscher der Yin-Dynastie, dem 'Schurken' Chou Hsin. Vgl. S. 316 oben.
„Tao Chih": der notorische Brigand des chinesischen Altertums.

S. 172 ff.
FAN CHUNG-YEN. Qu.: Prof. Dr. Dr. Herbert Franke, Universität München: Kleines chin. Lesebuch.

S. 175 ff.
OU-YANG HSIU. Qu.: Erstveröffentlichung von P. Olbricht.

S. 178 ff.

CHOU TUN-I. Qu.: Erstveröffentlichung von W. Speiser; W. Eichhorn, Lotosliebe. Sinica 1936
Die „Tafel des Urprinzips" (t'ai-chi t'u) wurde bereits durch G. v. d. Gabelentz 1876 verdeutscht und ist seither wiederholt übertragen und erläutert worden, z.B. durch Zenker, Chin. Philosophie II. 216; Forke, G.d. neueren Philosophie S. 48 ff; Fung Yu-lan, History II. 435 ff.
Eine andere Schrift, das T'ung-shu, des Chou Tun-i wurde verdeutscht durch W. Grube, T'ung-Su des Ceu-tsi. Lpz. 1882 (Kap. 1-20) und W. Eichhorn unter gleichem Titel in AM 1932 (Kap. 21-40)

S. 181 ff.

WANG AN-SHIH. Qu.: Williamson, Wang An Shih.

S. 197 ff.

SU TUNG-P'O. Qu.: Über Malerei Erstveröffentlichung W. Speiser; Rote Wand s. Grube, G. d. Litteratur S. 347 ff; Glückwunsch s. Hundhausen, Dichter S. 48; Söhnlein s. Forke, Dichtungen S. 131.
Über Su Tung-p'o als Kunsttheoretiker schrieben vorzüglich: K. Teng, Zur Bedeutung der Südschule in der Chin. Landschaftsmalerei. OZ 1931 S. 156 ff, Su Tung P'o als Kunstkritiker. OZ 1932 S. 104 ff, Chin. Malkunsttheorie in der T'ang- und Sung-Zeit. OZ 1934-35; E. A. Lippe, Li K'an. OZ 1942/3; O. Sirén, On the Art of Painting; Chinese Painting Ldn. 1956. II S. 11 ff; Clark, Prose Poetry, S. 10 ff; Lin Yutang, Gay Genius S. 274 ff.

S. 204 ff.

HSÜEH-TOU UND YÜAN-WU. Qu.: Prof. em. Dr. Wilhelm Gundert, Neu-Ulm: Bodhidharma und Kaiser Wu von Liang. Das 1. Kapitel des Bi-yän-lu. In: Sino-Japonica, Festschrift für A. Wedemeyer. Lpz. 1955; Die Nonne Liu bei We-schan. Das 24. Kapitel des Bi-yän-lu. In: Asiatica, Festschrift Friedrich Weller. Lpz. 1954.

S. 205

Bodhidharma und Kaiser Wu von Liang (502-49)

Der Hinweis beginnt mit zwei Gleichnissen aus dem Mahâpari-nirvâna-sûtra und einem Zitat aus den „Gesprächen" des Konfuzius (Lun-yü 7.8)
„Die Menge der Strömungen": nämlich unseres Innenlebens.
„Rankenwerk": der Worte, mit dem die Meister das Geheim-

nis umgeben. Das Rankengewirr kann den Stamm verhüllen; es kann aber auch helfen, ihn zu erklettern.

S. 206

Aus der 'Erläuterung zum Hauptstück' durch Yüan-wu: „Kaiser Wu hatte schon vor langer Zeit das Mönchsgewand genommen. Er hatte selbst Lehrvorträge über das Prajnâpâramitâ-sûtra gehalten, hatte es erlebt, daß vom Himmel Blumen herabwirbelten und die Erde sich in Gold verwandelte. Er hatte den Unterschied des Tao erkannt und dem Buddha gehuldigt, hatte nach dem Erlass eines öffentlichen Bekenntnisses vor dem Himmel und dem Volke Klöster erbaut und Mönche mit Ausweisen versehen und übte sich selbst nach den Forderungen der Lehre, so daß die Menschen ihn den Himmelssohn mit dem Buddhaherzen nannten. Bei der ersten Begegnung Bodhidharmas mit Kaiser Wu fragte der: 'Ich habe Klöster gebaut und Mönche bestätigt; was für ein Verdienst wird mir dafür?' Dharma erwiderte: 'Kein Verdienst —!' Also gleich zu Beginn schüttet er dem Kaiser einen Guß Schmutzwasser über den Kopf! —
Der Kaiser pflegte gern Erörterungen über die eigentliche und die weltläufige Wahrheit. Nach den Erklärungen der Lehrschriften erhellt die eigentliche Wahrheit die Verneinung des Seins, die weltläufige dagegen die Verneinung des Nichtseins, und daß diese beiden, die eigentliche und die weltläufige Wahrheit, nicht zwei, sondern eines sind, das ist der höchste und letzte Sinn der heiligen Wahrheit, ist für die Dogmatiker der Gipfel des Wunderbaren und das tiefste Geheimnis.
Diesen allerschwierigsten Punkt also griff der Kaiser heraus, um Bodhidharma zu fragen: 'Wie ist es mit dem höchsten Sinn der heiligen Wahrheit?' Und dieser antwortet: 'Offene Weite: nichts von heilig'. Darüber können auch die gelehrtesten Kuttenmönche der Welt nicht wegspringen. Dharma haut ihnen mit einem Schwertstreich alles ab. Aber heutzutage verstehen ihn die Leute reichlich falsch, wenn sie nun hingehen, ihr Gedankenspiel in Bewegung setzen und mit großen Augen sagen: 'Offene Weite, nichts von heilig!' Freut mich ja, hat aber mit der Sache nichts zu tun." (Übers. von Wilhelm Gundert).
„Ma": = Bodhidharma. Die chinesische Vorliebe für Abkürzungen macht auch vor fremden Namen nicht halt.
In Bodhidharmas „offener Weite" gibt es auch keinen Zaun mehr, der heilig und unheilig gegeneinander abgrenzt. „über den Strom": d.i. der Yang-tse. Die Residenz des Kaisers Wu lag im Gebiet des heutigen Nanking. Nördlich des Yangtse

regierte die aus dem Topa-Stamm hervorgegangene Dynastie Wei (386-532).
„Herr Chih": mit dem Mönchsnamen Pao-chih, ein exzentrischer Mönch und Wundertäter, der von Kaiser Wu als geistlicher Berater an den Hof gerufen wurde.
Bodhidharmas „Ich weiß nicht" hat den Rang eines Zen-Problems. Nun sagt auch Kaiser Wu dasselbe; also –?
Bodhisattva Avalokitesvara" = chin. Kuan-yin; = sinojap. Kwannon; die Hypostase des unendlichen Erbarmens und universalen Heilswillens.

Gesang.
2. Zeile: Das Schwarze, in das Bodhidharma trifft, liegt jenseits verstandesmäßiger Unterscheidung.
6. Zeile: Wer sich mit einem Geist wie Bodhidharma einläßt, verfängt sich leicht in Mißverständnissen, die sich gleich Dornen verzweigen und ausbreiten.
8. Zeile: Wo den Menschen einmal eine geistige Potenz begegnet, da klammern sie sich an deren vergängliche Erscheinung und versuchen, sie festzuhalten. Das ist vergebliche Mühe.

S. 207

Die Nonne Liu, genannt der Eiserne Mühlstein, bei Wei-shan.

„Liu, genannt der Eiserne Mühlstein": Liu T'ieh-mo. Die Nonne erhielt diesen Beinamen, weil sie ihre Ansichten mit so felsenfester Überzeugung verfocht, daß sie im Redestreit stets das letzte Wort behielt und jede andere Meinung erbarmungslos zermalmte.
„Wei-shan" (vergl. S. 216): Der Zen-Meister Ling-yu, geb. 771. Er trat mit jungen Jahren in den Mönchsstand, studierte den Kanon des Mahâyâna wie des Hînayâna mit seltenem Eifer, wurde, unbefriedigt von den Studien und Übungen auf dem berühmten T'ien-t'ai-shan, von dem bedeutenden Zen-Meister Pai-chang Huai-hai (vergl. S. 216) unter dessen Schülern aufgenommen und wurde alsbald deren Oberhaupt. Um das Jahr 820 erhielt er von Pai-chang den Auftrag, das unwirtliche Gebirge Wei-shan in der Provinz Hunan für den Ackerbau zu erschließen. Er ging in das völlig unbewohnte Bergland, „nährte sich von wilden Kastanien und lebte mit Affen", bis es ihm durch die Hilfe der Leute am Rande des Gebirges und des Provinzgouverneurs gelang, ein Kloster zu bauen und Jünger um sich zu scharen. Nach seinem Wohnsitz wurde er nun Wei-shan genannt. Als er mit 82 Jahren starb, hinterließ er 41 bedeutende Schüler und gilt mit seinem Nachfolger Yang-shan Hui-chi zusammen als Oberhaupt der nach diesen beiden benannten Wei-Yang-Schule.

Hinweis.
„Dämonen": Die Devas, die Götter Indiens, Chinas usw.
„Die draußen stehen": Die Andersgläubigen.
„Wunderschildkröte": Vergl. Chuang-tzu, Buch XVII, 10. Sie deckt die Eier, die sie in den Sand gelegt hat, sorgsam zu, verrät sie aber durch die Spur ihres schleppenden Schwanzes. *(Gundert)*

S. *214 ff.*

HUI K'AI. Qu.: P. Heinrich Dumoulin S. J. Tokyo: Wu-men-kuan. Der Pass ohne Tor. MS 1943.

S. *214*

Buddha zeigt die Blume.

Diese Begebenheit aus Buddha's Leben bildet die Grundlage der Zen-Überlieferung. Außer der Buddhalehre der Sûtren gibt es noch eine ungeschriebene Buddhalehre der Erleuchtung, die unmittelbar von Geist zu Geist weitergegeben wird. Als erster hat Kâsyapa aus dem unmittelbaren Jüngerkreis Shâkya-Muni's vom Meister den Buddhageist empfangen und ist so der erste Zen-Patriarch geworden. Am schweigenden Lächeln Kâsyapa's hat der Buddha erkannt, daß dieser Jünger allein von allen ihn verstanden und die Erleuchtung erlangt hatte. Auf Kâsyapa folgen die 28 indischen Zen-Patriarchen bis auf Bodhidharma, der den Buddhageist nach China brachte und als erster chinesischer Zen-Patriarch gerechnet wird. –

Gesang.
„Die große Schlange" ist der Buddha.

S. *214*

Chao-chou's „Wasch die Eßschalen!"

Die Zen-Erleuchtung wird in den Dingen des alltäglichen Lebens gefunden. Das Waschen des Eßgeschirrs nach dem Frühstück ist eine alltägliche Sache. Der Mönch kommt dabei zur Erleuchtung. Die Buddhanatur offenbart sich in den gewöhnlichsten Dingen. Weil sie so offensichtlich ist, sind viele langsam im Erfassen. –
„Chao-chou": d.i. Chao-chou Ts'ung-shen, 778-897.

S. *215*

Tung-shan's „Drei Pfund".

Auf die Frage: „Was ist der Buddha?" werden in der Zen-Literatur mannigfache Antworten gegeben. Bei keiner der verschiedenen Antworten der Meister ist am Wort zu haften. Oft kommt dies im Paradox der Antwort zum Ausdruck. Wenn, wie in diesem Kung-an ('Problem'), der Buddha „Drei

Pfund Hanf" genannt wird, so liegt in dieser Antwort auch, daß der Buddha etwas ganz Gewöhnliches, Alltägliches ist wie die drei Pfund Hanf, die Tung-shan gerade unter den Händen hat und die zur Bekleidung benutzt werden sollen. – „Tung-shan": d.i. Tung-shan Shou-ch'u, Schüler des Yün-men, 9.-10. Jh.

S. 215

Das Alltägliche ist der Weg.

Die Zen-Erleuchtung findet sich im alltäglichen Bewußtsein. Wenn auch asketische Bemühung im Zen durchaus gefordert wird, so ist doch die Erleuchtung nicht einfach die Frucht der Anstrengung. Die Erleuchtung darf nicht als Ziel bezweckt werden. Die asketische Übung schafft die rechte Disposition, ohne die Erleuchtung zu erzwingen.
Das Buddhawissen liegt über Wissen und Unwissen, Gut und Böse hinaus. Alles Theoretisieren ist schädlich. Die Erleuchtung ist etwas Lebendiges, Fließendes. –

S. 216

Die Worte lassen.

Weder im Reden noch im Schweigen liegt die Erleuchtung. Wohin immer der Mönch sich wenden mag, um zu suchen, stößt er an ... –
„Meister Feng-hsüeh": d.i. Feng-hsüeh Yen-chao, 896-973.
G e s a n g

„Vor jedem ... ist es begriffen": Dieses Gâtâ-Wort ist aus der Hua-yen-Philosophie zu verstehen, derzufolge das ursprüngliche Buddhabewußtsein vor aller Übung vorhanden ist.

S. 216

Das Umstoßen des Wasserkruges.

Meister Pai-chang hat als erster dem chinesischen Zen feste Formen gegeben und das gemeinsame Leben im Zen-Kloster durch Vorschriften geordnet. Aber die Zen-Erleuchtung ist an keine Vorschrift und Ordnung gebunden. „Der vom ersten Sitz", d.h. derjenige unter den Schülern des Pai-chang, der wegen treuer Beobachtung der Klosterordnung und guten Fortschritts die erste Stelle einnahm, steht dem Wei-shan, der in der Küche beschäftigt war, an rechtem Zen-Geist nach. Wei-shan stößt den Wasserkrug mit dem Fuß um und übertritt die Klostersatzung. Aber gerade dies ist die Antwort der Erleuchtung, die Pai-chang verlangte. Wei-shan wird deshalb zum Haupt des neu gegründeten Klosters Ta-Wei ausersehen, nach dem er später benannt wurde. Der Kung-an zeigt, wie

die Zen-Erleuchtung alle äußeren Vorschriften und Satzungen durchbricht. –
„Meister Wei-shan": d.i. Wei-shan Ling-yu, 771-853. (Der Leser kennt ihn bereits von den Seiten 207 ff. u. 322 d.H.)
„Pai-chang": d.i. Pai-chang Huai-hai, 720-814.

S. 217

Über die Spitze der Stange hinausschreiten.

Alle physischen und logischen Möglichkeiten werden umgeworfen. Der Zen lehrt und fordert das Unmögliche: über die Spitze noch einen Schritt hinausgehen! Sich so ins Weltall hineinstürzen, bringt die Befreiung ... –
„Meister Shih-shuang": Shih-shuang Ch'ing-chu, 807-888.

Gesang

Das „Erleuchtungsauge", das dritte Auge außer den zwei physischen; das Stirnauge des Mahesvara. *(Dumoulin)*

S. 218 ff.

CHU HSI. Qu.: Dr. Franz Kuhn, Freiburg/Br.: Die Neun Gebote des chin. Kaisers. MSOS 1917 S. 115 ff, gekürzt.

S. 219

Die „Drei Dynastien": nämlich die Hsia (prähistorisch), die Shang oder Yin (ca. 1523-1028 v. Chr.) und die Chou (ca. 1027-256 v. Chr.)

S. 221

„P'eng-Kraut": eine unserer Winde ähnliche Pflanze, die, für sich allein wachsend, unfähig ist, aufrecht zu stehen.
„Chia I": bekannter Philosoph, Dichter und Staatsmann, 201-169 v. Chr.
„Ch'i": alter Lehnsstaat, der heutigen Provinz Shantung im Nordosten entsprechend.
„Ch'u": alter Lehnsstaat, der heutigen Provinz Hupei in Mittel-China entsprechend.

S. 222

„T'ai Tsung": reg. 627-649. Vgl. auch die Seiten 161, 306, 330.
„P'ang Hsiang-shou": er glaubte sich nach der Thronbesteigung T'ai Tsung's berechtigt, vom Kaiser ein hohes Staatsamt zu erbitten, weil er ihm als Beamter des kronprinzlichen Palastes persönlich nähergekommen war.

S. 223

„Wiedergänger und Geister": Kuei und Shen. Nach chinesischer Anschauung besitzt der Mensch eine Doppelseele, deren eine, materielle, Hälfte, dem Yin entstammend, nach dem Tode als Kuei in die Erde zurückkehrt, während die andere, spirituelle, Hälfte, dem Yang entstammend, als Shen in den Äther aufsteigt. (Vergl. de Groot, The Religious System of China, Vol. IV, Buch II, S. 5 ff).

S. *225*

„Das Banner der Reformvorschläge", „die Holztafel für Tadel und Kritik", „die Pauke für Beschwerden": Nach der Überlieferung hatte der legendäre Musterkaiser Yao an einer Straßenkreuzung in seiner Residenz ein Banner aufrichten lassen, an dessen Fuß jeder, der sich dazu berufen glaubte, Vorschläge für Regierungsreformen vorbringen konnte. Ferner hatte er an Brückenübergängen Holztafeln auf Pfählen anbringen lassen, auf die das Volk Fehler der Verwaltung aufschreiben durfte. Und schließlich befand sich dicht vor dem Palasttor eine Pauke, die jeder schlagen durfte, der den unmittelbaren Schutz des Kaisers gegen ungerechte Behandlung seitens der Beamten anrufen wollte. *(Kuhn)*

S. *228*

„König Ch'eng": Vgl. Anmerkungen zu S. 26 u. 72.

S. *231 ff.*

CHOU MI. Qu.: Erstveröffentlichung von Dr. Wolfgang Bauer, Universität München.

S. *232*

Die Brücke zwischen Ost und West.

„Westlande": Ostturkestan.

S. *233*

Bergsturz und Gewitterkobold.

„das Loch . . . wieder verstopfen": Das plötzliche Entstehen von Erdspalten und Höhlen gilt als unheilbringend, weil dadurch für die Erdgeister der Weg an die Oberwelt frei wird. Durch schnelles Verstopfen der Löcher versucht man, der Gefahr zu begegnen.

„glich einem Betrunkenen": Die Wechselbeziehung zwischen Trunkenheit und Besessenheit ist ja auch aus vielen anderen Kulturkreisen bekannt.

„Ch'ung-ch'ing": (=Tschungking) i.d. Provinz Szechuan, Westchina.

S. *234*

Der Flutendrache.

„Hu-chou": einige Meilen nordwestlich von Hang-chou, Südwestchina.

„Mou": 1 Mou = 7 Ar.

S. 235
Der fortgeschwemmte Sarg.
„Le-p'ing": i.d. Provinz Kiangsi, südöstliches Mittelchina, nahe dem Po-yang-See.
„Pferdephysiognomiker": Die Prinzipien der Physiognomik, die in China den ganzen Körper mit einbezog und sich zu einem komplizierten System entwickelt hatte, wurden auch auf die Beurteilung von Pferden übertragen und dabei weiterentwickelt – eine Folge der ungewöhnlichen Bedeutung, die dem Pferd, vor allem im Kriege, zukam.
„Mein Häuslein": Der Tote meint seinen Sarg, wird aber mißverstanden.

S. 236
Der Nagelstein.
„Ch'ang-an": i.d. Provinz Shensi, nördliches Mittelchina; war wiederholt Hauptstadt Chinas während seiner glänzendsten Epochen.

S. 236
Der Patriot.
„Spottsänger": Den Bänkelsängern fiel in China seit alters die Aufgabe der politischen Kritik zu.

S. 237
Der Höllenrichter.
„Siegel Amitâbhas": Amitâbha, chines. (O)-Mi-t'o, der 'Meditationsbuddha' des historischen Buddha, der 'Buddha des unermeßlichen Lichts', wurde, relativ spät erst entstanden, zur populärsten Gottheit des nördlichen Buddhismus. „Siegel" heißt eine bestimmte Handhaltung, mit der der Buddha ikonographisch dargestellt wird. Hier handelt es sich wohl um eine entsprechende Figur in den Handlinien.
„Chia-hsing": ca. 50 km östlich von Hu-chou.
„Cha": ein wenig südlich von Chia-hsing. *(Bauer)*

S. 240
Zu Li K'an, dem berühmten Maler, der hier als Freund des Verfassers auftritt, vgl. E. A. Lippe, Li K'an.

S. 242 *ff.*
WEN T'IEN-HSIANG. Qu.: Margouliès, Anthologie.

S. 244 *ff.*
NI TSAN. Qu.: H. Franke, Lesebuch; Gedichte: Erstveröffentlichung bzw. Vorabdruck aus einer Dissertation von Helga Kuntze, jetzt Frau Shroff, Bombay.

S. 250 ff.

T'AO TSUNG-I. Qu.: Erstveröffentlichung H. Franke.

S. 254 ff.

FANG HSIAO-JU. Qu.: Dr. Martin Hürlimann, Zürich, Konfuzianischer Knigge. In: Atlantis I (1929) S. 228.

S. 258 ff.

T'ANG YIN. Qu.: Erstveröffentlichung W. Speiser. Über den Maler schrieb Speiser in OZ 1935, O. Sirén in A History of Later Chinese Painting. Ldn. 1938 I.S. 118 ff. Hier sind auch einige der Bildgedichte in, manchmal unvollständigen, Übertragungen wiedergegeben.
Die 33. Novelle der Sammlung Chin-ku-ch'i-kuan, die eine liebenswürdige Anekdote aus dem Leben des Meisters erzählt, übersetzte F. Kuhn in: Die Dreizehnstöckige Pagode. „Der illustre Doktor Tang (Yen)..." ist niemand anders als T'ang Yin.

S. 264

WANG YANG-MING.: Qu.: Henke, The Philosophy of Wang Yang-ming; Erstveröffentlichung von G. Debon und W. Speiser.

S. 265

Zum Kapitel „Erkenntnis und Handeln sind eins", Henke S. 53 ff, vgl. Zenker, Chin. Philosophie II. 286 ff.

S. 269

Zum Passus über die „intuitive Erkenntnis", bei Forke „das angeborene Wissen", vgl. Fung Yu-lan, History II. 601 und Forke, G. d. neueren Philosophie S. 392.
Die Begegnung mit dem Schüler Ch'ü Yüeh s. Henke S. 36-7.

S. 270

Li Chih. Qu.: Prof. Dr. Wolfgang Franke, Universität Hamburg, im: Archivum Historicum Societatis Jesu. XXIII. 1954 S. 392. Über Li Chih ausführlich: O. Franke, Li Tschi. Ein Beitrag zur Geschichte der chin. Geisteskämpfe im 16. Jh. Abh. Preuss. A.d.W. Phil. Hist. Klasse. Bln. 1937, ferner: Li Tschi und Matteo Ricci. Ebendort 1938. Dazu Duyvendak in TP 1940 S. 399 ff.

S. 272 ff.

LI LI-WENG. Qu.: Prof. Dr. Wolfram Eberhard, Universität Berkeley, Cal.: Die vollkommene Frau. OZ 1939/40. gekürzt. Eine Biographie und Bibliographie des Li Yü in Hummel

I. 495 ff. Eine deutsche Darstellung seines Lebens gibt F. Kuhn im „Turm der Fegenden Wolken" S. 554-6. Hier, sowie in: Die Dreizehnstöckige Pagode übersetzt er auch je vier Novellen des Cyclus „Die zwölf Türme" von Li Li-weng.

S. 278

Su Tung-p'o vgl. S. 197 ff.

S. 279

Die „Dame Pan": Pan Chao, die Schwester des grossen Historikers Pan Ku (32-92 n. Chr.), die nach dem Tode des Bruders dessen „Geschichte der Früheren Han-Dynastie" vollendete.

S. 285 ff.

T'ANG-TAI. Qu.: Dr. Roger H. Goepper, Museum für Völkerkunde, München: T'ang-tai, ein Hofmaler der Ch'ing-Zeit. Hersg. vom Staatl. Museum für Völkerkunde, München 1956.

S. 288 ff.

YÜAN MEI. Qu.: Giles, History of Chin. Literature S. 405 ff. Die feine Elegie auf den Tod seiner Tochter verdeutschte W. Grube, G. d. Litteratur S. 294 ff. Zur Biographie und Bibliographie s. Hummel II. 955 ff.

S. 291 ff.

KU HUNG-MING. Qu.: Ku Hung-ming, Der Geist des Chinesischen Volkes und der Ausweg aus dem Krieg. Jena 1917.

S. 300 ff.

SUN YAT-SEN. Qu.: Sun Yat-sen. Die Grundlehren von dem Volkstum. Ins Deutsche übertragen von Tsan Wan. Bln. 1927. S. 170 ff.

S. 304 ff.

MAO TSÊ-TUNG. Qu.: Prof. Dr. Eduard Erkes, Universität Leipzig, in: Sinn und Form. Bln. 1954; Erstveröffentlichung Dr. Franziska Meister-Weidner, Hamburg.
Biographie s. R. Payne, Mao Tse-tung (Übers. F. Meister-Weidner) Hamburg 1951.

S. 305

Der Lange Marsch.

„Wu-meng": Berg in der Provinz Yünnan, Südwestchina.
„Tatu": Fluß im Westen der Provinz Szechuan, Westchina.
„Min-shan": Gebirge in der Provinz Kansu, Nordwestchina.

S. 306

Schnee.

„Silberschlangen" und „Winterelefanten": Es sind die erstarrten Rinnsale und die Gebirgsformationen gemeint, die unter dem Flugzeug gleichsam dahineilen.

„Shih-huang": Ch'in Shih-huang-ti, der erste Kaiser der Ch'in-Dynastie, reg. 221-209 v. Chr. Vgl. S. 95, 104, 116, 122.

„Wu-ti": Kaiser der Han-Dynastie, reg. 140-86 v. Chr. Vgl. S. *132*

„T'ai-tsung": der faktische Gründer der T'ang-Dynastie, reg. 627-650 n. Chr. Vgl. S. 161.

„T'ai-tsu": der Gründer der Sung-Dynastie, reg. 960-976. Vergl. S. 172.

Die drei ersten zeichnen sich dadurch aus, daß sie die Volkskraft durch ausgedehnte Kriege erschöpften. Der letzte war ehemaliger Militär.

„Dschingiskhan": Im Jahre 1206 war Temudschin, Sohn eines unbedeutenden Mongolenhäuptlings, als Oberhaupt des mongolischen Gesamtvolkes mit dem Titel Dschingiskhan bestätigt worden. Er ist Begründer des großen Mongolenreiches. Die Herrschaft über China trat allerdings erst sein Enkel Kublai an. Vgl. S. 250.

BIBLIOGRAPHIE IN AUSWAHL

(Vorwiegend Verdeutschungen, Übersetzungen und Handbücher)

Acker, W. P. B.: Some T'ang and Pre-T'ang Textes on Chin. Painting. Leiden 1954.

Alexéiev, V.: La littérature Chinoise. Paris 1937.

Ayscough, F.: Tu Fu. I. Ldn. 1929, II. Travels of a Chinese Poct. Ldn. 1934.

Balázs, S.: Beiträge zur Wirtschaftsgeschichte der T'ang-Zeit. MSOS 1931-3.
Ts'ao Ts'ao. Zwei Lieder. MS 1936/7.
(E.) La crise sociale et la philosophie politique à la fin des Han. TP 1950.

Bauer, W.: Der Herr vom Gelben Stein. OE 1956.

Benedikter, M.: Wang Wei e P'ei Ti, Poesie del Fiume Wang. (Milano) 1956.

Bernhardi, A.: Tau Jüan-ming. Leben und Dichtungen. MSOS 1912.

Benl, O. u. Hammitzsch, H.: Japanische Geisteswelt. Baden-Baden 1956.

Biot, E.: Le Tcheou-li ou Rites des Tcheou. Paris 1851.

Bodde, D.: China's First Unifier. Leiden 1938.
The Chinese View of Immortality; its Expression by Chu Hsi and its Relationship to Buddhist Thought. Review of Religion 1942.

Bruce, J. P.: The Philosophy of Human Nature by Chu Hsi. Ldn. 1922.
Chu Hsi and his Masters. Ldn. 1923.

Bünger, K.: Quellen zur Rechtsgeschichte der T'ang-Zeit. Peking 1946.

Busch, H.: Hsün Yüeh, ein Denker am Hof des letzten Han-Kaisers. MS 1945.

Bynner, W. a. Kang, K. H.: The Jade Mountain. New York 1929.

Candlin, C. M.: The Rapier of Lu. Ldn. 1946.

Chang, L. P. H. a. Sinclair, M.: The Poems of T'ao Ch'ien. Honolulu 1953.

Chavannes, E.: Mémoires historiques de Se-ma Ts'ien. I-V. Paris 1895-1905.
Cinq cents contes et apologues extraits du Tripitaka chinois. I-III. Paris 1910-11.

Clark, C. D. le Gros.: The Prose Poetry of Su Tung-p'o. Shanghai 1935.

Contag, V.: Die beiden Steine. Braunschweig 1950.

Cordier, H.: Bibliotheca Sinica. Paris 1904-23.

Couvreur, S.: Les Quatre Livres. Ho Kien Fou 1895.
Chou King. Ho Kien Fou 1897.
Li Ki. Ho Kien Fou 1899.
Tch'ouen Ts'iou et Tso Tchouan. Ho Kien Fou 1914.
Ngi-li. Le Cérémonial. Ho Kien Fou 1916.

Davidson, M.: A List of published Translations from Chinese. Ann Arbor 1952.

Debon, G.: In: Lyrik des Ostens. Mchn. 1952.
Herbstlich helles Leuchten überm See. Chin. Gedichte. Mchn. 1953.

Demiéville, P.: Le mirroir spirituel. Sinologica. Basel 1947.

Dubs, H. H.: Hsüntze, the Moulder of Ancient Confucianism. Ldn. 1927.
The Works of Hsüntze. Ldn. 1928.
The History of the Former Han Dynasty. Baltimore 1938 ff.

Dumoulin, H.: Die Entwicklung des chinesischen Ch'an nach Hui-neng im Lichte des Wu-men-kuan. MS 1941.
Bodhidharma und die Anfänge des Ch'an-Buddhismus. MS 1945.

Duyvendak, J. J. L.: The Book of Lord Shang. Ldn. 1928.
The Tao Te Ching. The Book of the Way and its Virtue. Ldn. 1954.

Eberhard, W.: Li Li-weng, Die vollkommene Frau. OZ 1939/40.
Die chinesische Küche. Die Kochkunst des Herrn von Sui-yüan. (= Yüan Mei) Sinica 1940.
Chinas Geschichte. Bern 1948.
Chinesische Volksmärchen. (Insel Bücherei) Lpz. 1949.

Edwards, E. D.: Chinese Prose Literature of the T'ang Period. Ldn. 1937-8.
Liu Tsung-yüan and the Earliest Chinese Essay on Scenery. AM 1949.

Eichhorn, W.: Chou Tun-i, ein chinesisches Gelehrtenleben. Lpz. 1936.
Die Westinschrift des Chang Tsai. Lpz. 1937.
Ein Einakter von Hsiung Fu-hsi. Sinica 1937.

Erkes, E.: Chinesische Literatur. Breslau 1923.
Zu Ch'ü Yüan's T'ien-wen. MS 1941.

Feifel, E.: Pao-p'u tzu. MS 1941 u. 44.
(übs. Nagasawa, K.): Geschichte der chinesischen Literatur. Peking 1945.

Fischer, J.: Fan Chung-yen (989-1052). Das Leben eines chin. Staatsmannes OE 1955.

Fitzgerald, C. P.: China, a short Cultural History. Ldn. 1935.

Forke, A.: Blüthen chinesischer Dichtung. Magdeburg 1899.
Wang Ch'ung's Lun Heng. I. Ldn. 1907, II. Bln. 1911.
Yang Chu's Garden of Pleasure. Ldn. 1912.
Me Ti. Bln. 1922.
Dichtungen der T'ang- und Sung-Zeit. Hamburg 1929/30.
Die Gedankenwelt des Chinesischen Kulturkreises. Mchn-Bln. 1927.
Geschichte der alten chinesischen Philosophie. Hamburg 1927.
Geschichte d. mittelalterlichen Chin. Philosophie. Hamburg 1934.
Geschichte der neueren chin. Philosophie. Hamburg 1938.

Franke, H.: Kleines chinesisches Lesebuch. Köln 1940.
Geld und Wirtschaft in China unter der Mongolenherrschaft. Lpz. 1949.
Sinologie. Bern 1953 (Unentbehrlich!).
Beiträge zur Kulturgeschichte Chinas unter der Mongolenherrschaft. Das Shan-kü sin-hua des Yang Yü. Wiesbaden 1956.

Franke, O.: Studien zur Geschichte des Konfuzianischen Dogmas u.d. chin. Staatsreligion. Hamburg 1920.
Staatssozialistische Versuche im alten und mittelalterlichen China. Bln. 1931.
Geschichte des chinesischen Reiches. I-V. Bln. 1930-52.

Franke, W.: Die staatspolitischen Reformversuche K'ang Yu-wei's und seiner Schule. MSOS 1935.
(übs.) Hu Shih, Der Ursprung der Ju und ihre Beziehung zu Konfuzius und Lau-dsi. Sinica. 1935.
Juan Yüan. MS 1944.

Fuchs, W.: Huei-chao's Pilgerreisen durch Nordwestchina und Zentralasien. (Preuss. A.d.W. Sonderausgabe) Bln. 1939.

Fung Yu-lan: The Spirit of Chinese Philosophy (Übers E. R. Hughes) Ldn. 1947.
History of Chinese Philosophy (Übers D. Bodde) I-II. Leiden 1952-3.

Gabain, A. v.: Ein Fürstenspiegel: Das Sin-yü des Lu Kia. MSOS 1930.

Gabelentz, G. v. d.: Thai-kih-thu. Dresden 1876.

Gall, S. Le: Tchou Hi, sa doctrine, son influence. Shanghai 1894.

Gernet, J.: Entretiens du Maitre de Dhyana Chen-houei du Ho-tsö. Hanoi 1949.

Giles, H. A.: A Chinese Biographical Dictionary. Ldn. 1898.
Chinese Poetry in English verse. Ldn-Shanghai 1998.
A History of Chinese Literature. Ldn. 1901.
Gems of Chinese Literature. I. Shanghai 1922, II. Ldn. 1923.

Goodrich, L. C.: The literary Inquisition of Ch'ien-lung. Baltimore 1935.

Granet, M.: Fêtes et chansons anciennes de la China. Paris 1919.
La religion des Chinois. Paris 1922.
Danses et légendes de la China ancienne. Paris 1926.
La civilisation chinoise. Paris 1929.
La pensée chinoise. Paris 1934.

Groot, J. J. M. de: The Religious System of China. I-V. Leiden 1892-1907.
Universismus. Bln. 1918.

Grube, W.: Geschichte der chinesischen Litteratur. Lpz. 1902.
Religion und Kultus der Chinesen. Lpz. 1910.

Gulik, R. H. van: Mi Fu on Ink-stones. Peking 1938.
Hsi K'ang and his poetical Essay on the Lute. Tokyo 1941.

Gundert, W.: In: Lyrik des Ostens. Mchn. 1952.
Das zweite Kapitel des Pi-yen-lu. OE 1955.

Hackmann, H.: Laien-Buddhismus in China. Gotha-Stuttgart 1924.
Chinesische Philosophie. Mchn. 1927.

Haenisch. E.: Lebenslauf und Schriftenverzeichnis. MS 1940.
Die Geheime Geschichte der Mongolen. Lpz. 1941.
Mencius und Liu Hsiang. Lpz. 1942.
Drei Schriften Wang An-shih's. AM 1944.
Politische Systeme und Kämpfe im alten China. Bln. 1951.

Haloun, G.: Legalist Fragments and Relateted Texts (Kuan-tsi) AM 1951.

Henke, F. G.: The Philosophy of Wang Yang-ming. Chicago-Ldn. 1916.

Hightower, J. R.: Topics in Chinese Literature. Cambridge, Mass. 1950.

Hirth, F.: Scraps from a Collectors Note Book. Leiden 1905.
The Story of Chang K'ien. JAOS 1917.

Hoffmann, A.: Die Lieder des Li Yü. Köln 1950.
Frühlingsblüten und Herbstmond. Köln 1951.

Hsiao Ch'ien: Die chinesische Literatur der Gegenwart. Zürich 1947.

Hu Shih: The Development of the Logical Method in China. Shanghai 1922.
Development of Zen Buddhism in China. In: The Chinese Social and Political Science Review. XV. 1931.
Vgl. W. Franke, F. Jäger.

Huang Siu-chi: Lu Hsiang-shan. A Twelfth Century Chin. Idealist Philosopher. New Haven 1944.

Hughes, E. R.: The Great Learning and the Man-in-Action. New York 1943.

Hummel, A. W.: Eminent Chinese of the Ch'ing Period. Washington 1943/4.

Hundhausen, V.: Chinesische Dichter. Peking-Lpz. (jetzt: Eisenach) 1926.
Das Westzimmer. Ein Chin. Singspiel. Peking-Lpz. 1926.
Die Laute von Gau Ming. Peking 1930.
Die Rückkehr der Seele. Ein romantisches Drama von Tang Hsiän Dsu. Zürich-Leipzig 1937.

Imbault-Huart, C.: La Poésie chinoise du XIVe au XIXe siècle. Paris 1886.

Jäger, F.: Das Studium der Klassiker im Neuen China. Zwei aktuelle Aufsätze von Fu Si-nien und Hu Shih. Glückstadt 1935.
Yang Hsiung und Wang Mang. Sinica 1937.

Jenyns, S.: Selections from the Three Hundred Poems of the T'ang Dynasty. Ldn. 1940.
A Further Selection from the Three Hundred Poems... Ldn. 1944.

Karlgren, B.: The Book of Odes. Stockholm 1950.
The Book of Documents. BMFEA 1950.

Kramers, R. P.: K'ung Tzu Chia Yü. The School Sayings of Confucius. Leiden 1950.

Krause, F. E. A.: Tseng Kung, ein Beitrag aus der Literatur der Sung-Zeit. Heidelberg 1922.
Ju-Tao-Fo. Die religiösen und philosophischen Systeme Ostasiens. Mchn 1924.

Kuhn, F.: Chinesische Staatsweisheit. Darmstadt 1923.
Die Rache des jungen Meh. Lpz. 1927.
Eisherz und Edeljaspis. Lpz. 1927.
Kin Ping Meh. Lpz. (1930).
Der Traum der Roten Kammer. Lpz. o.J.
Die Räuber vom Liang Shan Moor. Lpz. 1934.
Mondfrau und Silbervase. Bln 1939.
Die Drei Reiche. Bln. 1940.
Die Dreizehnstöckige Pagode. Bln. 1940.
Der Turm der Fegenden Wolken. Freiburg o.J.
u.a.m. vgl. Davidson.

Legge, J.: The Chinese Classics. Oxford 1865-95.
I. Confucian Analects etc. II. The Works of Mencius. III. The Shoo-king. IV. The She-king. V. The Ch'un-ts'ew and Tso-chuen
In: The Sacred Books of the East. Oxford 1882-91.
XVI. The Yi-king. XXVII/VIII. The Li Ki. XXXIX/XL. The Texts of Taoism (Tao-te king, Tschuang-tse)

Liang Chi-chao: History of Chinese Political Thought. New York 1930.

Liao Wen-kuei: The complete Works of Han Fei-tzu. Ldn. 1939.

Liebenthal, W.: The Book of Chao. Peking 1948.
Shih Hui-yüan's Buddhism as set forth in his writings. JAOS 1950.
The Immortality of the Soul in Chinese Thought. MN 1952.

Lippe, E. A. Prinz zur: Li K'an und seine „Ausführliche Beschreibung des Bambus." OZ 1942/3.

Lin Yutang: Mein Land und mein Volk. Stuttgart-Bln. 1936.
Weisheit des Lächelnden Lebens. Stuttgart-Bln. 1938.
The Gay Genius, Life and Time of Su Tungpo. New York 1947.
Die Botschaft des Fremden. Chin. Geschichten. Stuttgart 1954.
Laotse (Fischer-Bücherei) Ffm-Hamburg 1955.
Konfuzius (Fischer-Bücherei) Ffm-Hamburg 1957.

Lyrik des Ostens. Hersg. von W. Gundert, A. Schimmel u. W. Schubring. Mchn. 1952.

Margouliès, G.: Le Kou-wen chinois. Paris 1926.
Le „Fou" dans le Wen-siuan. Paris 1926.
Anthologie raisonnée de la littérature chinoise. Paris 1948.
Histoire de la littérature chinoise. Prose. Paris 1949.

Maspero, H.: La Chine Antique. Paris 1947.
Les religions des Chinois. Paris 1950.

Mei Yi Pao: The Ethical and Political Works of Motse. Ldn. 1929.

Morgan, E.: Tao, the Great Luminant. Essays from Huai-nan-tzu. Ldn. 1953.

Neef, H.: Die im Tao-ts'ang erhaltenen Kommentare zu Tao-te-ching Kapitel VI. (Diss.) Bochum 1938.

Obata, S.: The Works of Li-Po. Ldn. 1923.

Ohasama, S. -Faust, A.: Zen. Der lebendige Buddhismus in Japan. Gotha 1925.

Olbricht, P.: Von der Einstellung des Herrschers zu seinen Beratern. Ou-yang Hiu's Essay Wei-chün-nan Lun. (Diss.) Bln. 1939.

Perleberg, M.: The Works of Kung-sun Lung-tzu. Hongkong 1952.

Ratchnewsky, P.: Un code des Yuan. Paris 1937.

Rosthorn, A. v.: Ku Yen-wu's Dissertation über das Lautwesen. Wiener Zeitschr. f.d. Kunde d. Morgenlandes IX. 1897.

Rottauscher, A. v.: Wenn ein Blatt sich bewegt. Gedanken chin. Weiser. Wien-Lpz. 1939.
Altchinesische Tiergeschichten. Wien o.J.

Rousselle, E.: Das Sutra des sechsten Patriarchen. Sinica 1930,31 u. 36.
Lau-Dse. (Insel Bücherei) Lpz.o.J.

Sakanishi, S.: An Essay on Landscape Painting by Kuo Hsi. Ldn. 1935.
The Spirit of the Brush. Ldn. 1939.

Schmitt, E.: P'u Sung-ling. Seltsame Geschichten aus dem Liao Chai. Bln. 1935.
Der Hanku-Pass, Novelle von Kuo Mo-jo. OZ 1937.

Shryock, J. K.: The Study of Human Abilities. New Haven 1937.

Sirén, O.: The Chinese on the Art of Painting. Peiping 1936.

Soper, A. C.: Kuo Jo-hsü's Experiences in Painting. Washington 1951.

Soulié de Morant, G.: Anthologie de l'amour chinois. Poèmes. Paris 1932.

Speiser, W.: Die Kunst Ostasiens. Bln. 1946.

Stange, H. O. H.: Die Monographie über Wang Mang. Lpz. 1938.
Die älteste chin. Literatur im Lichte der Ausgrabungsfunde. AM 1944.
Tschuang-tse (Insel Bücherei) Lpz. o.J.

Steele, J.: The I-li or Book of Etiquette and Ceremonial. Ldn. 1917.

Steinen, D. v. d.: Poems of Ts'ao Ts'ao. MS 1939/40.

Steininger, H.: Hauch- und Körperseele u.d. Dämon bei Kuan Yin-tze. (Diss.) Lpz. 1953.

Strauss, V. v.: Schi-king; Das Kanonische Liederbuch der Chinesen. Heidelberg 1880.

Suzuki, D. T.: Essays in Zen Buddhism. I-III. Ldn. 1927-34.
Die Grosse Befreiung. Lpz. 1938.
Zen und die Kultur Japans. Stuttgart-Bln. 1941.
Leben aus Zen. Mchn. 1955.
Der Weg zur Erleuchtung. Baden-Baden 1957.

Tjan Tjoe Som: Po hu t'ung. The Comprehensive Discussions in the White Tiger Hall. I-II. Leiden 1949-52.

Tscharner, E. H. v.: China in der deutschen Dichtung. Mchn. 1939.

Waley, A.: An Introduction to the Study of Chinese Painting. Ldn. 1923.
The Book of Changes. BMFEA 1933.
The Way and its Power. Ldn. 1934.
The Book of Songs. Ldn. 1937.
The Analects of Confucius. Ldn. 1938.
Lebensweisheit im alten China. Hamburg 1947.
Wu Ch'eng-en, Monkeys Pilgerfahrt. Zürich 1947.
The Life and Times of Po Chü-i. Ldn 1949.
Chinesische Lyrik aus zwei Jahrtausenden. (Übers. F. Meister) Hamburg 1951.

Wals, K.: Biographie des Ou-yang Hsiu (Diss.) Stuttgart 1938.

Wang Tch'ang-tche: La philosophie morale de Wang Yangming. Shanghai 1936.

Wieger, L.: Textes historiques. I-III. Hien-hien 1903-5.
Taoisme. I-II. Hien-hien 1911 u. 13.
La Chine a travers les ages. Hien-hien 1920.
La Chine moderne. I-X. Hien-hien 1921-31.

Wilhelm, H.: Gu Ting-lin, der Ethiker. (Diss.) Darmstadt 1932.
Um die Metaphysik. Ein Briefwechsel zwischen Ku Yen-wu und Chang Erh-ch'i. Sinologische Arbeiten I. Peking 1943.
Schriften und Fragmente zur Entwicklung der staatsrechtlichen Theorie in der Chou-Zeit. MS 1947.

Wilhelm, R.: Kung Futse, Gespräche. Jena 1910.
Laotse; Das Buch des Alten vom Sinn und Leben. Jena 1911.
Dschuang Dsi; Das wahre Buch vom südlichen Blütenland. Jena 1912.
Liä Dsi; Das wahre Buch vom quellenden Urgrund. Jena 1912.
Chinesische Volksmärchen. Jena 1914.
Mong Dsi. Jena 1916.
Chinesisch-deutsche Jahres- und Tageszeiten. Jena 1922.
I Ging; Das Buch der Wandlungen. Jena 1924.
Frühling und Herbst des Lü Bu We. Jena 1928.
Li Gi; Das Buch der Sitte. Jena 1930.
Die chinesische Literatur. In: Handbuch der Literaturwissenschaft. Wildpark-Potsdam 1930.
Vgl. Übersicht über die Schriften R. Wilhelms. Sinica 1930.

Williamson, H. R.: Wang An Shih. I-II. Ldn. 1935.

Wright, A. F.: Fo-t'u-teng, a Biography. HJAS 1948.
(Hersg.) Studies in Chinese Thought., Chikago 1953.

Yang, H. Y. a. G.: Li Sao and other poems of Chü Yüan. Peking 1953.

Zach, E. v.: Übersetzungen aus dem Wen Hsüan. Sinologische Beiträge II. Batavia 1935.
Yang Hsiung's Fa Yen. Wörter strenger Ermahnung. Sinologische Beiträge IV. Batavia 1939.
Tu Fu's Gedichte. Cambridge, Mass. 1952.
Han Yü's Poetische Werke. Cambridge, Mass. 1952.

Zenker, E. V.: Geschichte der chinesischen Philosophie. I-II. Reichenberg 1926-27.

Zottoli, A.: Cursus litteraturae sinicae. I-V. Shanghai 1879-1909.

Zeitschriften und Abkürzungen

AM	: Asia Major
BMFEA	: The Museum of Far Eastern Antiquities (Stockholm) Bulletin
HJAS	: Harvard Journal of Asiatic Studies
JAOS	: Journal of the American Oriental Society
MN	: Monumenta Nipponica
MS	: Monumenta Serica
MSOS	: Mitteilungen des Seminars für Orientalische Sprachen
OE	: Oriens Extremus
OZ	: Ostasiatische Zeitschrift
	Sinica
TP	: T'oung Pao
ZDMG	: Zeitschrift der Deutschen Morgenländischen Gesellschaft

Verzeichnis der Bilder